πολιτικά

　　我（苏格拉底）跟得上你的道路吗？我说，你说的那门专业似乎指政治专业，而且还许诺把男子教成好的政治人？

　　就是就是，他（普罗塔戈拉）说，苏格拉底哟，这正是我的专职。

　　真漂亮，我说，你搞到的这门专业漂亮，要是你真的搞到了的话——我没法不说出自己的真实想法，尤其对你，——其实，我自己一直以为，普罗塔戈拉噢，这专业没办法教。可你现在却那样子说，我不知道该怎么看你的话。不过，为何我觉得这专业不可传授，没法由一个人递给另一个人，还是说清楚才好。

　　　　　　　　　——柏拉图，《普鲁塔戈拉》，139a2–319b3

子曰：
可与共学，未可与适道；
可与适道，未可与立；
可与立，未可与权。

——《论语·子罕》

πολιτικά

政治哲学文库

甘阳　刘小枫｜主编

程志敏　著

古典法律论

——从赫西俄德到荷马史诗

华东师范大学出版社

华东师范大学出版社六点分社　　策划

教育部规划项目"西方法律思想起源研究"（09YJA820064）最终成果
2011年度中央财政支持省级重点学科基础条件建设项目成果

总　序

甘　阳　刘小枫

　　政治哲学在今天是颇为含混的概念，政治哲学作为一种学业在当代大学系科中的位置亦不无尴尬。例如，政治哲学应该属于哲学系还是政治系？应当设在法学院还是文学院？对此我们或许只能回答，政治哲学既不可能囿于一个学科，更难以简化为一个专业，因为就其本性而言，政治哲学是一种超学科的学问。

　　在 20 世纪的相当长时期，西方大学体制中的任何院系都没有政治哲学的位置，因为西方学界曾一度相信，所有问题都可以由各门实证科学或行为科学来解决，因此认为"政治哲学已经死了"。但自上世纪七八十年代以来，政治哲学却成了西方大学内的显学，不但哲学系、政治系、法学院，而且历史系、文学系等几乎无不辩论政治哲学问题，各种争相出场的政治哲学流派和学说亦无不具有跨院系、跨学科的活动特性。例如，"自由主义与社群主义之争"在哲学系、政治系和法学院同样激烈地展开，"共和主义政治哲学对自由主义政治哲学的挑战"则首先发端于历史系（共和主义史学），随后延伸至法学院、政治系和哲学系等。以复兴古典政治哲学为己任的施特劳斯政治哲学学派以政治系为大本营，同时向古典学系、哲学系、法学院和历史系等扩展。另一方面，后现代主义和后殖民主义把文学系几乎变成了政治理论系，专事在各种文本中分析种族、性别和族群等当代最敏感的政治问题,尤其福科和德里达等对"权力—知识"、"法律—暴力"以及"友爱政治"等问题的政治哲学追问,其影响遍及所有人文社会科学领域。最后,女性主义政治哲学如水银泻地,无处不在,论者要么批判西方所谓"个人"其实是"男性家主",要么强烈挑战政治哲学以"正义"为中心无异于男性中心主义,提出政治哲学应以"关爱"为中心,等等。

以上这一光怪陆离的景观实际表明,政治哲学具有不受现代学术分工桎梏的特性。这首先是因为,政治哲学的论题极为广泛,既涉及道德、法律、宗教、习俗以至社群、民族、国家及其经济分配方式,又涉及性别、友谊、婚姻、家庭、养育、教育以至文学艺术等表现方式,因此政治哲学几乎必然具有跨学科的特性。说到底,政治哲学是一个政治共同体之自我认识和自我反思的集中表达。此外,政治哲学的兴起一般都与政治共同体出现重大意见争论有关,这种争论往往涉及政治共同体的基本信念、基本价值、基本生活方式以及基本制度之根据,从而必然成为所有人文社会科学的共同关切。就当代西方政治哲学的再度兴起而言,其基本背景即是西方所谓的"60年代危机",亦即上世纪60年代由民权运动和反战运动引发的社会大变动而导致的西方文化危机。这种危机感促使所有人文社会学科不但反省当代西方社会的问题,而且逐渐走向重新认识和重新检讨西方17世纪以来所形成的基本现代观念,这就是通常所谓的"现代性问题"或"现代性危机"。不妨说,这种重新审视的基本走向,正应了政治哲人施特劳斯多年前的预言:

彻底质疑近三四百年来的西方思想学说是一切智慧追求的起点。

政治哲学的研究在中国虽然才刚刚起步,但我们以为,从一开始就应该明确:中国的政治哲学研究不是要亦步亦趋与当代西方学术"接轨",而是要自觉形成中国学术共同体的独立视野和批判意识。

坊间已经翻译过来不少西方政治哲学教科书,虽然对教书匠和应试生不无裨益,但从我们的角度来看,其视野和论述往往过窄。这些教科书有些以点金术的手法,把西方从古到今的政治思想描绘成各种理想化概念的连续统,盲然不顾西方政治哲学中的"古今之争"这一基本问题,亦即无视西方"现代"政治哲学乃起源于对西方"古典"政治哲学的拒斥与否定这一重大转折;还有些教科书则仅仅铺陈晚近以来西方学院内的细琐争论,造成"最新的争论就是最前沿的问题"之假象,实际却恰恰缺乏历史视野,看不出当代的许多争论其实只不过是用新术语争论老问题而已。对中国学界而言,今日最重要的是,在全球化时代戒绝盲目跟风赶时髦,始终坚持自己的学术自主性。

要而言之,中国学人研究政治哲学的基本任务有二:一是批判地考察西方政治哲学的源流,二是深入疏理中国政治哲学的传统。有必要说明,本文库两位主编虽近年来都曾着重论述施特劳斯学派的政治哲学,但我们决无意主张对西方政治哲学的研究应该简单化为遵循施特劳斯派路向。无论对施特劳斯学派,还是对自由主义、社群主义、共和主义或后现代主义等,我们都主张从中国的视野出发深入分析和批判。同样,我们虽强调研究古典思想和古典传统的重要性,却从不主张简单地以古典拒斥现代。就当代西方政治哲学而言,我们以为更值得注意的或许是,各主要流派近年来实际都在以不同方式寻求现代思想与古典思想的调和或互补。

以自由主义学派而言,近年来明显从以往一切讨论立足于"权利"而日益转向突出强调"美德",其具体体路向往往表现为寻求康德与亚里士多德的结合。共和主义学派则从早年强调古希腊到马基雅维里的政治传统逐渐转向强调罗马尤其是西塞罗对西方早期现代的影响,其目的实际是缓和古典共和主义与现代社会之张力。最后,施特劳斯学派虽然一向立足于柏拉图路向的古典政治哲学传统而深刻批判西方现代性,但这种批判并非简单地否定现代,而是力图以古典传统来矫正现代思想的偏颇和极端。当然,后现代主义和后殖民主义各派仍然对古典和现代都持激进的否定性批判态势。但我们要强调,当代西方政治哲学的各种流派无不从西方国家自身的问题出发,因而必然具有"狭隘地方主义"(provincialism)的特点,中国学人当然不应该成为任何一派的盲从信徒,而应以中国学术共同体为依托,树立对西方古典、现代、后现代的总体性批判视野。

中国政治哲学的开展,毫无疑问将有赖于深入地重新研究中国的古典文明传统,尤其是儒家这一中国的古典政治哲学传统。历代儒家先贤对理想治道和王道政治的不懈追求,对暴君和专制的强烈批判以及儒家高度强调礼制、仪式、程序和规范的古典法制精神,都有待今人从现代的角度深入探讨、疏理和发展。近百年来粗暴地全盘否定中国古典文明的风气,尤其那种极其轻佻地以封建主义和专制主义标签一笔抹煞中国古典政治传统的习气,实乃现代人的无知狂妄病,必须彻底扭转。另一方面,我们也并不同意晚近出现的矫枉过正,即以过分理想化的方式来看待儒家,似乎儒家或中国古典传统不但与现代世界没有矛盾,还包含了解决一切现代问题的答案,甚至以儒家传统来否定"五四"以来的中国现代传统。深入研究儒家和中国古典文明不应采取理想化的方式,而是要采取问题化的方式,重要的是展开儒家和中国古典传统内部的问题、矛盾、张力和冲突;同时,儒家和中国古典传统在面对现代社会和外部世界时所面临的困难,并不需要回避、掩盖或否认,倒恰恰需要充分展开和分析。中国政治哲学的开展,固然将以儒家为主的中国古典文明为源头,但同时必以日益复杂的中国现代社会发展为动力。政治哲学的研究既要求不断返回问题源头,不断重读古代经典,不断重新展开几百年甚至上千年以前的古老争论,又要求所有对古典思想的开展,以现代的问题意识为归依。古老的文明中国如今已是一个高度复杂的现代国家,处于前所未有的全球化格局之中,我们对中国古典文明的重新认识和重新开展,必须从现代中国和当代世界的复杂性出发才有生命力。

政治哲学的研究在我国尚处于起步阶段,无论是批判考察西方政治哲学的源流,还是深入疏理中国政治哲学传统,都有待学界同仁共同努力,逐渐积累研究成果。但我们相信,置身于 21 世纪开端的中国学人正在萌发一种新的文明自觉,这必将首先体现为政治哲学的叩问。我们希望,这套文库以平实的学风为我国的政治哲学研究提供一个起点,推动中国政治哲学逐渐成熟。

2005 年夏

目　　录

前言 / 1

第一章　罪与罚

第一节　杀人罪 / 22

第二节　赔赎 / 27

第三节　和解 / 35

第四节　纷争的永恒性 / 42

第五节　法律与政治（附释：原罪与希望）/ 53

第二章　司法

第一节　自救与法律 / 89

第二节　histor 考辨 / 96

第三节　程序 / 110

第三章 誓与法

第一节 荷马史诗中的誓言 / 124

第二节 赫西俄德笔下的誓言 / 130

第三节 司法实践中的誓言 / 137

第四节 誓言、法律与自由裁量 / 156

第五节 法律至上主义 / 174

第六节 誓言的式微 / 186

第七节 小结 / 194

第四章 宗法

第一节 themis / 202

第二节 神谕 / 206

第三节 神法 / 214

第四节 秩序 / 227

第五节 正义 / 249

第六节 惯例与不成文法 / 275

第七节 小结 / 289

后记

前　言

　　当今世界有很多大问题,而且似乎只有大问题,其中,"古今问题"
便是一个最简单因而也最深刻最棘手的问题。我们打算从法律这个
角度来切入这个问题,当然,这就要求对法律生息于其间的政治有所
了解。但首先碰到的一个根本就是:古希腊人有没有法律? 这个问题
取决于一个更为本质性的问题:究竟什么叫"法律"。这是一个可称为
"法律本体论"的根本问题,因其直抵思想的最后底线,故而长期困惑
着法理学的从业人员,该问题尽管反反复复地被提出来并且由严肃的
思想家们用形形色色、奇特的甚至反论的方式予以回答,但结果总是
永远不能令人满意——这似乎是所有"本体"问题的共相。不过,那个
恒提恒新的问题即便没有一个让历朝历代各方人士都满意的一劳永
逸的答案,对它的追问还是值得的,那至少是法理学研究所必须的一
个基本出发点。不同的时代会依据不同的"宏大叙事"而对"什么是法
律"这个问题给出不同的答案,以此来安顿当时的生活秩序。我们这
样说并不是主张一种法律相对主义,我们只是对这个"经久不绝的问
题"(哈特语)之所以"经久不绝"给出一种历史合理性的解释。

　　我们无意于加入历史法学派,更无意于探讨分析法学、实证法学
或其他什么流派的理论,我们只想面对这个问题本身。哈特说:"显
然,对于'什么是法律'这一询问,最好的方针是推迟给出答案,直到

我们察明了是什么东西事实上在困惑着那些熟悉法律、识别例证的能力不在话下、却仍然提出问题并试图做出回答的人们,"①这种类似于现象学"悬置判断"的方法当然合理,但要察明专家们困惑的原因却并非易事。对此,我们认为要尽可能贴切地解释(而非解决)当今时代的那些困惑或问题,恐怕不能拘泥于那些困惑的内容,而需要超出它们的视野,从一个更高的问题域出发,也就是从更为原始的立场出发,对"法律"本身作一番思想发生学的梳理,在源泉中汲取理论资"源",或许才会有一定的启迪之功。

我们的问题似乎又翻转回去了:要理解什么是法律,首先需要了解法律在古希腊源头处的含义。只有立足于扎实的思想史研究,思想本身才会有立足之地。但这样一来,我们的研究就陷入了一种解释学的循环之中"古希腊有没有法律"与"什么是法律"这两个问题形成了循环论证。对于这种"鸡、蛋关系"问题我们该怎么办呢? 我认为哈特"推迟给出答案"的做法颇为可取,那就是,先撇开今天越来越成型同时也就越来越有些纠缠不清的"法律"概念,回到过去的文本中,研究与此相似或相近的那些场景以及由此传递出来的信息,正本清源之后再回过头来看"什么是法律",也许我们那时所得到的看法就更为踏实可靠。

但我们该如何进入源头呢?"路径依赖"当然是必须的,但仅限于此却又是远远不够的,或者说"路径依赖"只谈到了一种方向及其原因(why),这是问题得以继续、思路得以拓展的第一步,但它尚未进一步涉及到如何(how)的问题,即,我们怎样去依赖路径。换言之,海德格尔所谓"来源(Herkunft)始终是未来(Zulunft)"为我们提出了一个真正"最好的方针",②至于"来源如何是未来",或用海德格尔式

---

① 哈特:《法律的概念》,张文显等译,北京:中国大百科全书出版社 1996 年,第 6 页。
② 海德格尔:《从一次关于语言的对话而来》,见孙周兴选编:《海德格尔选集》,上海:上海三联书店 1996 年,下卷,第 1013—1014 页。

的话说,"如何去来源",则还没有涉及到,作为思想前提的"来源"的本来面目更是遮蔽在"现在"(即所谓"现代性")种类繁多的合法偏见之中。

比如在今人看来,古希腊人为世界贡献了各种样式、各个层面的思想,为后人奠定了文明的大统,但据说"美中不足"的是,古希腊人没有法律。的确,翻开《希腊的遗产》一书,希腊人在政治、史诗、戏剧、史撰、教育、哲学、科学、神话、艺术等方面为后世留下了取之不尽的宝藏,但其中唯独没有法律。于是如下的判断似乎顺理成章:"我们不能在希腊的法律文本中找到有关希腊法律历史的材料;在诸多知识领域极尽丰饶的希腊人,从未创造出实践性的法律科学,——这一贡献是由罗马法学家最初给出的。事实上,堪称为希腊法学著述之物是不存在的,也没有迹象表明有人写过,甚至在雅典也没有迹象表明那里开展过法学教育。"①且不说"不能在希腊的法律文本中找到有关希腊法律历史的材料"这句话的含混性和自相矛盾,这段判词充分表明作者对希腊思想史的偏见(如果不说无知的话),究其根由,便在于作者具有十分强硬的法学观念。

诚然,在知识界,法律似乎独为罗马人的专利,罗马人的光荣和拉丁语的作用也总是与法律相生相伴,从"罗马法"这个巨大的行业就可见其一斑。但是不是说希腊人就没有法律了呢?要知道,罗马人虽然在军事上征服了希腊人,但在文化上却被希腊人所征服。

我们能否想像一个没有法律的社会?公民在一个"无法无天"——既无法律又无宗教——的社会中如何生存,而且更进一步追问:这样一个没有法律也没有(宗教)律法的社会又何以可能?至于说"甚至在雅典也没有迹象表明那里开展过法学教育"云云,那显然不是出于无知,而是由于盲视:至少在民主社会如日中天的时候,智术师(旧译"智者")不就是主要靠教人打官司来糊口么?

---

① 凯利:《西方法律思想史》,王笑红译、汪庆华校,北京:法律出版社 2002 年,第5页。

如果我们让一步说，古希腊人即便没有严格意义上的法律，即所谓"实际法律"或"实证法"，那么希腊总该有一星半点"法律思想"的萌芽吧？有人对这种退后的立场仍然不依不饶：即便如此，希腊人的法律思想总也要大打折扣。在他们看来，"希腊不存在有着明确法律导向的哲学分支；对诸如城邦的起源和地位、法律义务的渊源和法律与更高或更为基本的标准的关系这一类问题，希腊没有专门探讨它们的著作和理论。的确，许多文献记录了希腊对这些问题的观念，希腊的观念是后世以更为明确和有序的方式所进行的研究的最初萌芽；但是，这些观念藏身于卷帙浩繁的文学作品中，许多文学作品对法理学的历史作出了无意识的贡献；而希腊语中根本没有与法理学对应的语词（正如希腊语中没有与作为抽象观念存在的'法律'对应的语词一样）"。① 这种看法在学界甚为普遍，堪称"定论"。但这种似是而非的定论却存在很大的问题。我们且来分析这种颇具代表性的观点究竟是一种什么心理和立场的产物，由此我们又可以得到怎样的教益，并因此而校正我们向后看和向前看的视角和焦距。

首先，无论从任何意义上讲，希腊都有很多著作直接讨论"城邦的起源和地位"，也有不少文献探讨法律与其更高标准的关系。比如荷马、赫西俄德、品达、梭伦、欧里庇得斯、索福克勒斯等人的"文学作品"，希罗多德、修昔底德和色诺芬的"史学作品"，更不用说柏拉图和亚里士多德的"学术著作"，对城邦的起源和地位、对法律义务的渊源和根基进行了广泛的讨论，怎么说"希腊没有专门探讨它们的著作和理论"呢？——否则后世的相关理论从何而来，我们对希腊政治法律思想的研究又何从谈起？赫西俄德的《神谱》不仅仅讨论诸神的诞生和谱系，实际上也在探讨城邦、政治和法律的起源。柏拉图的"Politeia"（《王制》）不就是讨论城邦的制度和管理的么？柏拉图的"Nomoi"（《法义》，旧译"法律篇"）不就是讨论法律及其与更高或更为基

---

① 凯利：《西方法律思想史》，王笑红译、汪庆华校，北京：法律出版社 2002 年，第5页。

本的标准的关系之类的问题么？亚里士多德相当经验化的《雅典政制》、《政治学》和《尼各马可伦理学》不就是政法思想的集大成者么？

其次，如果我们承认古希腊的许多文献的确记录了他们在政法思想方面的观念，因此这些文献就是他们的"学问"——只不过是以不同于当今的学问形态而已，但不能由此说他们没有法律、没有政治、没有"明确法律导向的哲学分支"。这在逻辑上似乎自相矛盾。而且这些思想对于古人而言，几乎就是他们对世界十分完整和成熟的看法，并不仅仅是什么"萌芽"。我们可以说古希腊的那些思想是我们后世得以继续思考和参照的基础，但不能说就是一些不成熟、不系统、不完整乃至不深刻的"最初萌芽"。诚然，后人对自己的研究也许觉得"更为明确和有序"，但古人也并没有觉得自己对世界的看法就更为模糊和无序。所谓明确和有序，在某种程度上成了一种评价标准，给人产生一种"进步"的意象。但真是这样吗？

再次，希腊人的政法观念藏身于文学作品中，这有什么不对吗？为什么我们会因为某种特定的表达形式就抹煞其内容、功劳和贡献呢？古希腊早期法律思想的确大量地存在于所谓的"文学作品"中，但"荷马史诗"之类的著作仅仅就是文学作品吗？如果我们首先用现代学科划分方法把荷马、赫西俄德和索福克勒斯等人著作算成了"文学作品"，那么他们对法理学的贡献当然就是某种似乎可有可无的附带品，并仅仅对法理学乃至所有现代"科学"或"学科"作出了"无意识的贡献"。但这种划分方法显然很成问题，在尚无文史哲学科划分可能的时代，我们对其精神成果的任何学科定位无疑都是一种片面的举措，甚至是对思想史的一种危险切割。难道只有孟德斯鸠和黑格尔等现代人才"有意识"地对我们生息其间的世界贡献点什么东西，而古人只晓得懵懵懂懂地生活，他们的思考不过是误打误撞的偶然结果？

最后，如果说古希腊不存在法哲学，不存在法理学，甚至没有作为抽象观念存在的"法律"等等之类说法成立的话，其标准是什么？

古希腊只有 nomos 而没有 law(法律)和 jurisprudence(法理学),这就意味着古人在法律方面很幼稚很弱智吗?这是不是意味着 law 比 nomos 更"明确"、更"有序"因而更"先进",更能够安排我们的日常生活,更有助于人们构筑和谐社会?不可否认,现代人的法律规章多如牛毛,我们的社会是不是因此就更加有序了呢?不知道。这只是让我们想起了老子的名言:"法令滋彰,盗贼多有。"(《道德经》第五十七章)

我们是站在一种什么样的立场来看待古人?我们是出于一种什么样的心理来对待传统?当人们说:"在荷马那里,我们似乎观察到了法律观念的形成阶段;事实上,如果从自己视法律为公开、确定和客观规则的立场出发来评价荷马社会,我们会发现欧洲那时还处在前法律时期,"①这就明确道出了现代人对上述问题的致命态度:从自己的立场居高临下地看待古人。可以毫不含糊地说,这种要不得的心态和思想形态会与古人的宝贵思想失之交臂。正如梅因对那些"很少踏实地探究社会和法律的原始历史的"人所作的批评,上述颇具代表性的观点"不但使注意力离开了可以发现真理的唯一出处,并且当它们一度被接受和相信了以后,就有可能使法律学以后各阶段都受到其最真实和最大的影响,因而也就模糊了真理"。②

美国德克萨斯大学古典学教授加加林(Michael Gagarin)在学问上当然没得说,但他的立场却不是没有问题。加加林持一种坚硬的法学立场,并由此在一定程度上否定希腊早期存在着严格意义上的法律,颇具反讽意味的是,他为了证明这一点,专门写了一部叫做《早期希腊法律》(*Early Greek Law*)的书。他虽然总体上倾向于认同社会人类学家格鲁克曼(Max Gluckman)的观点,认为不存在"法律"一

① 凯利:《西方法律思想史》,王笑红译、汪庆华校,北京:法律出版社 2002 年,第 6 页。
② 梅因:《古代法》,沈景一译,北京:商务印书馆 1959 年,第 2 页。梅因自己的观点当然也大有商量的余地。

词的"严格意义",但实际上却走着极其严格的法学路线,坚持用"我们的法律制度"来看待古人的思想,他说:"即便一个尚无文字(preliterate)的社会有某种可以翻译为'法律'的说法,但其作用必定不具有与我们的法律制度相同的地位,"①结果就出现了一定程度自我拆台的反讽现象。

加加林的严格法学立场有两个基本出发点,或者说他眼中的法律具有两个特征。② 首先,法律是公共的(public),对共同体中所有成员都有效,在公共的程序中,该共同体承认某人、某个团体或多人、多个团体在解决争端时具有特殊的权威,尽管他(们)并不一定要执行自己作出的决议。其次,法律程序是正式的,而所谓"正式",在加加林前前后后的叙述中,大概就是指"成文的"或"写就的"(written),而且是"第三人称单数形式的条件句"写成的东西。③ 而古希腊的早期作品,差不多都是诗歌、散文,在文体上就与法律不搭界,当然算不得法律。

从这种法律定义——"在社会成员之间和平解决争端的公共而正式的程序"——出发,加加林把法学的发展历程分成三个阶段:第一个阶段是"前法律"(pre-legal)阶段,在这个阶段中,社会并不具有任何可辨认的即正式和公共的程序来和平解决其成员间的纠纷。加加林承认每一个人类社会都有某种解决争端的方法,也认识到社会否则就无法凝聚在一起,但他坚持认为那些方法有可能在一个小团体中仅仅是非正式的。第二个阶段是"原始法律"(proto-legal)阶段,在尚无文字的社会中,仍然有能够勉强满足上述法律定义的某种可辨认的程序,但该社会却没有哈特意义上的法律规则,这种有程序而无规则的阶段就是原始法律阶段。第三个阶段当然是充分的"法律"

---

① Michael Gagarin. *Early Greek Law*. Berkeley: University of California Press, 1986, p. 9n. 28, cf. n. 27.

② ibid, p. 7.

③ ibid, p. 53.

阶段,社会承认法律程序,也认可法律规则,这个阶段几乎总要求那种书写的知识。①

在加加林看来,即便第二阶段出现了某种法律的痕迹,把某种行为准则分离了出来,从属于法律程序,并且也叫做"法律",但也算不上严格意义的法律社会。比如就荷马和赫西俄德所描写的那种社会,虽然比人类学家在太平洋岛上所看到的土著社会更为"高级",但仍然与当今的法制社会相去遥遥。加加林承认荷马史诗和赫西俄德的"著作"在口头形式上成了为了希腊人的权威文本,我们在其间也的确找到了一些明确的行为准则,但他认为这些行为准则与广泛的人类行为有关,没有哪一条准则独立出来而具有某种特殊的地位,甚至没有那种我们可以勉勉强强称之为法律的准则。

加加林以《伊利亚特》为例,对于埃阿斯向阿喀琉斯的请求,"有人从杀害他的兄弟或是孩子的凶手那里接受赎金,杀人者付出大量金钱后可留在社会;死者亲属的心灵和傲气因赎金受控制"(9.632—636),加加林对此评论说:"我们能把这叫做法律吗? 它当然包含一个在后来社会中常常由法律所控制的行为领域,但它并没有编排(cast)成法律的形式,也就是一种普遍的命令,而只是表现为最正式行为的观察(尽管可以肯定它也旨在具有命令的效力)。"②在加加林看来,法律在社会规则中必须具有一种特殊的地位,法律也只有当写成文字后,才有可能是"正式"的。尤为甚者,在荷马史诗中,法律与社会行为,法律与道德,法律与宗教还完全纠缠在一起,很难说什么规则仅仅属于"法律"或者直接就是"法律"本身。

荷马史诗中没有严格而正式的程序要求,也没有"文字"的痕迹,因此很难说存在着严格意义的法律。在加加林看来,即便被认为是

---

① Michael Gagarin. *Early Greek Law*. Berkeley: University of California Press, 1986, p. 9n. 28, cf. n. 27., pp. 8—9.

② ibid, pp. 10—11.

西方最早的刻在石头上的克里特《格尔蒂法典》(*The Law Code of Gortyn*),恐怕也算不上真正意义上的法律:"如果我们考察这些石刻对法律的态度,我们首先就会发现其中没有任何地方出现了'法律'的特别字样。传统表达法令的词 thesmos 不见于其间,更新一点的词 nomos 也一样没有踪影。"①回到希腊本土,后来就算出现了 nomos 一词,我们也必须要小心,因为这个词既可以指法律,也可以指习惯,而更多的时候则是指称"生活方式"。因此,加加林把其强硬的法学立场又向前推进了一步:某种规则能否叫做法律,不仅仅要看它是否成文,而且还需要某种普遍的标准把法律同其他规则相区别开来。

哪些规则才可以叫做法律? 加加林认为必须把法律与其他规则区别开来,法律之为法律才会得到突显。首先,我们必须特别把法律与格言或那些涉及到道德行为和社会行为的普遍论断区别开来。成文法由城邦的权威代表正式记录下来,其最终功能是要为法庭判案提供指导。而格言之类的智慧文字虽然也可以成文,并且对人们的行为有指导作用,也能影响司法判决,但却不具有法律的权威或约束力,而且还往往自相矛盾(对于不同的情形,自相矛盾的格言还大有用处)。其次,我们还应该把法律本身同通常译作"制度"的 politeia 区别开来——尽管这种区分也许不会太过绝对。再次,我们也许还应该把最早由德拉科(Draco)写就的法律和 thesmothetai(立法者)的著作区别开来,也就是要把具体的案例记录同一般的法学原则区别开来。② 最后还要特别考虑斯巴达人对法律的态度,他们明确反对成

---

① Michael Gagarin. The Rule of Law, in Gortyn. E. M. Harris & Lene Bubinstein (eds.) *The Law and the Courts in Ancient Greece*. London: Gerald Duckworth & Co. Ltd., 2004, p. 176.

② 这种情形在罗马法中变得更为明显,皇帝的敕令、法规,习传的风俗惯例,政府颁布的法规,以及法学家的著作等等,都是罗马法的有机组成部分。参 J. H. Burns (ed.). *The Cambridge History of Medieval Political Thought*. Cambridge: Cambridge University Press, 1988, pp. 37－47(中译见《剑桥中世纪政治思想史》,程志敏等译,北京:三联书店 2009 年)。

文法,尽管也有关于战斗中必须要勇敢的 nomos,但这种更近于习俗的东西显然不是法律,斯巴达要到公元前四世纪才有严格意义上的法律。①

加加林所认可的法律是那种能够全面管理社会的强硬规则,他更乐于从"法治"的意义上(或高度)来谈论法制。他虽然认识到"法治"的含义会因时、因地、因修辞语境而有所变化,也不打算彻底地探索"法治"的意义,但对"法治"一词提出了三个普遍的用法,也就是指出了法治(乃至法律)的三个根本属性。第一,在最基础的意义上,法治指根据一套权威的规则对社会所作的有序与和平的管理,那套规则与无序和暴力相对,法律(nomos)与自身的不在场即"无法"(a-nomia)相对。第二,法治可以指这样一个原则:没有人凌驾于法律之上,统治者和官员都像所有人那样臣服于法律,法律乃是社会的最高权威,法治与专制和僭政相对。第三,法治指对法律的严格遵守,不考虑外来的"与法律无关的"(non-legal)因素,尤其不考虑政治的因素。② 我们且不说加加林这种纯粹的法治和法律概念是否存在于某个活生生的社会中,至少可以说,他把这种颇为现代的观念加在等级森严的古代社会上,显然不合理,大有强加己意于古人之嫌。

既然古希腊早期没有严格意义的法律,那么他们有没有什么不严格的法律,比如说不成文法或者口头法律呢? 加加林似乎也不愿意承认这一无可再退的立场,在他看来,希腊人在有成文法之前,当然没有"口头法律"(oral law),或者说在文字出现以前,法律并不以口头形式流传,干脆直接说,法律根本就不存在。他的理由是"不成文法"的思想要到公元前 5 世纪才存在(见于索福克勒斯《安提戈涅》),而那时早已经颁布了成文法,并且"不成文法"这一概念必须以

---

① Michael Gagarin. *Early Greek Law*, pp. 53—58.

② Michael Gagarin. The Rule of Law in Gortyn. E. M. Harris & Lene Bubinstein (eds.) *The Law and the Courts in Ancient Greece*, p. 173.

"成文"为前提,换句话说,他似乎认为先有成文法,然后才有不成文法(的观念)。在加加林的研究中,没有找到任何证据表明立法者制定法律之前,会有什么口头的或不成文的法律处于社会某个阶层的有效控制之下。赫西俄德似乎也没有什么不成文规则的观念,他的那些观念也不能够写下来就当是法律。[①] 这种看法的确有些独特,几乎足以颠覆我们的常识,当然要遭到其他学者的批评。

在弄清楚问题的根本原因之前,我们先不要急着去批评这种让人有些瞠目结舌的观点。我的疑问在于:既然加加林也承认希腊人后来有符合其标准的(成文)法律,那么这些法律是从哪里来的呢?

公元前 750 年前后,希腊城邦发展异常迅速,从以前的小村寨一跃而成为规模颇大的集镇,人口增加,物质丰富,社会生活习俗就面临着新的挑战。加加林认为:"特别而言,随着城邦的成长,冲突的机会必定增加了,就越来越有必要解决这些冲突,而且以和平方式解决争端的程序也起着越来越大的作用,"[②]于是,法律就诞生了。加加林也意识到,"对希腊人来说,法律还是其文化中的突出成就"。[③] 但希腊人引以为荣的这些成就植根于何处?加加林承认希腊人在成文法时代之前也有某种解决争端的方法,只不过不承认那是法律(的确,政治、伦理乃至情感方面的手段都可以解决争端)。对这个前法律阶段和原始法律阶段,加加林看到了它的"发展"或"进步"之处:"然而,这个阶段值得注意的是,即便在希腊人写就法律之前,他们也发展出了一套解决争端的传统程序,并且也已开始意识到这种司法程序对保持社会和平与繁荣的重要性。"[④]但加加林并不认为这种司法程序就是法律本身,"希腊人即便开始写就法律之后,他们的注意力也主

---

① Michael Gagarin. *Early Greek Law*, p. 122.

② ibid, p. 135.

③ ibid, p. 146.

④ ibid, p. 50.

要集中在程序法上"，①而且希腊人高扬的"正义"（dike）也不过是一种司法程序上的要求而已，因此希腊人似乎没有实质性的法律，或者说他们引以为荣的成就其实并没有什么实质性的内容。

但就算希腊人的司法理念还仅仅停留在程序上，它也得有个来龙去脉吧？就在希腊人有没有法律、有什么样的法律以及希腊法律的渊源这些大是大非的问题上，加加林表现出了一以贯之的强硬，甚至不惜同样一以贯之地自相矛盾。他一方面否定古希腊曾存在过口头法律或不成文法律，不承认荷马、赫西俄德等人的著作中所描写的场景与法律有关，但另一方面又认为古希腊人的法律并没有受到近东诸如《汉穆拉比法典》的影响，坚持说："就手上的证据来看，似乎更为可取的是，成文法的颁布是希腊古风文化真正的原创产物。"（a truly original product of Greek archaic culture）②对此，我们感到十分疑惑的是：既然以前没有任何形式的法律（甚至包括法律思想），又没有从外界引入法律，那么古希腊人怎么"原创"后来的法律呢？

到此，我们似乎快要到问题的底部，快要找到加加林不惜以自相矛盾为代价来坚持那种强硬法学立场的根由了，因为希腊法律的产生问题已经陷入了绝境，走头无路之时当然要反思来路并另谋出路。

加加林只谈到了法律产生的社会历史根源，即法律是随着社会的壮大而诞生的一种解决因此带来的诸多问题的方法，但他并没有谈到法律产生的理论根源或智识基础，也就是说，他撇开了法律渊源来谈法律史，这显然企图在半空中建楼阁。如果我们就这一点要为加加林辩护，也可以说他所谓的"传统程序"云云，不就是法律的渊源么？不幸的是加加林本人并不买帐，因为他本人压根儿就不承认最早的成文法是对此前仅仅保存在口头上的法规的记录，他根本否认

---

① Michael Gagarin. *Early Greek Law*, p. 146.

② ibid, p. 62.

有什么口头法律,在他看来,早期的立法者们身处社会危机和动荡之中,他们制定的法律当然是新法,而不是仅仅记下此前已然存在的规则。① 加加林尽管羞羞答答地在"新法"前加了一个括号,内写"尽管并不完全"字样,表明他还多多少少承认"新法"其实亦由来有自,但他在此前却明明白白地宣称了法律的革命性,这种革命性或革新性几乎使得法律自己突然从不知何处冒出来了。

加加林说:"尽管早期希腊的许多实体法也许保留了传统的习俗,但我们也注意到了一些意义深远的实质革新(innovation),而且尤为重要的是,在早期立法者显然更关注的程序法领域中,这种革新乃是家常便饭。"②在加加林看来,法律差不多是"无极而太极"式的本体性"无中生有"。他为了维护自己颇为僵硬的立场,拼命强调法律的革新性,却殊不知当时的法律更新其实"新"得十分有限,我们或许永远不会过分夸大梭伦的贡献,但他收拾危机局面(虽然并不很成功)以及对政治文化的贡献并不能同"新"划等号。而且就算梭伦等立法者有开天辟地之能,他们的那些"新律"(*Novels*)就是自己突发奇想无中生有创造出来的?

由此看来,正是对"原创"和"革新"的迷信导致了加加林强硬的法学立场,这种情形在当今学界可谓"通病",究其病因,便在于根深蒂固的"现代性"。

从常识的角度来说,即便某种东西中没有出现表示自身类别的词语,这并不意味着该物就不属于某个特定的类别。因此,《格尔蒂法典》以及后来实际起着法律作用的一些早期文本(包括诗歌、散文、悲剧等"文学作品")即便没有出现"法律"或与之近似的诸如 themis、thesmos、dike 和 nomos 等等字样,这并不表示《格尔蒂法典》等文献就不是法律,并不说明早期作品中所概述的那些带有一定强制性的

---

① Michael Gagarin. *Early Greek Law*, p. 126.
② ibid, p. 123.

社会规范就与法律不沾边。这些文献在上古时期,其实就是当时的法律,多多少少记载着人类早期的法律实践。这个简单的道理本来不在话下,但古人没有今天意义上的"法律"或"法理学"词汇,到了今天却差不多成了古人的一条"罪状"。古人有没有什么现代词汇,在我们看来其实无关紧要,要紧的是他们对这些所谓的"现代"词汇所涉及的问题是否曾作过深入的思考(且不说这些现代词汇在词源和思想脉络上归根到底从古人那里"发展"而来,也不说现代人是否因为有了林林总总更为细致的概念就必定思考得更深入)。

从学问方法来说,用现代人的眼光来看古人必定会让自以为是的现代人产生一种后来居上的优越感,但如果用古人的眼光来看现代人,未始就没有一种世风日下的沧桑和悲凉。比如赫西俄德"五代"说中的倒退历史观,以及儒家数千年拼命要回复到上古三代之治这种悲壮努力所透显出来的对任何时候的"现代"所产生的极度不信任感,似乎已经说明了这样一个颇为合理的说法:此一时也、彼一时也——这句俗语或可解作"现在是一时,过去也是一时",现在和过去具有同样的有效性,不可用任何一方的合理性去颠覆另一方的合理性。用古人的眼光来看现代人,让人徒增烦恼;而如果用今人的眼光来看古人,就会割裂思想史,主动形成文明的隔阂,甚至最终"数典忘祖"。最好的办法也需要是"把恺撒归给恺撒,上帝的归给上帝",①首先各安其位,也就是用古人的眼光看古人、用今人的眼光看今人,才能分得清你我,也才能认识各自的优劣。眉毛胡子一把抓,乱了法度,没了方寸,甚至强奸民意,就会搅得思想界鸡犬不宁。

用古人的眼光看古人,这是理解古代思想最基本的前提。我们之所以必须这样作,其实也没有什么大道理,无非是因为古人太"古"了,我们从现代人的观念出发很难搞懂古人的想法。另一方面,也可

---

① 典出《圣经》,原话是:"凯撒的物当归给恺撒,神的物当归给神。"(《马可福音》12:17)

以避免因现代人居高临下的心态在研究中所产生的不必要的误会，用现代的眼光来看古人，很容易让现代研究者觉得自以为是：古人这也没有那也没有，古人总是因为受到时代的限制达不到现代人的"高度"。试问：现代人就没有局限吗？现代人方方面面肯定比古人更"高"吗？

其实，用古人的眼光理解比他们更古的人，这都已经十分困难了，更何况事过境迁数千年后对古代异常陌生的现代人。换言之，古代也存在所谓的"古今问题"，不独现代为然。比如说，希腊有文字记载起到柏拉图、亚里士多德时代，不过短短三四百年，但希腊人的语汇和思想已经发生了巨大的变化，词语的内涵也变得几乎"面目全非"。我们甚至可以大体上说，柏拉图、亚里士多德对他们的古人也存在着一定程度的误解，或者说他们对荷马以降的思想的理解，对我们来说很可能是误导性的（misleading）。① 与荷马、赫西俄德等高古高人如此近——无论在时代、道统还是心性上——的柏拉图和亚里士多德这等高不可攀的大家，都不容易理解自己的先贤，何况早已"人心不古"的我们！仅仅从语言上来说，荷马史诗用的是相当古奥的希腊语，据说荷马之后仅一个世纪的人，就已经不大读得懂他的书了（想想中国自古及今有多少人真正读得懂《尚书》），今天的知识分子还有什么理由不老老实实地坐冷板凳呢？

用今人的眼光看待古人，大概是为了偷懒，更可能是为了掩盖学养和思想上的无能。但这样一来，今天的研究越来越繁琐（繁荣），也就越来越贫乏，正如梅因所批评的那样，"我们的法律科学所以处于终于不能令人满意的状态，主要由于对于这些观念除了最最肤浅的研究之外，采取了一概加以拒绝的草率态度或偏见"。② 我们不能说

① Gerhard Thuer. Oaths and Dispute Settlement in Ancient Greek Law. See L. Foxhall and A. D. E. Lewis (eds.). *Greek Law in its Political Setting*. Oxford: Clarendon Press, 1996, pp. 62—63.

② 梅因：《古代法》，同前，第 2 页。

加加林的研究"肤浅",但他对口头法律和不成文法律却的确采取了"一概加以拒绝的草率态度",而从其所研究的对象来看,他对"法律"的定义也的确是一种现代人固有的"偏见"。

这种偏见便在于用今天的概念来衡量古代的现象,用所谓"严格"的观点来鉴定此前不同表现形式的同类思想。如前所述,加加林的法律观念主要有两条,一是"公共",二是"正式"或"成文"。先看第一条,所谓"公共",又有两层含义:大家都知道有那么一种法律,而且这种法律对人人都平等。在书写尚不发达的时代,要做到一体周知当然是很困难的——现代人是不是对所谓公共的法律都很清楚,每个人都有能力了解甚至背诵越来越多堪称汗牛充栋的现代法律?因此在一定程度上说,古代早期法律符合加加林的"公共"原则,老百姓对那些近似于习俗的规则大多是清楚的,因为那些规则既是宗教信念,也是伦理原则,只要有理智,便不会随意违反最低限度的社会规则。至于说,"法律面前人人平等"这种现代意义上的"法律"才算"法律",则未免太美化现代的"法治社会"了,果如是,则现代社会岂不是已经成了(人们想像中)柏拉图梦寐以求的"理想国"了?

我们不打算讨论现代法律也有死角这一无可争辩的事实,就算现代社会是完整意义上的法治社会,是不是因此就可以说"前法治"社会中就没有法律了呢?古代社会与现代社会存在着很大的不同,如果用现代社会的规则去衡量古代社会,当然处处见到毛病。加加林的法律概念本来没有问题,他所说"公共"与"正式"正是"法律的最为一般人所深切感觉到的特征"(梅因语),但他把这种仅仅(更)适用于现代的观念拿去比附古人,就出问题了。正如当年梅因对边沁和奥斯丁的批评一样,他们对法律要素的分析结果"同已经成熟的法律学的事实完全相符;并且只要在用语上稍为引申一下,它们就能在形式上适用于各种各样的、各个时代的一切法律。……可奇怪的是,我们对于古代思想史如果研究得越深入,我们发现我们自己同边沁所主张的……概念,距离越远"。① 梅因紧接着也谈到了其中的原因:我们要想理解这些在时间上同我们距离这样遥远的种种见解,当然是极端困难的。

这些所谓的"困难"本不成其为困难,只是由于现代人要努力维持自己经过"启蒙"解放后在古人面前的尊严,保护"敢于运用自己的理智"这种现代性的信仰,才会出现"张冠李戴"的错误。在今天看来"法治"是如何如何的好,但在古代,法律在社会生活中还算不得什么不得了的东西:它不过是神的一种恩赐而已,法律出自于神,是神明为了人间的幸福而设定的一些规则。② 法律之上,还有神明。出自神明的教诲和命令,还需要"成文"吗?加加林以后神学时代的思维来看待官师政教合为一体的古代,并因为古人没有把法律严格地从宗教中分离出来,就否认严格意义上的古代法律的存在,这显然不合理,而且大有本末倒置之嫌:法律不过是宗教的一部分,甚至"法律与宗教实一物也",③法律在宗教中往往被称作"律法"。在古代研究中,缘何要舍本逐末,用法律来诋毁宗教呢?

再说加加林所谓的法律"成文"主张,其实也存在着很大的问题。法律之为法律,并不在于成文与否。现有的历史材料表明人类在过去相当长的时期内的确曾存在过口头法律,在没有文字的时代,或者在文化程度不高的地区,社会强制规则往往通过"唱"的方式来表达和传承,因此我们才好理解"法律"(nomos)一词最初的意义本是"歌曲"和"曲调"。想一想"工农红军"的军法乃至一切根本大法"三大纪律八项注意",在文化程度不高的工农红军之间,不就是以歌曲的形

---

① 梅因:《古代法》,同前,第 5 页。

② 比如可参荷马史诗《奥德赛》9.215,赫西俄德:《劳作与时令》275—281,柏拉图《礼法》624a1—5 等。

③ 参见古朗士:《希腊罗马古代社会研究》,李玄伯译,北京:中国政法大学出版社 2005 年,第 152—153 页(即库朗热《古代城邦》,谭立铸译,上海:华东师范大学出版社 06 年版)。

式口头传播么。在古希腊,即便有了成文法后,法律口头的传承仍然继续起着重要的作用。况且法律成文之后,并没有获得多么了不起的地位,在有了成文法之后很长一段时间内,真正对社会起着规范作用的不是那些"法典",而是所谓"不成文法"背后的那些信念、伦常和习俗(现在不也差不多一样么)。

再从逻辑上说,加加林否认不成文法,实际上也就使得成文法失去了成文法赖以存在的逻辑相关项:没有了不成文法,哪里还谈得上什么成文法? 如果承认成文法,也就暗含着不成文法的存在。加加林强硬地认为法律必须是成文的,这在逻辑上不仅自相矛盾,而且不利于我们理解成文法本身,因为"如果不把握法律的口头背景,我们就无法充分理解希腊早期成文法的意义",①这样一来就会造成思想史的断裂:此前的思想浑不可解,此后的思想又失了根基。比如就法律的文体而言,加加林只承认那种"第三人称单数的条件句式",但在古代却存在着多种多样的文体,比如宗教律法多是以第二人称单数的命令句形式出现:(汝)勿……(Thou shall not …)。

对于法律,我们只能说它当时的表现形态与今天大不相同,而不能用今天的存在样态为标准否认过去样态的自足性。我们只有把古代的思想还原到古代的语境中才有指望能够多多少少理解一点古典思想的精髓,比如就《安提戈涅》来说,该剧表达了一种规范性自然秩序的思想,而这种思想就是法律的基础。但"这种观念,对于现代人的头脑来说乃是陌生的,甚至还似乎是不可理解的,如果在一个戏剧情景中来理解,也许就容易接受多了"。② 人们慢慢意识到,对于古代来说,所谓的法律文本,即法律(nomoi)、契约、判例和法院演说词,并

---

① Rosalind Thomas. Written in Stone? Liberty, Equality, Orality and Codification of Law. See L. Foxhall and A. D. E. Lewis (eds.). *Greek Law in its Political Setting*, p. 12.

② Lloyd L. Weinreb. *Natural Law and Justice*. Cambridge: Harvard University Press, 1987, p. 7.

不比史诗、抒情诗、悲剧或历史著作更重要。因此,"从上个世纪初以来,法律史家,尤其是拉贝尔(Ernst Rabel)和沃尔夫(Hans Julius Wolff),已经强调过,现代法学范畴对于理解古希腊的法学渊源来说,不是充分可用的工具"。①

---

① Gerhard Thuer. Oaths and Dispute Settlement in Ancient Greek Law. See L. Foxhall and A. D. E. Lewis (eds.). *Greek Law in its Political Setting*, p. 57。关于 Gerhard Thuer 与加加林的论争,参 Rapheal Sealey. *The Justice of the Greeks*. The University of Michigan Press, 1994, pp. 104—105n. 22。

第一章　罪与罚

荷马史诗《伊利亚特》第十八卷中那个著名的"阿喀琉斯之盾"上镌刻着一场"官司"——"我们对荷马时代的法律程序的了解就归功于此"。[1]天神赫菲斯托斯在阿喀琉斯盾上绘制了美妙而复杂的图案,然后经忒提斯之手交给那位再次被愤怒冲昏了头脑的大英雄,当然大有深意在焉。盾牌上有婚庆场面,也有战争情景,而中间则是那个著名的诉讼场景,这种安排充分凸显出战争与和平的张力,而用"法律"来解决争端这种在当时可能还比较新颖的模式恰恰就处在《伊利亚特》绷得极为紧张的"琴弦"正中!在《伊利亚特》中,战争当然是主要的话题,敌对双方在一个狭小的地区内你死我活对峙了相当漫长的岁月,就连阿开奥斯人内部也出现了巨大的纠纷,差一点酿成大祸。这场纠纷虽然在天神的干预下暂时压下去了(1.197),但未得到最终解决。后来阿伽门农极尽卑微曲意媾和,赔偿了大量的礼物,才让这场已经让位于其他问题而变得越来越淡漠的纷争消于无形。此后,阿开奥斯人在帕特罗克洛斯葬礼上,为争夺竞赛奖品再一次发生了争执,阿喀琉斯从此前的当事人变成了仲裁的法官,以一种非常理想的方式解决了问题。在《奥德赛》中,奥德修斯回到伊塔

---

① 鲁本:《法律现代主义》,苏亦工译,北京:中国政法大学出版社 2004 年,第 359 页。

卡后对求婚人所作的"末日审判"更多地具有政治的含义（且不说宗教的意味）。这些"案例"就是我们了解荷马社会政治和法律的窗口，从中我们也许会看到一些至今仍有教益的道理，比如政治与法律的关系。

第一节 杀人罪

前面我们讨论了诉讼场景中的第一句"一大群人在广场中"（18.497），研究了这里所说的"人"（laos）和"广场"（agora）的含义。广场上的集会围绕着一场纷争而展开，尽管有双方当事人，也有判案的长老在场，但严格说来这次集会不大像是一场法庭审判，它与我们现在所见到的庭审颇有一些不同，而且其间还有一些至今未弄明白的问题——学术界在这些问题上的巨大分歧让我们充分了解一个不争的事实：我们的古典知识还很不完备。尽管这是一场解决纠纷的集会，但我们需要随时提醒自己，荷马时期的集会不只是司法活动（或功能），还可以是其他很多方面比如政治、军事和文艺（甚至还有可能包括商业）的活动，或者说所有这些公共活动都是在"法庭"中进行的——荷马时代的法庭有它自身的特点，尽管我们还对此还不够熟悉。

这一大群人聚集在广场上，是因为过去曾经发生了一桩命案，双方围绕其赔偿问题发生了争执，然后大家同意把这个问题交给第三方来处理。在这个场景中，我们有很多问题似乎至今仍然没有搞明白。先来看原文：

ἔνθα δὲ νεῖκος
ὠρώρει, δύο δ' ἄνδρες ἐνείκεον εἵνεκα ποινῆς
ἀνδρὸς ἀποφθιμένου· ὁ μὲν εὔχετο πάντ' ἀποδοῦναι
δήμῳ πιφαύσκων, ὁ δ' ἀναίνετο μηδὲν ἑλέσθαι·

那里发生了

争执，两个人为一个已死去的人的赔偿

争了起来。一个人发誓说已全部偿付并向

民众宣告，另一个人则拒不承认得到了它。(18.497b—500)

事实上，两个人的争执此前就已经发生了，他们来到广场是为了求得解决。这在今天看来似乎不足为奇，但在文明史上却是一个不小的变化：首先，人们已经放弃了血亲复仇的陋习，转而把争执交由第三方来解决，避免了"自救"(self-help)行动的过激行为以及由此带来的矛盾激化，最初的问题也得不到最终解决。其次，杀人偿命并是天经地义，但为了社会的稳定与和谐，改用赔偿来解决问题，这不能不说是一种善举（当然，这种善举不可放任为迁就，也要视情形而定。荷马史诗中并未交代死因，从双方的表现来看，似乎不严重，更近于过失杀人一类）。这个场景虽不是严格意义上的诉讼，但为了叙述方便，我们下面且把它看作是荷马时代特有的诉讼形式。

诉讼的双方当事人中，前者发誓（也可译作"自称"）全部付清了因杀人罪所需的赔偿，①而后者则拒不承认，这场诉讼显然是后者提起的（很可能是他把前者扭到广场中来的），后者即是原告（控方），前者为被告（辩方）。学者们普遍认定原告乃是死者的家属，而被告肯定是"凶手"本人，那个时候恐怕还没有"代理"的观念。此外，现场的民众(demos，即 18.497a 和 502 中的 laoi)是该地区的居民。② 当时的人民是以家族或宗族的形式聚居在一起的，因此，这些"民众"主要就

① "赔偿"(poine, 18.498)一词在荷马史诗中多次出现。在命案中往往与"血"有关，故英文往往译作 blood money, blood price, 或 wergeld (wergild)，中译作"血酬"，我们俗称之为"命钱"。但荷马史诗中的"赔偿"并非处处都与命相关。
② 与此相对，争论的双方和死者都是 aner，也就是一般意义上的"男人"。希腊语中有好几个词汇表示"人"，关于它们的区别，可参 Seth Benardete. *The Argument of the Action*. Chicago：The University of Chicago Press，2000，p. 16。

是双方的宗亲（如果不是全部的话）。而从下文来看，双方的宗亲可以通过鼓噪的形式支持自己这一方以对长老的判决施加一定的影响，那么，这些 laos 或 demos 虽然没有什么权力，但也算得上是一个特殊的"陪审团"，尽管我们现在并不清楚这个庞大的"亲友团"对于这桩纠纷实际上究竟会起多大作用。

双方所发生的争执之原因本身是清楚的，没有什么可争论的，他们所争的是对其起因的处理结果。这是一桩杀人案，凶手（被告）对此亦无异议，但双方争论却不是在对杀人案本身提起诉讼，受害者一方并不要求"严惩凶手"、"以牙还牙"或"杀人偿命"，而只是提出了赔偿的要求，更近于"欠债还钱"一类的民事诉讼。到目前为止，我们的分析还无法肯定这种刑事案件变成民事案件的意义（详下）。从介词 εἵνεχα（为了）来看，我们虽然已经清楚地知道这宗案件的性质，但仅从文字上我们却看不出双方争论的焦点究竟在哪里，也就是说，在这短短的两行诗中，双方争执的问题亦较为含混。我们理解上的分歧出现在最后一句：被告究竟接受与否，原告究竟足额赔付了没有，这些问题在后人的研究中也产生了分歧（如同荷马史诗中的场景一样，这时我们也需要一个 histor 来判断真相，我本人无意也无能力强作解人，姑引他人之说，以为读者诸君明鉴之助）。

被告的话是清清楚楚的，①他首先发言，自称（发誓）已经全部付清了赔偿费，并且向大众（demos）宣讲，以此证明自己的无辜和清白。被告这种做法虽不能说明人民群众的力量，亦见得舆论对道德和法律的影响。被告先发言，似乎不能证明道理站在自己这一方，也并不

---

① 但也并不是不存在分歧，Lattimore 就把被告的话理解成：他对观众说他答应全额赔偿。在 Lattimore 看来，被告还没有对自己的杀人罪进行赔偿，只是在原告的追逼下，才允诺赔偿。而原告拒绝接受任何赔偿，似乎是要对方偿命。但从原文来看，Lattimore 的理解也许有误。Rphael Sealey 即受此影响，也认为原告拒不接受赔偿，以保留自己报复的权利（Rapheal Sealey. *The Justice of the Greeks*, pp. 103—104）。

证明作者(荷马)故意对被告作有利的安排。比如在《伊利亚特》第23卷的战车比赛中,墨涅拉奥斯与安提洛科斯发生了争执,当时墨涅拉奥斯作为"受害者",率先发言。而在(托名)荷马所作的《赫尔墨斯颂》中,却是"肇事者"赫尔墨斯先开口说话。[①]

但原告的话却有些模棱两可,既可以理解成"他拒不承认拿到过这笔钱",也可以理解为"他拒绝拿这笔钱"。原告这句太过简短的话似乎又将被告本来清清楚楚的陈述变得颇成问题:被告究竟赔付没有,此外,原告是否必须接受这笔赔偿金? 据学者们研究,前一个问题,即赔付与否的问题不难解决,而后一个问题则似乎找不出足够的文献来说明。杀人案件的赔偿往往数额巨大,这样的赔付极有可能在证人面前进行,而且以货物、牛羊、马匹等大型物件为赔偿物的话,必定需要第三者帮忙。因此,双方都不必兴师动众提起诉讼,双方差异如此之大,法庭实不难判定,而其中总有的撒谎一方亦不可能疯狂到指望在如此明显的问题上也能颠倒黑白。

如此,原告的要求似不可能是拒不承认得到过一分钱,中译文中的"它"当指上一行中的 panta,即全部(款项)。他们争执的焦点似乎在于:原告要么拒绝接受凶手的赔偿,要么拒不承认对方已全部付清。对于前者,如果受害一方拒绝赔偿,那他就可能要求对方偿命,或者要求流放对方,但不管是"以血还血"的极端要求(在荷马史诗乃至整个古代都不常见),还是对对方实施"流刑"的合理主张(这在古代极为常见),都不需要交由法庭来处理。在古代,受害一方往往自主实施"杀人偿命"的权力(即所谓 self-help,详见下一章),而"流放"作为一种风俗习惯,要么是受害人自主救济(实施),要么是肇事者根据习惯而主动出走,反正都不需要提起诉讼,尤其不需要斥巨资请长老们来作最公正的判决——已有成法在前。最重要的是,"以血还血"并不是旨在教化(阿喀琉斯)的荷马史诗的主张,更何况这种颇为

---

① 参 Michael Gagarin. *Early Greek Law*, p. 28。

原始的要求已经成为遥远的过去。

对于这场争论,加加林提出了自己别出心裁的看法,他认为很可能是死者的亲属之一(A1)已接受了赔偿,但另外某个亲属(A2)却不服气,不愿意接受血酬,而要将对方(B)置于死地,结果 A2 便提起了诉讼。① 加加林这种解释似乎又将民事案件回复成刑事案件了,显然与此处的强调 *poine*(赔偿)的语境不相符合。剩下来最大的可能就是双方在争执血酬的数额。杀人犯的确已经按习俗赔付过一定数量的钱财,但受害方认为还没赔够,于是在这一点上互不相让的双方就把争执交给了第三者。

最后需要特别指出的是,荷马史诗中似乎只谈到了用赔偿的方式来化解杀人罪,却丝毫没有提到为杀人者净罪。在古代,杀人罪(homicide,或人与人之间的同类相残)乃是一宗大罪,往往需要从宗教上对这种重罪进行"净化",否则会祸延后代、害及子孙,罪业如同不义一样,一人犯罪,祸及邦国。② 在上文提及的稍晚于荷马史诗的"英雄诗系"(Epic Cycle)中,阿喀琉斯杀死特尔西特斯后,奥德修斯为阿喀琉斯驱除了杀人的罪孽(《埃塞俄比亚之歌》)。后来,杀人案件甚至需要上交最高的权力机构——战神山议事会来处理,而这无疑是为了避免本民族因杀人而带来的污染。③ 在埃斯库罗斯的《奥瑞斯特亚》三部曲中,奥瑞斯特斯杀死母亲后,阿波罗也为其净了罪。但在荷马史诗中,却丝毫找不到净罪的影子——诗中虽出现了这个词,但都指物理或日常意义上的"干净",而不是宗教上意义上的"净化"。这个否定性的现象着实让人费解。也许在荷马史诗,尤其在《伊利亚特》中,双方主要是在战斗中杀人,而战争中的杀戮既不需要

---

① 参 Michael Gagarin. *Early Greek Law*, pp. 32—33。对加加林这种看法的批评,见 Gerhard Thuer. Oaths and Dispute Settlement in Ancient Greek Law. See L. Foxhall and A. D. E. Lewis (eds.). *Greek Law in its Political Setting*, p. 67。

② J. F. McGlew. *Tyranny and Political Culture in Ancient Greece*, p. 58.

③ Richard Garner. *Law & Society in Classicla Athens*, pp. 35ff.

赔偿(13.659),也不需要净罪。

第二节 赔赎

阿喀琉斯盾牌上的"赔偿"(poine)关乎性命,故而有"血酬"的含意,而该词的基本含意是"赔偿",亦引申作"报复"(作褒义时"报答")和"惩罚",后世进一步把它拟人化,大写作"复仇女神"或"惩罚女神"。① 此外,在荷马史诗中还有一个复合词也表示相近的意思,apoina,②是由介词 apo-和 poine 的复数形式构成,指"赎金"或"赎礼",其含意从根本上说也是一种赔偿。值得注意的是,apoina 在《伊利亚特》中共出现约 28 次,而第一卷和第二十四卷正好各出现了 7 次,呈现出对称的格局,③可以在一定程度上表明各自的旨趣。该词在《奥德赛》中却根本没有出现,此事颇堪把玩。Poine 和 apoina 都是名词,而荷马史诗中也使用动词来表示相似的意思,用得较多的是 apotino 以及它的词干 tino,指"赔付"(9.634 等)和"报答"(8.186,18.407 等)。作者似乎是在相同的意义上使用这几个词(包括 apotino 的分词形式),它们差不多可以互换。

在荷马史诗中,*poine* 这种赔偿当然也包括其极端形式,即残酷的"以血还血"。帕特洛克罗斯勇猛冲杀,就是为了替丧命的同胞"以血还血"(16.398),结果自己命丧他人之手。而最能表现这种残酷性的是阿喀琉斯发誓要杀死赫克托尔为帕特洛克罗斯"把血债偿还"(18.93),最后阿喀琉斯甚至杀死了 12 个战俘来祭奠亡友,为帕特洛

---

① 参埃斯库罗斯:《奠酒人》,第 935,947 行。关于"报仇"或"报复",比如阿瑞斯报复雅典娜,因为后者曾怂恿狄奥墨得斯进攻他(21.396—399),另参 14.483,22.271;该词在《奥德赛》中仅出现过一次,意思是"报仇"(23.312),这个现象值得深思。

② 参 Gregory Nagy. *Pindar's Homer*, pp. 252, 307。

③ 关于荷马史诗的"环形结构"或对称结构,参拙著《荷马史诗导读》,第三章、第五章及其相关文献。

克罗斯殉葬(23.175－182)，更是把"以血还血"表现得淋漓尽致(另参21.27－28)。当然，战斗中的双方似乎都缺少理智，所以才会有"以血还血"这种较为原始的解决问题的翻案，因为此时起作用的或真正需要的是原始而非理性的东西，比如勇敢。但在和平状态下，"以血还血"似乎就很危险了，所以才有了阿喀琉斯盾牌上的"劝喻图"，即，抛弃"以血还血"的陋习，代之以更为合理的"赔偿"。

从"以血还血"(blood-for-blood)到"赔偿"(price-for-blood)，似乎是一个了不起的进步，人们由此避免了私力救济过程中的不理智和失度造成矛盾激化和斗争升级，在一定程度上解开了冤冤相报的循环死结。"赔偿"本身也许不是什么多么高明的手段，也不可能是解决一切矛盾的最佳方案，但双方自愿用另外一种更为理智与温和的处理方式来解决杀人等重罪，并把它交给第三方来裁决，显然可以让事情变得更为有序与合理。这里最重要的不是以"赔偿"来解决"杀人"问题，而是不再用以牙还牙的简单手段来消弭纷争，因为在大多数情况下，以牙还牙根本解决不了问题。

在纠纷的解决方式上，赫西俄德和荷马都倾向于用法律的方式(比如赔偿)，而不主张使用武力、暴力或私力救济。他们还为此作出了神义论的论证，赫西俄德在《劳作与时令》中教诲到："你要倾听正义(dike)，彻底忘掉暴力(bia)。克洛诺斯之子已为人类安排下了法律(nomos)，而鱼、兽和胁生双翼的鸟儿互相吞食，因为它们之间没有正义(dike)；但他把正义赐给了人类，那可是所有东西中最好的；如果人们愿意在认识中讲正义，鸣雷的宙斯就会赐他幸福。"(275－281)如果一味诉诸暴力，那么就会"禽兽不如"，而如果讲道理，有法必依，就会获得幸福。荷马则说："宙斯将暴雨向大地倾泻，发泄对人类的深刻不满，因为人们在集会上靠武力(bia)不公正地裁断(themistas)，排斥公义(dike)，毫不顾忌神明的惩罚(opis)。"(《伊利亚特》16.385－388)如果人们用武力来超逾神法或宗法(themis)，这就不是正道(dike)，会遭到神明的惩罚，其直接后果就是"大洪水"。

对于阿喀琉斯盾上的图景，我们不妨对刑事变民事这一"大事化小"的行动赋予更多的道德含意，也可以把这种"与人为善"的措施上升到生存论的高度：生活本身才是政治、法律和哲学的最终目标，毕竟，

> 　　有人从杀害他的兄弟
> 或是孩子的凶手那里接受偿金，
> 杀人者赔付大量钱财后可留在宗区。（《伊利亚特》9.632—634）

这里是一个假设的条件句，如果受害人愿意接受凶手的赔偿，那么杀人者只要付出一大笔钱财之后，就不会遭到死刑或流放。对于古人来说，能够留在 *demos* ①中就表示有生命的保障，而如果驱逐出家族所在的地区，那么就意味着灵魂和身体都失去了根基。由此看来，驱逐出家园乃是非常严厉的处罚，毕竟最悲惨的事情莫过于成为"孤魂野鬼"（与死后弃尸不葬类同）。

从另一方面说，即便亲如弟兄和孩子的人遭杀害，死者的亲属似乎也应该在道义上接受赎金或"血酬"，从而放凶手一马。先撇开法律不谈，这种囹圄无依的说法在今天看来有些难以接受。但作者在这里强调的不是滥施仁心，而是讨论一种较为极端的情形，主要是用来劝化那个依然怀恨在心甚而有些冥顽不化的阿喀琉斯——第九卷和第十八卷这两处讲 *poine* 的地方实际上都具有"结构性"的寓意。②那个代表阿伽门农前来劝说阿喀琉斯的使者继续说道：

> 　　死者亲属的心灵和傲气因赎金（poine）受控制。（《伊利亚特》9.635—636）

---

① 　如前所见，demos 本指社区，这里有宗族和宗教的含意，故暂作此译（宗区）。
② 　参 Gregory Nagy. *Pindar's Homer*，p. 252。

也就是说,赎金或血酬的作用在于控制人们的心灵和傲气,这里的"傲气"(*thumos agenor*)就是上文所谈到的特尔西特斯的"罪状",也就是一种狂野的激情。这种 *thumos* 有两层含意,既表示人身上不可或缺的激情,也表示这种血性毫无节制的泛滥。此处显然指后者。后来,成熟起来的阿喀琉斯认识到,"我们必须学会抑制胸中的 *thumos*"(18.113,19.66),实际上就是要驯服我们狂野的欲望,而这也正是法律的根本目的之一。从这个意义上讲,*poine* 已经具有很强的法律意义了:抑制自主求助中的 *thumos*,控制我们的心灵。①

我们且来具体看看"赔赎"(*poine* 和 *apoina*)究竟有什么作用。

包括"血酬"在内的各种赎金,其直接的作用当然是补偿和平衡,即包括对某件无错事情的补偿(因而也有"交换"的含义),更多的时候则是指对错误和罪行及其造成的灾难进行"补救"。"赔偿"并不都是血淋淋的,礼金也不都是用来赎取死人。比如,宙斯把特洛亚的美少年伽倪墨得斯掠到天上当酒童后,便把世上最好的马匹赠给他父亲特罗斯,以作为补偿(*poine*,5.265—266)。特勒马科斯如果把母亲赶出家门,就必须付给外公一大笔补偿(《奥德赛》2.130—133)。宙斯和阿瑞斯把勇气贯注到赫克托尔身上,但作为"补偿"或平衡,赫克托尔将为此付出"血酬",即血的代价,再也不可能全身而退(17.206—208)。尽管这里似乎同样性命攸关,但亦是等价交换中的补偿,很难说有什么大的过错在内。

不过,*poine* 和 *apoina* 的主要功能是对过错的"补救",以解决纷争。阿伽门农认识到自己的错误后,对劝他挽救错误的老人涅斯托尔说:"我做事愚蠢,顺从了我恶劣的心理,我想**挽救**,给他无数的赔偿礼物,"(9.119—120)这里的"他"就是受害者阿喀琉斯。后来阿伽门农当面对阿喀琉斯说:"我愿意**弥补**过错,付给你许多礼品,"(19.138)这两

---

① 阿伽门农事后赔偿了大量的赎金,包括自己的女儿在内,其目的就是为了让阿喀琉斯平息怒火(9.122—156)。

处"赎金"(*apoina*)就是为了补救(*aresko*)过失。而在《奥德赛》中,这种"赔偿"就直接变成更加温情脉脉的"礼物"(*doros*,《伊利亚特》中的礼物更是赎礼),不过其功效依然如故,那就是"补救"自己的过失:欧律阿洛斯曾冒犯过奥德修斯,尤其损坏了他的名誉,所以必须赔礼道歉,也就是用言词和礼物来补救(8.396－415,另参《伊利亚特》4.97)。在《伊利亚特》一开头,雅典娜就劝阿喀琉斯不要负气杀死阿伽门农,并向阿喀琉斯预言或许诺:"正由于他傲慢无礼,今后你会有三倍的光荣礼物。你要听话,控制自己,"(1.213－214)也就是说,阿伽门农用三倍的光荣礼物来为自己的"傲慢无礼"(*hubrios*)作补救。这里的 *hubris*,就是一种狂野之心,比上文的 *thumos* 还更无度和不法(*thumos* 有时还作褒义词),而如果阿喀琉斯不收手,那他的行为同阿伽门农抢走他的女俘一样,属于 *hubris*,同样也要受到[神明的]制裁。法律的目的就是为了控制 thumos,同时惩戒 hubris。在本章第四节我们会看到,错误、过失或罪行似乎总是难免的,问题在于如何处理、如何补救。

　　当然,赎金也未必都与罪错联系在一起,它本身也可以是独立自足的目标,尽管某些罪错成了这个目标的起因,这依然无法遮掩这样的事实:利益高于正义。由此,我们反过来看特洛亚战争,其目的与其说是正义者惩罚不义者,倒不如说是正义的一方凭借"正义"前来收取不义者丰厚的"赎金"和"荣誉",而在希腊语中"荣誉"本身就是一种最大、最好、也最硬通的"赎金",它甚至本身就有"赎礼"的含义!

　　第一卷中克律塞斯带来无数的赎礼前来赎取阿伽门农手中鲜活而美丽的女俘,以及最后一卷中普里阿摩斯带来厚礼只身前往敌营赎取儿子的尸体,在这两卷中"赎礼"一词出现得最频繁,首尾相顾就把特洛亚战争的目的烘托得昭然若揭。其实在荷马史诗中,交战的双方毫不掩饰战争的目的,那就是为了收取赎礼(第一卷是活人的赎金,最后一卷是死人的赎礼,总之,不论死活,只要赎礼)。特尔西特斯在斥责统帅阿伽门农的说辞中,已然说明了自己这个正义阵营对战争的期待:"希望驯马的特洛亚人把黄金从特洛亚给你带来赎取儿子。"(2.229—230)而弱者亦往往对强者诱之以"赎礼",借此保全自己的性命:"请把我生擒,好换取等价的赎金,我父亲富有,家里储存着大量财宝,有铜有金和精炼的熟铁,要是我父亲听说我还活在阿开奥斯船上,他会心甘情愿赠送你无数的赎礼。"(6.46—50=10.378—381=11.131—135)

面对旷日持久而且劳民伤财的特洛亚战争,双方提出由当事人,即海伦的前夫墨涅拉奥斯和现任丈夫帕里斯进行一场决斗,以"结束这艰苦的战争",双方为这一动议欢欣鼓舞(3.112)。阿伽门农在双方的宣誓大会上如是说道:

> 如果阿勒珊德罗斯杀死墨涅拉奥斯,就让他占有海伦和她的全部财产,我们则坐上渡海的船舶离开这里;如果金色头发的墨涅拉奥斯杀死阿勒珊德罗斯,就让特洛亚人归还海伦和她的全部财产,向阿尔戈斯人付出值得后人记忆的可观赔偿。但是如果阿勒珊德罗斯倒在地上,普里阿摩斯和他的儿子们不愿意赔偿,我就要为了获得赔款而继续战斗,待在这里,直到我看见战争的终点。(3.280—291)

结果在墨涅拉奥斯获胜后,阿伽门农自然向对方提出了归还海伦及其财产以及"对我们付出**合适**的赔偿,值得后世出生的人永远铭记"(3.458—460)的要求。

这段话表明了整个特洛亚战争的起因和目标:双方争来争去,为的就是这个女人以及她从斯巴达带来的财产(3.282;另参3.70和3.255)。由于阿开奥斯人是受害一方,他们如果战败,则只需坐船回家,而无需对生灵涂炭的特洛亚人进行赔偿。① 但如果特洛亚战败,

---

① 战争毕竟在特洛亚土地上打了十年,而且特洛亚除都城暂时还未攻陷外,其他所有地方都沦陷了;阿喀琉斯就劫掠了特洛亚至少十一座城池(9.329)。

那么这个不义的肇事一方,除了归还海伦和她的全部财产以外,还需要向阿尔戈斯人(即希腊联军)付出可观的赔偿,而阿伽门农也的确把控方的目标说得清清楚楚:为了赔款或赔偿而战斗——换言之,战争的根本在于经济(至于"战争是政治的继续"之说,似乎还未到底,政治也为经济利益服务)。①

　　在阿伽门农这一段公平合理的誓词中,他同时用了两个意思相近的词来表示"赔偿",即 *poine*(3.290)和 *time*(3.286,288;另参3.459),后者本身语带双关。在这里指"赔偿"的 *time*,在其他地方却指"荣誉",或者说 *time* 一词的主要含意是指"荣誉",而在此处,该词的这两种差异较大的含意却有了深刻的关联:这种赔偿的主要目的就是为了荣誉,②或者说"值得让后人记忆"(3.287,3.460)。在荷马史诗中"赎金"与"礼物"差不多是同义词,都与"光荣"相连,诸如"光荣的赎金"(*aglaa apoina*,1.377)或"光荣的礼物"(*aglaa dora*,4.97,11.124,),其目的在于物质赔偿之外的精神需求:*time* 的动词形式本身就是"尊重"的意思。所以,公元 2 世纪的罗马人盖琉斯看到古希腊的法律除了矫正和威慑的功能外,还具有第三个功能,即对受害人荣誉的保护,③这就是 *time* 一词同时具有赔偿和荣誉之含义的原因。

---

① 阿喀琉斯早就把特洛亚战争的目的说得清清楚楚:就是为了"挣得财产和金钱"(1.171),在《伊利亚特》中,包括马匹、牛羊、奴隶、黄金、黄铜以及当时的稀有金属:铁,参 2.230,6.46,11.131,11.134 等。

② 表示荣誉的 time,作动词时除了表示尊敬以外,还表示估量、评价,主要指财产的估价(后来梭伦按财产来划分阶级的作法称为财权政治 timocracy,即由此而来),当然也包括对损失的估计。在我看来,合理估算的结果为"公平"地解决纠纷提供了必要的依据,所以又直接等同于赔偿、赎金和惩罚,(财产)损失多少就赔偿多少,这似乎天经地义。至于荣誉、尊敬、地位等方面是否直接与财产的估算结果相关,那就很难说了,不过,地位高的人大约总是有钱人。如果不那么刻薄和市侩,把 time 这种荣誉和受人尊敬的崇高地位与个人品性和德性的评价挂起钩来,倒也更符合希腊人的价值观。

③ 参凯利:《西方法律思想史》,同前,第 31 页。

赔赎表示敬重,也就是承认对方的荣誉——而如此复杂的思想却全部蕴含在同一个词 *time* 中,以至于我们往往很难说清楚这场战争究竟是为了"挣得赔偿"还是"赢得荣誉"。[①] 阿伽门农不敬重阿波罗的祭司,收取赎礼放其爱女(1.94-5),实际上就是不尊重神明的崇高地位,所以希腊联军要遭瘟疫之灾。反过来说,接受光荣的赎礼,也表示敬重(1.377)。对于礼物或赎金,阿喀琉斯明确地说出它的"精神性"的含意:"但是请听我要你这样做的用意(*telos*)是什么,好使你在全体达那奥斯人中为我树立巨大的尊严和荣誉(*time* 和 *kudos*),让她们主动把那个美丽的女子还给我,连同美好的礼物(*dora*)"(16.83-86)。阿喀琉斯向侮辱他的阿伽门农所要"赎礼",其意也在 *time*,正如阿伽门农赔付这份赎礼,同样是为了弥补自己的过失,同时给足对方"面子"。希腊的英雄视荣誉高于生命,"*Timē*(荣誉)对作为社会现象的希腊自我观念及认同观念来说,乃是十分根本的。它依赖于个体用来承受和保护诸多社会关系的自我意象,也依赖于其他相关人员对那种意象的承认;……这样的话,*timē* 的焦点就是 *Goffman* 所谓的'神圣的自我'(*sacred self*),也就是人们热切希望能得到他人认可的宝贵的自我意象"。[②] 这就是阿喀琉斯冲冠一怒为红颜的真正原因,也是所有赔赎背后的深层动因。

从"赔偿"来看,当时已有定罪的标准,说明时人已然知"罪",也就是有了"法"的观念(尽管这种观念也许还很模糊和微弱)。

---

① 比如 5.552 中的 time,罗王本译作"挣赔偿",而 Lattimore 则译作 winning honor (赢得荣誉)。

② D. L. Cairns. Ethics, Ethology, Terminology: Iliadic Anger and the Cross-cultural Study of Emotion, in Susanna Braund and Glenn W. Most (eds.). *Ancient Anger: Perspectives from Homer to Galen*. Cambridge: Cambridge University Press, 2003, p. 40. 另参拙著《荷马史诗导读》,同前,第四章第一节。希腊人还十分看重与 time 极为相近的 kleos(荣耀),前者相当于英语的 honour,后者接近于英语的 glory,关于它们的区别,参拙著《荷马史诗导读》第四章第三节,另参 Gregory Nagy. *The Best of the Achaeans: Concepts of the Hero in Archaic Greek Poetry*, p. 119.

第三节 和解

整个《伊利亚特》充满着各种各样"纠纷",大到国际间的冲突,小到私人之间的恩怨,可以说《伊利亚特》本身就是一部"纠纷之作":就连高高在上的奥林波斯神明互相时而打斗(即诸神之争)、时而争吵、时而为奸情纠缠不休,那么,阿开奥斯人内部的阋墙,在天上人间的大规模纠纷之中,似乎微不足道。但哪怕是这种看起来很小的矛盾,如果解决不当,也会导致极其严重的后果——阿开奥斯人差点为此全军覆没。由此可见,纠纷虽然无处不在,却并不是对之无可奈何,而其解决方式自然就显得非常重要了。

在阿伽门农与阿喀琉斯的纠纷中,靠武力不仅解决不了问题,反而会产生更为灾难性的后果——如果阿喀琉斯逞一时之勇当场就杀死了阿伽门农的话,希腊联军很快就会分崩离析,这就是"智慧女神"雅典娜出面干预的原因(1.195-222),与奥德修斯压制特尔西特斯殊途同归。武力不是解决问题的好办法,但消极观望甚至幸灾乐祸并且拒不接受阿伽门农的赔赎,当然也不是好的选择。因此,埃阿斯对阿喀琉斯提出了严厉的批评:即便自己至亲至爱的人被杀了,也应该接受对方的赎礼,你却为了一个女子的缘故而作出了过分的举动。而天神为阿喀琉斯打造的那面盾牌上,刻画的诉讼和"血酬"的故事,也是对这件事情进行反思,因此阿喀琉斯之盾才具有了一种戏剧功能。①

相对于容易失控的私力救济来说,赔赎是更为合理和可行的解决办法,也是一种对争执的正常解决方式,但毕竟算不得最佳方案:赔赎只能解决法律纠纷,不能彻底消除(由此而带来的)社会矛盾。从这个意义上说,法律本身具有自身的限制,正如尺有所短。

---

① Gregory Nagy. *Pindar's Homer*, p. 252.

在这种情况下,个人修养、社会风气,似乎不仅能对法律起到一定的补充作用,而且还有望在有限的范围内彻底消除纠纷与隔阂,并让矛盾和纠纷在高尚情操的催化下升华变革为一种和谐的社会关系。我们无意于拔高道德而贬损法律,这两者之间的关系已为古往今来许多学者探讨过了,①任何简单偏向一方的主张早已站不住脚。我们在这里只是暂时强调,法律并非解决一切问题的灵丹妙药,任何形式的法律至上主义都显得过分"自恋"(借用古代的意象和现代人的术语),而后来古典时期的希腊人正患上了对民主和法治的"自恋"。我们的这种看法在荷马史诗和荷马颂诗中就已经有所说明。

《伊利亚特》第23卷主要描写阿开奥斯人为帕特罗克洛斯的葬礼举行各种竞赛,在第一场战车比赛中就发生了激烈的冲突,但在双方当事人高风亮节的恰当处理下,纠纷得到了圆满的解决,最后皆大欢喜。而在托名荷马所作的《赫尔墨斯颂》中,刚刚出世的赫尔墨斯偷走了阿波罗的牛,双方在宙斯的调解下,各自退让,并互赠礼物,最后也如意收场。这两场纠纷都没有火药味,也没有常见的赔赎等解决方式,但最终都能彻底解决矛盾,要之,即在于"和解"。下面我们且来分别考察这两场堪称楷模的案例。

在赛马的途中,涅斯托尔之子安提洛科斯的战马远不如墨涅拉奥斯的神马快,但安提洛科斯靠乃父涅斯托尔面授的机宜,坚毅勇敢地在道路狭窄且有毁坏处强行"超车",墨涅拉奥斯害怕人仰马翻,只好让路,最后安提洛科斯获得了胜利。墨涅拉奥斯当然不服气,于是手持神圣象征的权杖提出了如下的控诉:"安提洛科斯,你是个聪明人,却干的好事!你辱没了我的光彩(arete,按即卓越,后引申为德性),阻碍了我的战马,你自己的马急驰,尽管它们差很多。阿尔戈斯的首领和君王们,我请你们对我俩作出不偏不倚的公正评判,使穿铜

———————————

① 比如可参柏拉图:《治邦者》294c7－8。

甲的阿开奥斯人都不敢这样说：'墨涅拉奥斯靠谎言打败了安提洛科斯，得到了那匹雌马，但他的马匹慢得很，他自己也是靠地位和权力才超过他人。'还是让我来评判吧，我想没有哪个达那奥斯人会有异议，评判会公正。宙斯抚育的安提洛科斯，你快站过来，按照传统（themis）站到马匹和战车前面，手握你用来赶马的那根柔软的皮鞭，轻抚战马凭震地和绕地之神起誓，你刚才阻挠我奔跑并非有意施诡计。"(23.570—585)

在这段话中，"评判"和"起誓"是非常重要的问题，我们放到下一章来专门讨论。这里只需要清楚：阿伽门农对安提洛科斯的胜利提出了异议，他的理由是对方的马比自己的神马差很多，不可能取胜，而安提洛科斯之所以获得胜利，主要就是靠"诡计"（dolos，拉丁语 dolus）阻挡犯规并且违规超车，因此安提洛科斯的成绩是无效的。

墨涅拉奥斯的理由似乎很充分，但安提洛科斯也并非没有辩护的余地。此前涅斯托尔的话既预见到了后来的纠纷，也是对可能控诉的提前辩护："安提洛科斯，你虽然年轻，但宙斯和波塞冬宠爱你，向你传授了全部驭马技术，……对手们的马匹虽然速度快，但它们的御者并不比你知道得更多，技术更精明（μητίσασθαι，23.312）。……优秀的伐木人不是靠臂力，而是靠智计（metis），舵手在酒色的海上保持正确的航向，校正被风暴刮偏的船只也是靠智计，御者战胜御者，道理也是一样。"(23.306—318)涅斯托尔的辩护似乎也很在理，赛马不仅靠马快，而且也靠御者的技术，而这方面安提洛科斯就比对方高一筹，取胜当然在情理之中。双方不仅斗勇，还斗智（metis），而涅斯托尔反复强调的"智慧"，才是最优秀的胜利法宝（也是奥德修斯逢凶化吉、遇难呈祥的护身符），更何况安提洛科斯还具有相当优秀的心里素质，他靠技术、智慧和坚毅（μενεχάρμης，23.419）取胜，似乎赢得十分光彩。

于是双方就事情的责任和对错出现了分歧，安提洛科斯（被告）

认为是智计的策略,墨涅拉奥斯则视之为"诡计";被告称作勇敢的品质,原告却认为那是鲁莽。对此,有学者认为双方各自都有一定道理,至于安提洛科斯在路窄弯急的地方勇猛直前,似乎并不不法之处,"尽管大多数学者都认为安提洛科斯错了,明显破坏了既成的规矩,但仔细审察荷马对竞赛的描述,就会发现安提洛科斯索要相应奖品其实有着充足的合法性",①因为"似乎没有明确的规则来适用于这种情况,竞赛中对胜利的诉求(这为希腊人广泛视为一件好事)导致了某种虽不正统(因此为某些人所不齿)却并非明显不道德或'不法'的策略"。②但实际上这件事的是非对错却并不像加加林所说的那样"相对"或"骑墙",从当时的情况以及双方当事人事后的反应来看,安提洛科斯在这件事上显然有过错,而加加林之所以得出"并非明显不道德或'不法'"的结论,就在于他拒不承认不成文法这一强硬的法学立场。③

要知道,当时也许"没有明确的规则"来适用于这种情况,但并不等于说当时就没有某种更为根本的(立法)精神可援引——从人类诞生的第一天起,就已经存在着使人保持人之为人或使人成为人的规则,不管这种规则是不是明确的或成文的。有限的法律不可能对无限可能的生活世界作出详细的规定,但法律背后的立法精神却能够最大限度地应对各种情况。具体说来,安提洛科斯的技术、智慧和坚毅当然都是优秀的品格,也是获胜的关键因素,但如果使用不当,那么,这些品质只能导致很坏的后果(比如阿喀琉斯就比阿伽门农更强大,但这并不能给他试图谋杀统帅提供合法性证明)。正如单独凭马快还不足以取胜,单靠智计也不能保证"正当"的胜利,智计之上还有更根本的规则,比如趋利避害,比如不能不义地获利,不能靠伤害他

---

① Michael Gagarin. *Early Greek Law*, p. 38.
② ibid, p. 37n. 53.
③ 参本书"导论"。

人或给他人带来危险而从中渔利,等等。

当事人安提洛科斯自己心里也清楚这一点,所以当墨涅拉奥斯要他发誓时,他只好机敏地躲闪开去,代之以另外的策略。绝大多数学者都看到了安提洛科斯并没有应墨涅拉奥斯之邀而起誓,但似乎都没有进一步点明这一现象的实质:从安提洛科斯没有发誓,我们就可以看出他清楚地知道自己违反了习传的规矩,这也说明当时虽然"没有明确的规则",更没有成文法,但整个社会赖以维系的规范却必然存在,而且深深地刻在人们的心中,比如不能"发伪誓"(23.595),不能"胆大妄为"(ὑπερβασίαι,23.589),也就是超逾(法律的)界限,①——这些规则恰恰出自肇事者安提洛科斯之口。

对此,我们关心的主要还不是谁对谁错或者有没有是非对错的问题,我们的兴趣在于双方最后如何解决这场纠纷的。安提洛科斯没有(也不敢)发誓,而是退后一步,把问题归结到双方的年龄上,承认对方的"位尊又显贵",并说自己这种"年轻人容易胆大妄为,因为他们性情急躁,思想偏狭"。② 然后主动让出奖品,还赔礼道歉,告诉对方"我不愿如此失去你的好感,作为伪誓者得罪于神明"(23.587—595)。安提洛科斯的聪明之处在于,他并没有公开承认自己有罪,而是转而把责任推到年龄上,而且主动赔礼道歉(尽管不是为自己的"过错"道歉),这样既避免了自己最后不得不认罪伏法的尴尬,又隐晦地承认了自己的过错,并且主动承担了由此而带来的相应后果,最重要的是,他对墨涅拉奥斯的尊重最终赢得了对方的好感——如前所见,尊重和荣誉高于一切,安提洛科斯的言行最终为墨涅拉奥斯曾遭辱没的卓越之处(arete)"恢复了名誉"。尤为关键的是,安提洛科

---

① ὑπερβασία(transgression)就是一种超逾或僭越性的罪业,参刘小枫:《神圣的罪业》中译本前言),见《神圣的罪业》,张新樟译,北京:华夏出版社 2005 年。

② 关于"年轻",参柏拉图《王制》378a3(冒失糊涂,没有头脑),378d7—8(判断力低下,分不清是非),409a8(纯真善良,容易上当受骗);《礼法》664e4—6(天性暴烈和不安分,喜欢四处乱窜),809a5(不能承受严肃)等。

斯在作出让步的同时,也在巧妙地为自己的立场辩护:他尊重对方的年龄,年龄往往与智慧相伴,[1]那么他尊重的其实是智慧,而智慧恰恰是自己取胜的关键! 安提洛科斯不仅没有承认自己的"罪行",反而为自己的胜利增添了慷慨的注脚。[2]

得到极大满足并且也为对方言行深深感动的墨涅拉奥斯"心中流过一股暖流,有如干涸的地里缕缕待熟的麦穗挂上了晶莹的露珠",所以决定作出"让步"($ὑποείξομαι$, 23.602)。当他高高在上提出要作出让步时,也许已经意识到安提洛科斯也作出了一定程度的妥协,而"妥协"正是解决问题的"中庸之道"。墨涅拉奥斯虽然批评对方因任性和浮躁而导致"青春战胜了理智"($νόον νίκησε νεοίη$, 23.603—604),[3]但也承认"你还有你那高贵的父亲和你的兄弟们为我受了那么多艰辛",也就是说,墨涅拉奥斯从大局出发,感谢对方及其家族在帮助自己夺回爱妻的漫长战斗中,付出了大量的艰辛,而且安提洛科斯在墨涅拉奥斯身处险境的时候,主动前来助战,差不多从特洛亚猛将埃涅阿斯手中救出了他的性命(5.561ff.),也多次同他并肩作战(15.568 等),结下了深厚的战斗友谊(17.656—701)。墨涅拉奥斯知道,与此相比,游戏中作为奖品的一匹雌马的确微不足道。于是,墨涅拉奥斯显示了自己的大度:"我接受你的请求,那匹马虽然属于我,但我也把他送给你,好让大家知道,我的这颗心并不那样高傲和严

---

① Rapheal Sealey. *The Justice of the Greeks*, pp. 93—94.

② Norman Postlethwaite. Homer's Iliad: A Commentary on the translation of Richmond Lattimore. Exeter: University of Exeter Press, 2000, p. 289.

③ 安提洛科斯在希腊联军中地位较高,而且墨涅拉奥斯也知道此人平素和善、高尚、心志高远(23.604;另参 13.400),知道他勇猛善战(4.457ff.,5.580ff.,6.32—33,13.545—565,15.571ff.,16.318ff.,),坚毅果敢(13.396,13.418),墨涅拉奥斯曾亲口对安提洛科斯说:"安提洛科斯,我们中没有人比你年轻,腿脚比你更快捷,作战比你更勇敢"(15.569—570)。此外,据后来的英雄诗系《埃塞俄比亚之歌》说,安提洛科斯为救父亲涅斯托尔一命而牺牲。《奥德赛》中也多次出现安提洛科斯之名(或他的灵魂,见 11.468 和 24.16 等),提到了他为埃塞俄比亚国王门农所杀(4.188)。

厉。"(23.609—611)墨涅拉奥斯宽宏地相信对方的诚意,并且自己也乐得向全军展示自己的平易于仁爱,而安提洛科斯也赢得了丰厚的奖品(23.314),双方各得其所,皆大欢喜,实现了"双赢"。

　　这种和谐的解决方式还见于赫尔墨斯与阿波罗的纠纷中。《荷马的赫尔墨斯颂》虽然比荷马史诗晚得多,①但它所讲述的故事却比特洛亚战争早得多——那时赫尔墨斯才刚出世,而奥林波斯神阿波罗似乎没有取代自然神赫利奥斯而成为太阳神,也没有学会竖琴等文艺形式从而成为九位缪斯女神的"领导"。因此,许多学者就把赫尔墨斯与阿波罗的这场诉讼视为西方法制史上的第一场官司。

　　刚出世的赫尔墨斯跑出去偷了阿波罗的牛,并杀了两头来献祭,把其余的牛藏在山洞中,然后回家睡到摇篮中,装出一副天真无邪的样子。第二天阿波罗找来,要他交出牛群,并威胁否则就会把他扔进 *Tartarus* 的黑暗中。赫尔墨斯用了一连串的否定词(263),拒不承认自己见到并偷走了阿波罗的牛,并以自己新生体弱来搪塞,还说:"如果你愿意,我可以凭我父亲的头颅发下重誓:我发誓我本人不应该受责备,而且我也没有看到其他人偷走了你的牛。"(274—276)但阿波罗揭穿了这位挤眉弄眼、左顾右盼的偷盗始祖的谎言,但赫尔墨斯死不认帐(309ff.),甚至主动提议把这事交给宙斯来审判(*dike*,312)。待阿波罗举证后,赫尔墨斯先声称自己会说真话,不懂得如何撒谎,

---

①　大多数学者认为荷马颂诗(尤其《赫尔墨斯颂》)大约成于公元前六世纪末期。关于《赫尔墨斯颂》,主要参考 Martin L. West. *Homeric Hymns, Homeric Apocrypha, Lives of Homer*. Cambridge: Harvard University Press, 2003. 这部希—英对照的版本是目前校勘最精细、也最可信的本子。另参考了 Hugh G. Evelyn—White 的 Loeb 本(Hesiod, *The Homeric Hymns and Homerica*. London: William Heinemann, 1914),和 Susan C. Shelmerdine 的诗歌体译本(*The Homeric Hymns*, London: Gerald Duckworth and Company Ltd., 1995);企鹅丛书中的 Nicholas Richardson 译本注重诗歌形式,往往与希腊文对不上,似不太可取(2003)。

然后倒打一耙,说阿波罗私闯民宅、威胁当事人,并狡猾地说自己并没有把阿波罗的牛"赶回家"(379),还敢为此发誓(因为他是把牛藏进了山洞中)。

但宙斯一眼就看穿了赫尔墨斯精彩的表演,大笑起来(389;此前阿波罗在赫尔墨斯的诡计面前也曾微笑,281),并命令这两位当事人"和解"(ὁμό-φρονα),①然后一起去寻找牛群。双方互相钦佩,最后赫尔墨斯把自己发明的竖琴赠送给阿波罗,后者也不再追究前者偷盗和杀死奶牛的事情,两兄弟在这个过程中结下了友谊,事情得到圆满的解决。

阿波罗—赫尔墨斯的纠纷应该说事实清楚,不存在争议(尽管赫尔墨斯有些狡辩:没有把牛赶回家不等于没有偷牛)。而整个事件与其说是一桩法律案件,不如说是一幕喜剧,而宙斯的处理与其说是判决,不如说是调解(和命令)——赫尔墨斯显然犯了过错,但宙斯并没有予以重罚,而是让双方自行达成和解,其间虽有一定的强制色彩,但最终却是由于两人各自的妥协而得到圆满解决。从上述两桩案子来看,最终的"和解"(尤其是宙斯的调解)并非是法律不严,而主要在于:"和谐"才是社会的更高目标。所有这一切,都可以在赫西俄德《劳作与时令》苦口婆心的教诲中找到更为深刻的阐述。②

第四节 纷争的永恒性

赔赎与和解虽然能在一定程度上解决具体的纠纷,但纷争从根本上说是不可消除的,因为人是一种有着各种欲望、冲动的"有限的

---

① 这个希腊词本意为"相同的心思或想法",引申为"和谐"、"和睦",Martin West 译作 to be reconciled, Loeb 本照字面译作 to be of one mind。

② 我另拟专门写一本讨论正义的著作来详细介绍其间的含义,在此不赘。

存在者"(human being＝limited being)，那么我在这些基本属性的驱动下，总会犯下各种各样的错误。不管我们如何理解这个基本的事实(即维特根斯坦意义上的 *Tatsache*)，悲观也好、乐观也罢，它都应该成为法哲学、政治哲学、伦理学、社会学等学科研究的基本出发点。我们且通过具体的案例以及拟人化的描述来领受荷马史诗在这方面的教诲。

《奥德赛》第八卷中，盲歌人得摩多科斯(*Demodocus*)唱了一首通常被视为"喜剧"实则具有强烈"悲剧"色彩的歌曲，其中也谈到了"赔赎"、"私力救济"和"举证"等法律事务，但我们将主要观察这个故事(而非案例)的隐喻意义。这是一个普普通通的捉奸的故事，主要讲述战神阿瑞斯和爱神阿佛罗狄特偷情，最后被后者的丈夫赫菲斯托斯抓住(8.266－366)。但这个普通的故事却有着深刻的内涵，它不仅是对特洛亚战争的深刻思考，更是对人性的剖析，让我们明白纠纷的永恒性，以及相应的对策。

无所不见的太阳神赫利奥斯发现了战神与爱神的奸情，然后告诉了受害者匠神赫菲斯托斯，后者并没有凭赫利奥斯的传言就提起诉讼，而是精心编制一张巧妙的网，试图捉奸拿双，目的就是要获得证据。赫菲斯托斯布置好这一切后，佯装离家，毫不知情的战神受"爱情"或"情欲"(φιλότης，8.288)的驱使，再次前来偷欢，享受爱欲(8.292)，但被匠神设下的机关拿个正着。这时忧伤而愤怒的受害者放声大喊，引来了诸神，赫菲斯托斯便在他们面前控诉：阿佛罗狄特一贯看不起跛足的老公，爱上了漂亮又健壮的战神阿瑞斯，现在痛苦不堪的受害者要求退还他的聘礼。神明们见此景象，一面大笑，一面评论说："坏事不会有好结果，敏捷者被迟钝者捉住，如现在赫菲斯托斯虽然迟钝，却捉住了阿瑞斯，奥林波斯诸神中最敏捷的神明，他虽跛足，却机巧，阿瑞斯必须作偿付，"(8.329－332)这席评论的话语其实就是诸神对这个案件的审判结果，前来围观的诸神差不多相当于陪审团。在这群神明中，波塞冬没有笑，他知道这不是一件好笑的事情,于是代替宙斯出面积极斡旋,在他的担保下,[①]赫菲斯托斯放了两人,一切恢复平静。我们在这个故事中会获得许多信息。

第一,人天生就是不完美的,这就是赫菲斯托斯的品格所揭示的基本事实。在这三位(甚至所有的)神仙中,赫菲斯托斯最具有人的特点:残缺或不完满(跛足),也就具有相当程度的有限性,因此必须依靠技巧和劳作才能求得生存。换个角度来看,尽管人具有各方面的局限,但它可以通过自己的智慧、计谋或心思($\varphi \varrho \varepsilon \sigma \iota$, 8.273)来弥补自己的不足,也是赫菲斯托斯这位迟钝者居然战胜了阿瑞斯这位诸神中最敏捷神明的原因。相应地,人"虽跛足,却机巧"($\tau \acute{\varepsilon} \chi \nu \eta \sigma \iota$, 8.332),人有技术,也有技艺背后的理性——这正是安提洛科斯战胜墨涅拉奥斯的诀窍,也是奥德修斯胜利归返并顺利夺回王位的法宝。[②] 天神都是如此不完满,即便宙斯也不能为所欲为,那么人的有限性就更突出了。其实,当睿智的老人涅斯托尔道出他自己对人生的深刻感悟的时候,即,"众神并不同时把一切好处赠送人"(《伊利亚特》4.320)时,就已经把人的有限性说得再明白不过了。

第二,人性中本然具有非理性的低级欲望:阿佛罗狄特和阿瑞斯就分别象征着性欲和与战争有关的暴力倾向,而这场纠纷的起因就在于这种内在的天然欲望。阿瑞斯和阿佛罗狄特以及在场的天神其实都知道这是一件不好的或没有德性(arete)的"坏事情"($\varkappa \alpha \varkappa \grave{\alpha} \ \acute{\varepsilon} \varrho \gamma \alpha$, 8.329),但欲望毕竟战胜了理智,终于做出了这件"可笑而不可忍受的事情"(8.307)。而当阿佛罗狄特回到驻地塞浦路斯后,美惠女神

---

① 许多注疏本在"担保"一词下都引用了德尔斐神庙的铭文:担保近于灾难,其中的"灾难"一词,就是下文将要讲到的"祸害女神"阿特(ate)。

② 奥德修斯与赫菲斯托斯多有相似之处,前者以睿智著称,后者凭技艺而扬名,参 Il. 13. 299 和 Od. 8. 286。其实,睿智也是某种更为高级的技艺,而技艺必定包含着智慧在内,所以赫菲斯托斯也以"机敏"(polu-phronos,即,"多一心")著称。

为她沐浴、①抹香膏、穿上华丽的衣服后,这位本来狼狈不堪的女神重
又"惊人地艳丽"(8.366,另参6.306),恍若无事,这位永远美丽的女
神于是就象征着欲望的永恒性,②那么,永恒的欲望总会带来的纠纷
也必然就是永恒的了!

　　素以理性著称的阿波罗与赫尔墨斯的现场对话更加深了欲望的
永恒性。神明们明明知道通奸是一桩错事,肇事者需为此交纳罚金
或赎礼——这是当时的"不成文法",但囿于天生的欲望,理智清明的
神明也会走上这条犯罪的道路,哪怕名誉扫地也在所不惜。所以当
阿波罗问及,"赫尔墨斯,宙斯之子,引路神,时惠神,纵然身陷这牢固
的罗网,你是否也愿意与黄金的阿佛罗狄特同床,睡在她身边"时,赫
尔墨斯不假思索回答道:"尊敬的射王阿波罗,我当然愿意能这样。
纵然有三倍如此牢固的罗网缚住我,你们全体男神和女神俱注目观
望,我也愿意睡在黄金的阿佛罗狄特的身边。"(8.335-342)而听到
此言的神明第二次哄笑,③就在某种程度上认可这种"人之常情",或
者说"认可了无视道德规范的厄洛斯(爱欲)"。④ 所谓"人同此心",一
般人在欲望面前实在无可逃避。全体神明都明白阿瑞斯的行为和赫
尔墨斯的言语,也知道欲望比理性更为强大,因此只要存在欲望,罪

---

① 沐浴象征着新生和净化(renewal and purification)。参 Stephen V. Tracy. The
Structures of the *Odyssey*, in Ian Morris and Barry Powell (eds.). *A New Com-
panion to Homer*, p. 370。

② 据赫西俄德的《神谱》记载,阿佛罗狄特的诞生与男性的生殖器相关(187ff.),在希
腊语中,"阿佛罗狄特"作形容词时,往往就是性欲的意思。在《伊利亚特》中,阿佛
罗狄特救了战败的帕里斯,并强迫海伦与他上床,而此时城外却鏖战正酣。

③ 神明第一次哄笑是在他们看到机敏的赫菲斯托斯用妙计(technas)捉住两位赤
裸裸的通奸者。在《伊利亚特》中,神明们也嘲笑过赫菲斯托斯。当时赫菲斯托
斯为了缓解天父宙斯和母亲赫拉的紧张关系,主动充当神明的酒童,一瘸一拐
地为众神斟酒,引得"个个大笑不停"(Il. 1.599—600)。赫菲斯托斯受到嘲笑这
个场景可谓意味深长(比较特尔西特斯挨打之后,苦恼中的群众也破颜欢笑,Il.
2.270)。

④ 伯纳德特:《弓弦与竖琴》,同前,第71页。

行似乎就永远不可根除。① 就连宙斯都因"强烈的情欲（eros）即刻笼罩住他的心智"（《伊利亚特》14.294—295，另 14.160）最后中了赫拉的美人计（尤其值得注意的是阿佛罗狄特帮了赫拉的忙，参 14.214—221），一般的小神更是不在话下，而凡夫俗子就更没有指望了。要知道，宙斯屡屡遭到厄洛斯的愚弄，爱欲驱使着庄严的神明一会儿变成公牛，一会儿变成萨提尔，一会儿变成天鹅，去干些偷鸡摸狗的勾当，给这位众神中最有权势者带来巨大伤害，最后就连宙斯本人也向 eros 提出了强烈的抗议。② 所以，"厄洛斯"是不死的诸神中最美的一位，她能使得所有的人销魂荡魄呆若木鸡，使他们丧失理智，心里没了主意（《神谱》120—122）。③ 在希腊人看来，eros 乃是一种疾病（νόσος），它侵入人的身体旨在控制人的灵魂，让人处于极度兴奋和激动的状态，完全失去理智（νόος，比较"疾病"的字形），谨慎之心全无（而"谨慎"或"克制"恰恰是古人尤其看重的立身之本，亦是古典政治哲学的内核）。④ 这些故事最大的教诲就在于，（包括纠纷、过错和罪行在内的）不义是不可根除的，因为它植根于人的欲望之中。或者刻薄一点，对于我们这些从事法理学的人来说，没有不义，又如何有我们的饭吃呢，用卢梭的话说，那就是："若是人间没有不公道，法理学

---

① 参 Nick Janszen. The Divine Comedy of Homer: Defining Political Virtue through Comic Depictions of the Gods. In Leslie G. Rubin (ed.). *Justice v. Law in Greek Political Thought*, p. 78。

② 参琉善:〈神的对话〉，见罗念生等译:《琉善哲学文选》，同前，第 125—126 页。

③ 在希腊神话中，厄洛斯（Eros）是古老的"爱神"，属于"自然神"系列。阿佛罗狄特是后来的爱神，属于奥林波斯神（也就是城邦神）系列。此外，当用作普通词汇时，阿佛罗狄特仅指性爱方面的欲望，而 eros 的含义则要宽广得多，包括各种各样的渴求:饮食、睡眠、战争，甚至包括对权力的欲望（political eros）。参 Paul. W. Ludwig. *Eros and Polis: Desire and Community in Greek Political Theory*. Cambridge University Press，2002，p. 5。

④ 参康福德:《修昔底德:神话与历史之间》，孙艳萍译，上海:上海三联书店 2006 年，第140 页。

又有什么用呢？"①

　　第三，我们必须用一些措施、机巧或技艺来限制人的欲望，以及恰当地解决由此而带来的纠纷，俾使矛盾不至于扩大，从而让生活得以继续。不义是永恒的，因为欲望是永恒的，这是一个基本事实，我们必须面对（因此谈不上悲观不悲观的问题）。一方面，提高修养，加强理性，克制欲望，这当然是防患于未然的必要途径。所谓提高修养，也就是要充分认识到人的本性，以及外在的美和内在的美之间的关系，尤其重要的是要有"羞耻"（αἰδώς）之心。阿佛罗狄特和阿瑞斯两人赤条条地被赫菲斯托斯捉住时，就表明他们已经没有了羞耻之心。所以希罗多德说：当一个人脱掉衣服时，就连应有的羞耻之心一齐脱掉了。对此，我们的祖先早就贤明地告诉我们哪些是应当做的，哪些是不应当做的，我们必须老老实实地学习古人的教诲。② 具体到"偷看王后裸体"一类的荒唐事来说，也许就是要学习荷马史诗关于阿佛罗狄特与阿瑞斯的教训。

　　在这个故事中，阿佛罗狄特和阿瑞斯外在的美与内在的肮脏形成了一种张力（而赫菲斯托斯外在的丑陋与内在的聪慧与前一种张力形成了鲜明的对比），外在的美本身并没有什么过错，但如果内部控制自己的激情，那就容易走上邪路——赫菲斯托斯知道阿佛罗狄特"确实很美丽，但不安分"（8.320），而所谓"安分"（ἐχε-θυμος），就是要控制住自己的 thumos（激情），这也是阿喀琉斯在血的教训中所悟到的人生准则，"必须控制激情"（《伊利亚特》18.113＝19.66）。

---

① 卢梭：《论科学与艺术》，何兆武译，上海：上海人民出版社 2007 年，第 39 页。

② 参希罗多德《原史》1.8。Aidos 在希腊文中除了"羞耻"外，还具有"敬畏"的意思，该词在古希腊早期伦理思想中占有非常重要的地位，参 Douglas L. Cairns. *AIDŌS: The Psychology and Ethics of Honour and Shame in Ancient Greek Literature*. Oxford: Clarendon Press, 1993；另参 Bernard Williams. *Shame and Necessity*. Berkeley: University of California Press, 1993。孟子曰："无羞恶之心，非人也"，所以，"羞恶之心，义之端也"（《公孙丑上》，另参《告子上》），如果我们把"义"解作"法律"，那么就不难理解法律的起源和目标了。

另一方面,如果发生了这种龌龊的事情,我们必须以恰当的方式来处理。在这个故事中,赫菲斯托斯并没有过激的行为,既没有凭传言行事,也没有使用私力救济中常有的武力来解决问题,①而是诉诸法律(哪怕是不成文法)。法律也许就是恰当解决纠纷的最佳方法,而赫菲斯托斯的胜利就是"法律权利对自然权利的胜利"(伯纳德特语)。正如修昔底德所说,人天性易于犯错,所以才会有法律(3.45)。② 对于赤裸裸的欲望来说,法律就是它的衣服。③ 此外,赫菲斯托斯始终站在正义的立场上,而正义就是要揭露事情的真相,其目的不在于报复或惩罚(retribution),而在于赔偿(restitution),④从而重新恢复社会秩序。一言之,低级的东西在社会生活中总是难免的,关键在于如何对待。

如果我们把阿佛罗狄特—阿瑞斯的故事扩展开来,也许能够更深刻地领会纷争的永恒性,毕竟"阿瑞斯和阿佛罗狄忒的勾搭,不管它是故意编造的,还是故旧相传的,似乎都是《伊利亚特》的象征"。⑤阿佛罗狄特影射海伦,特洛亚战争的双方为这位无耻(海伦的自许,4.145,另参《伊利亚特》3.180)而无辜的美人"长期遭受苦难"似乎也无怨无悔(《伊利亚特》3.156—158),而战争的起因正在于帕里斯把"不和的金苹果"判给了爱神阿佛罗狄特——年轻的牧人在权势(赫拉)、智慧(雅典娜)和爱欲(阿佛罗狄特)之间,最终选择了后者。阿佛罗狄特也帮助帕里斯得到了最美丽的新娘,战争由此而开。对于战争的原因,荷马在《伊利亚特》中如此评价,"只因阿勒珊德罗斯犯

---

① 比较《水浒传》中武松对潘金莲—西门庆同样问题的错误处理,最终导致自己因正义的报复而锒铛入狱。其实武松即便不亲自行使自己的正当权利,奸夫淫妇也会有相同的下场——只要程序得当。

② 中文参见徐松岩、黄贤全译:《伯罗奔尼撒战争史》,桂林:广西师范大学出版社2004年,第159页。此处译文略有问题,倒是其注释中的参考译文更为准确。

③ Seth Benardete. *Herodotean Inquiries*. South Bend: St. Augustine's Press, 1999, p. 12.

④ Nick Janszen. The Divine Comedy of Homer. In Leslie G. Rubin (ed.). *Justice v. Law in Greek Political Thought*, pp. 76—77.

⑤ 伯纳德特:《弓弦与竖琴》,同前,第71页。

罪,在她们(按指赫拉、雅典娜和阿佛罗狄特)去到他的羊圈时侮辱她们(指赫拉和雅典娜),赞美那位引起致命的情欲的女神"(24.28—30),帕里斯顺从情欲而不顾智慧,这就是一种"犯罪",因为如果处理不当,情欲本身是致命的。

其实,充斥在荷马史诗中的大量纷争,差不多都是由于各种各样的欲望而引起的。整个特洛亚战争由于帕拉斯和海伦(以及背后的阿佛罗狄特)的性爱欲望引起的,而阿伽门农与阿喀琉斯的纷争也掺杂着对美色和荣誉的欲望,求婚人与奥德修斯的冲突即便不是对空缺多年的王位的垂涎,至少也是对半老徐娘的渴慕(18.212—213,245—249)。至于奥德修斯的手下因为食物耗尽而被迫杀死太阳神赫利奥斯的牛来充饥,最后失掉性命,再也无法返回家园(《奥德赛》12.329—419),这似乎已经超出了欲望与纷争的关联。很难说是这帮走投无路几近饿死的人胆大包天,抑或是求生的本能欲望最终导致自己的覆灭。

对于纷争的永恒性,荷马在《伊利亚特》中还借用了大量的形象来说明。其中,祸害女神阿特和争吵女神厄里斯的强大和无所不在,形象地阐述了这种颇为悲观的事实。

祸害女神阿特(Ἄτη)在后来者的作品中身份有所变化(比如埃斯库罗斯的《奠酒人》381),但在荷马史诗中却是"罪魁祸首":阿伽门农犯错,抢走阿喀琉斯的女俘,致使希腊联军遭受重创,就是因为阿特"把我蒙蔽"(19.136),于是荷马借阿伽门农之口如是评述道:

> 宙斯的长女阿特能使人变盲目,
> 是个该诅咒的女神;她步履轻柔,
> 从不沾地面,只在人们的头上行走,
> 使人的心智变模糊,掉进她的网罗。(19.91—94)

阿特使人心智迷惑,因此有了"蛊惑女神"的名声。尽管腿瘸、脸皱且斜视(!)的祈求女神紧紧跟在阿特的身后,挽救阿特所造成的灾难,但"蛊惑女神强大,腿快,远远地跑在她们(按指祈求女神)前面,首先到达各处,使人迷惑"(9.505—507)。甚至连宙斯也曾受到阿特的迷惑(19.95),宙斯"立即抓住阿特梳着美发的脑袋,心中充满怒火,发了一个重誓,决不允许蒙蔽大家心智的阿特重返奥林波斯和繁星闪烁的空宇。他这样设誓,抬起手把阿特从繁星闪灿的空宇抛下,阿特瞬即来到人世"(19.126—131),从此左右着人间的生活,世界上便有了层出不穷的祸害。

在《伊利亚特》中,有一位女神直接就叫"争吵"、"不和"、"纠纷",她就是厄里斯(Eris)。这位女神

> 是杀人的阿瑞斯的妹妹和伴侣,她起初很小,
> 　不久便头顶苍穹,升上天,脚踩大地。(4.442—3)

不和女神立于天地之间,让人无处可逃。特洛亚战争的爆发和催动,都是拜"争吵女神"之赐——当然,宙斯、忒弥斯、赫拉、阿瑞斯、阿波罗、雅典娜等神也有份,但主要的发起者和操纵者却是厄里斯。据晚出的英雄诗系《塞浦路亚》(*Cypria*),"宙斯同忒弥斯商量要给特洛亚人带来一场战争。当神明们在佩琉斯的婚宴上大快朵颐时,不和女神厄里斯(*Eris*)来了。她在雅典娜、赫拉和阿佛罗狄忒之间就谁最漂亮挑起了争吵(*neikos*)",[①]结果便引发了世界大战。厄里斯不仅与爱欲(即阿佛罗狄特)有关,而且还是宙斯和忒弥斯的助手,这莫非在说"不和"或"纠纷"本身就是天地大法(*themis*)?

《伊利亚特》一开始就出现了"厄里斯"(1.6),这就已经给整部史诗定下了基调。厄里斯不仅是特洛亚战争的直接发动者,还在战斗

---

① 译文见拙著:《荷马史诗导读》附录,同前,第 323—324 页(另参《英雄诗系笺注》,崔嵬、程志敏译,华夏出版社 2010 年)。史诗《塞浦路亚》,意译为"塞浦路斯女神之歌",主要讲述特洛亚战争的起因:爱神阿佛罗狄特的驻地就在塞浦路斯岛。另,《伊利亚特》也交代了类似的故事,参 24.28—30。

中"鼓动人们作战"(20.48)，也就是催动人们互相残杀，并在血腥的杀戮中得到满足。"特洛亚人由战神催促，阿尔戈斯人是目光炯炯的帕拉斯·雅典娜、恐怖神($\Delta\varepsilon\iota\mu\acute{o}\varsigma$)、恐惧神($\Phi\acute{o}\beta o\varsigma$)和不住地逼近的争吵神催动"(4.439—441)。后来变成只有她和阿瑞斯两位神明驱动战斗(5.517—518)，有时候，"天神中只有她(按指厄里斯)当时忙碌于厮杀现场"(11.74)。厄里斯还奉命"给每个阿尔戈斯人的心里灌输勇气，使他们不知疲倦地同敌人作战厮杀。将士们顷刻间觉得战争无比甜美，不再想乘空心船返回可爱的家园"(11.11—14，另参18.110)。在战争与甜美的反讽以及"无比甜美的战争"与"可爱的家园"之间的张力中，愈加显示出厄里斯的可怕。

更为血腥的是，"争吵和恐怖跃扬于战场，要命的死神抓住一个伤者，又抓住一个未伤的人，再抓住一个死人的双脚拖出战阵，人类的鲜血染红了它肩头的衣衫。他们像凡人一样在那里冲撞、扑杀，把被杀倒下死去的人的尸体互相拖拉"(18.535—540)。当看到双方战士纷纷倒下时，"制造呻吟的厄里斯看着心满意足"(11.73)。

在赫西俄德那里，这位不和女神是"可怕的夜神"所生的女儿(而夜神乃是"混沌"所生)。此外，夜神还生下了其他诸如厄运之神、死神、诽谤之神、悲哀之神、命运三女神、报复女神、欺骗女神和老年女神，当然夜神也生了友爱女神。在赫西俄德笔下，"纷争"本身也变成了一位神明(*Neikea*)，与祸害女神阿特成了姐妹，都是厄里斯所生。而不和女神厄里斯除了争吵之神外，还生下了一大堆可怕的神明：痛苦的劳役之神、遗忘之神、饥荒之神、痛苦之神、争斗之神、战斗之神、谋杀之神、屠戮之神、谎言之神、争议之神和违法之神。也许是为了制约这些可怕的力量，不和女神还生下了"誓言之神"(就好比她母亲夜神生了许许多多可怕的女神后，还生了友爱之神一样)。[①]

[①] 赫西俄德：《神谱》，211—232行。这些神的名字及其家系，具有特别的含义，值得深入探究。

　　就我们所要讨论的问题来说,厄里斯之"顶天立地"就已经说明了一切。对于纷争的永恒性,悲观者固然可以把它引渡给宗教,交由上帝来处理——人凭自己有限的力量根本无法消除纷争,从而进入美好的世界;乐观者也大可以把它视作维系人类存在和发展的天然动力:正是有了各种各样的欲望,我们才会不断地进取、创造和发明。① 只不过在悲观者看来,所有天才的进取所获得的任何成就都远远无法填平欲望的沟壑。总之,阿喀琉斯幡然醒悟之后所发出的感叹"愿不睦(eris)能从神界和人间永远消失"(18.107),恐怕只能是无助而无望的理想,这种愿望比柏拉图的"乌托邦"还要虚幻,毕竟柏拉图的理想还在天国中能够找到其"范式"(《王制》592b2),而阿喀琉斯的理想则与人性相悖:人类在欲望中的希望归根结底是一种永恒的绝望。

---

①　在赫西俄德看来,世界上绝不只有一种 eris(纠纷、不和、争吵),而是有两种,其中一种对人大有好处:

　　　　大地上不是只有一种不和之神,而是有两种。一种不和,只要人能理解她,就会对她大唱赞辞。而另一种不和则应受到谴责。这是因为她们的性情大相径庭。一种天性残忍,挑起罪恶和战争和争斗;只是因为永生的天神的意愿,人类不得已而崇拜这种粗厉的不和女神,实际上没有人真的喜欢她。另一种不和女神是夜神的长女,居住天庭高高在上的克洛诺斯之子把她安置于大地之根,她对人类要好得多。她刺激怠惰者劳作,因为一个人看到别人因勤劳而致富,因勤于耕耘、栽种而把家事安排得顺顺当当,他会因羡慕而变得热爱工作。邻居间相互攀比,争先富裕。这种不和女神有益于人类。(《劳作与时令》11—24,张竹民、蒋平译文)

　　　　所以赫西俄德劝他的兄长,"不要让那个乐于伤害的不和女神把你的心从工作中移开,去注意和倾听法庭上的争讼"(27—29)。在赫西俄德看来,法律似乎也不是解决问题的最好办法——法庭上的争吵乃是"恶的不和"。略去这两位不和女神各自的谱系(据《伊利亚特》,坏的厄里斯是宙斯的女儿;据《劳作与时令》,好的厄里斯是夜神的女儿),也撇开赫西俄德与荷马之间本身的"不和"(或竞赛),我们亦知道不和或竞争本身(不管是不是良性竞争)也有刺激人上进的一面。把这个因素推到极致,不和就是战争,而在许许多多思想家看来,战争乃是人类历史的主角(或动力?),我们甚至可以说,人类历史差不多就是一部战争史。赫拉克利特对此有着最深刻的认识:战争乃是万物之父、万物之王(残篇53)。

第五节 法律与政治

法律不是解决纠纷的唯一方式。在墨涅拉奥斯与安提洛科斯的纠纷中，前者虽然提出了法律解决的动议：吁请阿尔戈斯的首领和王公贵胄们作出公正的评判($\delta\iota\varkappa\acute{\alpha}\sigma\sigma\alpha\tau\varepsilon$)，而且还不等这帮手握大权的显贵们回话，就决定"还是让我自己来评判吧"(23.570—585)，但这场纠纷最后却是以双方妥协或和解的方式来解决的，从最广义的角度来说，这就是"政治的"解决方法。在这个场合中，我们只需要比较安提洛科斯前后两种截然不同的态度就能看出其解决方式中的政治因素来，而像乃父一样素有审慎理智之名的安提洛科斯对于这一点其实是非常清楚的，他明确地说出了政治解决的关节点来。

在这场战车比赛上，最后一个到达终点的是欧墨洛斯，但阿喀琉斯等人怜悯他，于是大家一致同意把本来属于安提洛科斯的二等奖给他。这时安提洛科斯却不依，站出来公正地(dike)抗议：你想夺走我的奖品，那会激怒我（比较阿伽门农夺走阿喀琉斯的荣誉礼物，1.161），如果你阿喀琉斯想当好人，就拿自己的东西来收买人心（"博得大家的赞赏"）。为此，本来与阿喀琉斯关系不错的安提洛科斯(23.556)甚至发出了不惜以武力解决问题的威胁(23.553—554)。① 安提洛科斯在奖品问题上本来十分强硬，但当墨涅拉奥斯站出来为同一件奖品而提出诉讼时，安提洛科斯的态度却急转直下，忙不迭地赔礼道歉，墨涅拉奥斯也大度地退让了许多，这场纠纷最终在双方的妥协中得以"妥—善"地解决。

安提洛科斯知道政治方案的要点在于"忍耐"、或"克制心胸"或"耐—心"($\acute{\epsilon}\pi\iota\tau\lambda\acute{\eta}\tau\omega\ \varkappa\varrho\alpha\delta\acute{\iota}\eta$, 23.591)，即，平息怒火、少安毋躁，以达到

---

① 对于安提洛科斯的"威胁"，日益成熟起来的阿喀琉斯也"妥协"了，微笑着答应了安提洛科斯的要求，这场小纠纷便消于无形之中了。

妥协,并在妥协中圆满地解决问题。在希腊文中,"耐心"一词的词根时 tal一,它既与"忍受"、"顺从"和"坚持"相关,也与 talanton(塔兰同、天平、平衡)相关。[①] 所以,解决纠纷的时候,我们需要耐心,也就是要克制自己的情绪、要求和欲望,以实现各方之间的妥协和平衡,最后顺利地解决问题。荷马时代还没有后世的"妥协"概念,他用克制或忍耐一词来表示上述政治的基本原则,而"克制"作为一种"明智"或"实践智慧"的表现,我们又可以把它上升到政治哲学的高度:作为"政治哲学创始人原型"的奥德修斯,[②]他的根本特征就体现在他的绰号或别称中——"πολύτλας(多次忍耐或历尽艰辛,5. 171 等)。在《奥德赛》中,πολύτλας = πολύμητις(许多智慧),那么忍耐或克制实际上就是一种政治智慧。这就是政治的方法,与那种对等地赔赎甚至以牙还牙的法律方法大有不同。

我们在这场赛马会上,见识了三种解决问题的方式:武力、法律和政治,[③]而在它们的相互比较中,我们也不难清楚地认识到各自的优劣——我们虽然不可一概而论,因为它们各有自己的适用领域和场合,但一般而言,我们也不难从其效力和效果中辨别出高低来。由帕里斯引起的特洛亚人与阿开奥斯人的纠纷,就是用武力解决,结果旷日持久的战争消耗了双方无尽的人力物力,当事的双方在这种最不得已的解决方式中几乎是同归于尽,[④]不仅没有很好地解决问题,反而让一个本来不难解决的国际纠纷演变成了更具毁灭性的大灾难

---

① Dean Hammer. *The* Iliad *as politics*, p. 141.

② Patrick J. Deneen. The Odyssey of Political Theory, in Leslie G. Rubin (ed.). *Justice v. Law in Greek Political Thought*, p. 84.

③ 芬莱说这里展示的三种方式为:仲裁、誓言和刀剑(即武力),参 M. I. Finley. *The World of Odysseus*, p. 110.

④ 比如,阿喀琉斯与赫克托尔,阿伽门农与帕里斯,无数英雄豪杰都在特洛亚战争中丧生,魂归哈得斯。而且尤为宿命的是,据历史学家考证,就在阿伽门农率希腊联军毁灭了特洛亚后不久(大约八十年),阿伽门农所在的无比辉煌的迈锡尼文明也莫名其妙地"陆沉"了。

（克吕泰墨涅斯特拉与埃吉斯托斯之间的奸情也同样是毁灭性的，当事的三人最后都命丧黄泉）。与此相比，发生在神明阿佛罗狄忒－阿瑞斯－赫菲斯托斯身上的同样纠纷，其解决方式和结果就完满得多。[1] 法律的手段显然就比武力和私力救济要好得多，但与政治的方法比较起来，似乎又有不如。[2] 纵观整个荷马史诗，我们发现，《伊利亚特》和《奥德赛》都是以政治性的解决方式来收场的。

《伊利亚特》没有交代特洛亚战争最后的结局，从其他史诗来看，虽然最终是以武力来了结的（导致了阿喀琉斯、门农、彭忒西勒娅和帕里斯等人的死亡），但从荷马史诗本身来看，双方最后一场交锋或较量，即普里阿摩斯孤身一人到阿开奥斯军营中去赎回赫克托尔的尸体，却更多地是政治性的行为。一般而言，赎尸大约属于法律（比如现在的国际公法和战争法）的范畴，但荷马对这件事情的描写已经远远超出了法律的意义，这件悲剧色彩极为浓厚的事情更多地具有了政治的色彩——就像阿伽门农后来对阿喀琉斯的天价赔偿（9.121－157），[3]其实已远远不是法律裁决的结果所能比拟。阿伽门农付出大量赎礼的目的是要阿喀琉斯让步——如果不让步则会招致人神共怒（有如哈得斯），并且重新服从他（阿伽门农毕竟位尊年长，9.158－161），而让步和服从正是政治的特点。

普里阿摩斯与阿喀琉斯关于赎取赫克托尔尸首的谈判，则不仅仅是要让阿喀琉斯让步，更是要他"饶恕"和"怜悯"（24.158，503，516）。普里阿摩斯在阿喀琉斯军营中的活动，也极似于一场外交活

---

[1]　Irene J. F. de Jong. *A Narratological Commentary on the* Odyssey. Cambridge：Cambridge University Press, 2001, p. 207.

[2]　现实政治永远高于一切。在法律缺失的地方，私力救济就成了最后的保障，因此，对"正当"的私力救济加大保护的力度，也是一种临时权宜之计，或者说，是法律的替代品。

[3]　阿伽门农的赔偿除了归还自己对之毫发未动的布里塞伊斯外，还包括七只三脚鼎，十锭黄金，二十口锅，十二匹马，七个累斯博斯妇女，大量的战利品（黄金和铜），二十个特洛亚美女，自己的女儿（三个女儿中任选），许多嫁妆，七座城池。

动。白发苍苍的普里阿摩斯在神使赫尔墨斯的帮助下,"秘密"来到了阿喀琉斯面前,然后想尽办法打动他,要他同意赎回儿子的尸体。一直不共戴天的敌对双方此时都深陷在悲痛之中,而深深理会到人与生俱来悲惨命运(24.524—525)的阿喀琉斯,[①]给予了这位痛失爱子的老人以最大限度的怜悯,并在招待他时劝他多加餐饭:即便同样有丧子之痛的忒拜王后尼奥柏也要吃东西——死者长已矣,可活人的日子还要继续!这就是政治手段的根本目标,如果它与法律手段有什么不同的话,就在于法律手段针对的是过去发生的事情,重视眼下的影响与后果,讲究罪罚对等,而政治的手段则更关注未来,至于罪与罚是否对等,其实已经变得很不重要。这种区别在《奥德赛》中有更明显的体现。

《奥德赛》的结尾更是"政治性的"。奥德修斯杀死了全部求婚人,也就是用武力解决了他与国中 108 位王公贵胄前来耗费家财的仇怨,但奥德修斯由此却闯下了大祸,他几乎与国中所有贵族结下了仇恨。对此,奥德修斯与死去的求婚人的亲属之间又产生了新的纠纷,他要么继续靠武力来解决问题(实际上也尝试过了,但显然会寡不敌众),要么按照当时的规矩出走他乡,也就是被对手流放。但此时神明的介入却导致了第三条道路,也就是"政治"道路。

面对这种誓不两立的局面,雅典娜问宙斯:"你想让这场残酷的(kakon)战斗和可怕的屠杀继续下去,还是让双方和平缔友谊"(24.475—476)——武力的残酷、可怕甚或邪恶(kakos)已经让特洛亚战争的余波快要毁灭整个伊塔卡了。对此,宙斯提出了"立约"的

---

① 帕特罗克洛斯之死唤醒了阿喀琉斯,他此后就变得更加成熟起来,其中一个重要的标志,就是他对易逝生命和人的悲惨命运的深刻认识,也就是认识到了人的有限性。在帕特罗克洛斯的葬礼竞技会上,他妥善地处理好了战友之间的纠纷,并把空缺的五等奖给了年老而不能参赛的涅斯托尔,说明他已经充分认识到了人的不完满性:总会有生老病死之类的缺陷(包括与 Priam 的对话),而自知面临即将死亡命运的阿喀琉斯清楚:"神们是这样给可怜的人分配命运,使他们一生悲伤"(5.524—525)。

解决办法,认为这才是合理的或恰当的($\dot{\epsilon}\pi\dot{\epsilon}o\iota\kappa\epsilon\nu$,24.481)方式:

> 既然神样的奥德修斯业已报复求婚人,
> 便让他们立盟誓,奥德修斯永远为国君,
> 我们让这些人把自己的孩子和兄弟被杀的
> 仇恨忘记,让他们彼此像此前一样,
> 和好结友谊,充分享受财富和安宁。(《奥德赛》24.482—
> 486)

"报复"就是前面所说的"赔付"或"偿还","盟誓"也就是荷马史诗中多次出现的"发誓",这本是一个普通的词汇,但在《奥德赛》结局处却有了深刻的内涵,它直接等同于"立约"(Testament)。① 立约的目的,在于忘记仇恨、友爱团结,双方都能充分享受财富和安宁。最后在幻化成门托尔(Mentor,即"良师益友")的智慧女神雅典娜的主持下,②"双方重又为未来立下了盟誓"(24.546),可见(重新)立约的目的是"为了未来"($\kappa\alpha\tau$-$\dot{o}\pi\iota\sigma\vartheta\epsilon$),其目标不仅仅在于解决现实的纠纷,而且也是为以后更长远的日子作打算。可见立约盟誓不仅是恰当的,更是明智和智慧的。

---

① 关于发誓与判决,见本书下一章。这里的"立约"虽然不等于《圣经》中的"立约",但对于伊塔卡内乱却起到了相当大的作用,从某种程度上说,是对二十年前开始的特洛亚战争的彻底反思,也是对整个荷马史诗最具宗教色彩的了结。用伯纳德特的话说,就是"对那个政治问题的正式解决现在就完成了"(《弓弦与竖琴》,同前,第175页),到了最后,"奥德修斯现在应该知道,他命中注定要建立的不是知识,而是信仰"(同上,第188页)。
② 为什么是雅典娜来主持订立契约呢? 整个《奥德赛》的幕后导演本身就是雅典娜,而且由于阿伽门农等人在《伊利亚特》中,把所有悲剧的根源都归结到神明头上,宙斯在《奥德赛》一开始就为"神义论"进行辩护:"可悲啊,凡人总是归咎于我们天神,说什么灾祸由我们遭送,其实是他们因自己丧失理智,超越命限遭不幸"(1.32—34)。整个《奥德赛》就是通过雅典娜来重新树立一种新的宗教信仰,雅典娜"自己也就成了这种新宗教的领袖"(伯纳德特语)。

政治讲究妥协、宽恕和立约,法律看重公平和正义,它们的目标归根结底都是为了对付人的欲望,准确地说,是驯服人的非份欲望,即"邪欲"。我们前面在阿佛罗狄特-阿瑞斯插曲这首"诗中之诗"(poem within the poem)所强调的欲望的永恒性,并非是要为欲望(eros)辩护。历史上许多道学家对荷马的批评似乎就因为宣扬了连神明也有偷鸡摸狗的行为,但荷马并没有诲淫诲盗:赫菲斯托斯毕竟捉住了奸夫淫妇,并且在合理合法的范围内给予了最大限度的处罚(包括今人已不再认可的公开侮辱)。我们是想通过在古希腊文明中几乎固定下来的阿佛罗狄特-阿瑞斯的关系,①表明"不义"的永恒性,以及对不义的处理方法。这是荷马政治学说的基本要素。②

我们无法根除植根于人性之中的欲望以及由此而造成的不义,但并不意味着我们对此就束手无策。阿佛罗狄特-阿瑞斯的故事就说明了很多道理:首先,不能放任我们的欲望(包括阿喀琉斯式的愤怒),或者说,"如果我们要在高贵的水平(*ennobling standards*)上生活——这种高贵的水平能够让我们有可能生活在一个政治共同体中,那么,就不要让我们的欲望指导我们的行为",③也就是要有所克制。其次,事后对问题的解决也要克制,也就是在受到伤害之后谨慎使用自己的正当权益,不要让矛盾激化。"一个正义的人在行使正义时,会选择适度的形式(*moderate form*),因为他懂得,如果一个政治共同体要继续按照它为自己设定的高标准来生活,那么就我们的正义就必须在那些偶尔容忍自己的感情来引导自己生活的人,与那些聪明地选择让理智来引导自己的人之间,达成和解"。④ 用现在的话

---

① Alfred Heubeck, Stephanie West and J. B. Hainsworth. *A Commentary of Homer's* Odyssey, vol. 1, pp. 363ff.

② Nick Janszen. The Divine Comedy of Homer. In Leslie G. Rubin (ed.). *Justice v. Law in Greek Political Thought*, p. 78.

③ Ibid, p. 79.

④ Ibid.

说就是：破坏社会（生态）就是破坏自己的生存环境。

　　这种方式似乎正是严酷法律的补救，或者说政治没有法律那么严酷，在明智的"政治人"（homo politicus）看来，严酷终究不是一件能够达成高尚的利器：佩涅洛佩本人曾就严酷（apēnēs）与品行高洁（amumōn）做过对比，她说如果一个人秉性严酷，生前要遭诅咒，死后也要遭嘲笑（19.329-31）。在这种比较之中，佩涅洛佩更看重品行高洁给生活带来的"高标准"生活形式，而不（仅仅）是相对更坚硬和冰冷的正义和公平。在法律和政治的对比中，我们已经看到了各自的优劣。当作为一种解决手段时，政治似乎比法律要高明，但政治讲求妥协，往往显得软弱，而且容易流为放纵和迁就，如果就事论事，它虽然能够从全局和未来处罚，但就那件事情本身来说，似乎并不能彻底解决，会留下后患。但即便如此，作为一种调解人际和国际关系的"政治"，归根结底高于法律，这也是荷马史诗明确告诉我们的。

　　比如，奥德修斯对特尔西特斯"控告"阿伽门农一案的处理也不是使用的法律手段，他没有让双方各陈己见（在特尔西特斯的控告中，阿伽门农始终一言不发，未曾予以答辩，因为控方证据确凿，无可辩驳），没有根据情况作出判断，而是采取政治的手段，痛打特尔西特斯一顿，然后重新换个角度对希腊联军发表演说，鼓励他们去争取荣誉（2.298），以此挽回军心。其间的利害关系和不得已的情势已如前述，此不赘言，我们从中能看到强烈的"政治"色彩，在这种情况下，法律问题已经转化成政治问题了。

　　如前所说，阿伽门农为自己愚蠢的行为赔偿了大量的礼物，这已不仅仅是在调解这场纠纷，他的赔赎实际上是在极力挽回阿喀琉斯，给足他"面子"（即希腊英雄视为高于生命的荣誉），并让阿喀琉斯重新服从自己，这就已经具有很强的政治色彩。与此相应的便是赫利奥斯在处理奥德修斯伙伴吃了他的牛的问题上所表现出来的强硬态度。奥德修斯的手下在"饥饿使死亡的命运降临"之时，不得不杀死太阳神的牛来保命,即便他们先祭奠了众神明,也许诺为太阳神建造豪华的神殿,献上许多贵重的祭品(12.344—347),但如此丰厚的赔赎依然未能平息太阳神的愤怒,最终导致了死亡。这个时候"赔赎"已经不起作用了,或者说赫利奥斯所要求的"赔偿"已经超出了法律的意义:他要那些狂妄(实则因饥饿才铤而走险)的人的性命。而在他的威胁下("如果他们不为我的牛作相应的赔偿,我便沉入哈得斯,在那里照耀众魂灵",《奥德赛》12.382—383),宙斯只好答应判他们死刑。从法律上讲,这显然是量刑过重,而从政治上讲,这是为了维护天神的尊严和宇宙的秩序——太阳沉入阴间去照死去的魂灵,这就乱了纲常。

同样"量刑过重"的还有两件大案子,一是特洛亚人和阿开奥斯人双方关于帕里斯拐走海伦和她的财产的案子,二是奥德修斯和众求婚人关于后者无礼耗费前者家财,并纠缠其妻的案件。换言之,如果从法律的角度来说,整个荷马史诗都"量刑过重"。为什么会有这种现象呢?实际上这种"超法律"的判决背后有着明确的政治目的。

刚开始时,阿伽门农率领希腊联军飘扬过海前来征战,的确只是为了"归还"和"赔偿"(3.281—290),一是夺回损失,一是进一步要求赔偿。但后来,他们的目标却发生了根本性的转变:不要任何赔偿,而要赶尽杀绝。

一般说来,如果有过错的一方给了最好的东西,另一方似乎就必须网开一面(6.56—57)。但阿伽门农坚持要对特洛亚人赶尽杀绝:"你可不能让他逃避严峻的死亡和我们的杀手,连母亲子宫里的男胎也不饶,不能让他逃避,叫他们都死在城外,不得埋葬,不留痕迹。"(6.57—60)颇具反讽意味的是,这种惨绝人寰的命令却被墨涅拉奥斯视为合情合理和适当的(*arismos*, 6.62)。从什么意义上说这种不合情理的说法其实又是合情合理的呢?其实阿伽门农赶尽杀绝的命令其实没有什么不合情理的,甚至与"情理"根本就不沾边,战争的目标和结局已经变成了一种事实,这种已然而然的事实再也无需"情理"来装饰:后来墨涅拉奥斯拒绝赔偿时,明确地说,"人人知道,连蠢人也知道,毁灭的绳索套在特洛亚人的脖子上"(7.401—402)。

事已至此,还有什么谈判、仲裁和赔偿的必要呢? 仅仅从经济利益的角度来说,赶尽杀绝之后,整个特洛亚城的财富便都是胜利者的了,远远多于普普通通的赔偿。除此之外并尤其重要的是政治利益,据说战争的真正目的是争夺地中海东部的控制权,如同后世多次发生的欧—亚大战一样,双方为了殖民扩张而一再大打出手,这就是"政治挂帅"一词的本质内涵:双方主要围着政治的目标进行着军事和法律(国际法)的较量。到战争快要见分晓时,胜利者已用不着再掩饰其"讨伐"的目的,而此时"赔偿"已经不再是主要目标,下降成了附带的"民事诉求"。也许即便没有帕里斯—海伦之间的不义之举,双方也会为了国际政治格局而迟早要一较高低,偷情拐带不过是这种必然之势的借口,最多可算导火索而已。①

如果说特洛亚人和阿开奥斯人之间的纠纷因战争自身的非理性特质而让"量刑过重"还显得稍微可以理解的话,那么,奥德修斯和求婚人之间在和平年代所发生的大屠杀,就已经不是简单的"量刑过重"之类的法律问题了。千百年来,人们总是站在正统的立场上赞美奥德修斯的智慧、勇猛和坚毅,批评求婚人的胡作非为和其他不义之举,仿佛觉得求婚人死有余辜,奥德修斯恰如其分地惩罚了坏人。但事实真是像人们所想像的那样是一桩合法的判决吗? 如果不是,那

---

① 换一个角度说,这场战争本是天意,迟早要来的,海伦事件不过是天神计划中的棋子而已。战后,奥德修斯来到冥府后,才认识到,"雷声远震的宙斯显然从一开始便利用女人的计划,憎恨阿特柔斯的后代,我们许多人已经为海伦丧失了性命"(Od. 11.436—439)。这个故事说明,海伦无非是潘多拉的翻版而已,真正起作用的是这位美丽女人背后那个无所不能的宙斯(参赫西俄德:《劳作与时令》59—105)。

么它背后还有什么更为重要的目的？

毋庸置疑，求婚人有过错。但他们是否真的就罪大恶极，到了十恶不赦，以至于非得处以极刑，也就是用生命来赔偿自己的罪过，那可能就需要重新审理了。

我们先看控方的观点。

高傲的伊塔卡王公们在奥德修斯的家中胡吃海喝，似乎是借"求婚"之名，利用当时的风俗，肆意耗费奥德修斯的家财。特勒马科斯最先对此提出异议，伊塔卡的众多首领"都来向我母亲求婚，耗费我的家产，母亲不拒绝他们令人厌恶的追求，又无法结束混乱，他们任意吃喝，消耗我的家财，很快我也会遭不幸"(1.248—251＝16.125—128)。这帮无法无天的求婚人不考虑到惩罚和报应(1.155)，试图通过耗尽奥德修斯的家产，彻底毁灭这个家庭(2.49)。奥德修斯在杀戮求婚人之前，宣判他们的罪过说："你们这群狗东西，你们以为我不会从特洛亚地区归返，从而消耗我家产，逼迫我的女奴们与你们同床共枕，我还活着，便在向我的妻子求婚，不畏掌管天宇的神明降惩罚，也不担心后世的人们会谴责你们，现在死亡的绳索已缚住你们每个人。"(22.35—41)奥德修斯的朋友哈利特尔塞斯也认为这帮为非作歹的求婚人死有余辜："他们狂妄放肆，犯下了巨大的罪行，大肆耗费他人的财产，并且侮辱高贵之人的妻子，认为他不会再归返。"(《奥德赛》24.458—460)此外，女主人佩涅洛佩和忠实的牧猪奴欧迈奥斯也提出过了类似的控告(参14.417,18.280)。

此外，求婚人看到特勒马科斯逐渐长大成人，"很聪明，多计谋又善思虑"(16.374)，慢慢地有了权力意识(不仅能召开集会，还外出寻父，另参1.359)，感到了威胁("以后会成为我们的祸害")，便密谋在他归返的海峡设伏暗杀他(4.663—672,774—786)，但在神明的帮助下，特勒马科斯安然回到了家中，求婚人暗杀落空后，也没有再对这位少主动过什么非份的念头。

归结起来，控方认为求婚人的罪行主要有三：一是在奥德修斯还活着的时候来向他妻子求婚，实际上是对奥德修斯的侮辱，二是借求婚之名大肆耗费他的财产，三是企图谋杀特勒马科斯——尽管未遂。

对此，辩方是怎么说的呢？

面对奥德修斯的控诉，求婚人中的另一个首领欧律马科斯回答说："如果你真是伊塔卡的奥德修斯把家返，你谴责阿开奥斯人完全应该理当然，他们作恶于你的家宅，作恶于田庄。可是这种罪恶的祸首已躺倒在地，就是安提诺奥斯，事事均由他作祟，他如此衷于此事并非真渴望成婚，而是另有它图，克洛诺斯之子未成全：他想做人烟稠密的伊塔卡地区的君王，因此他还设下埋伏，想杀害你的儿郎。他罪有应得，现在请宽赦其他属民，我们会用自己土地的收入作赔偿，按照在你的家宅耗费于吃喝的数目，各人分别赔偿（*time*），送来二十头牛的代价，将给你青铜和黄金，宽慰你的心灵，并没有一个人对你的愤怒表示愤慨。"（22.45—59）

纵观这番话语，可以算得上是一篇优秀的辩护辞：合情合理也合法。欧律马科斯首先承认了自己的过错，并同意奥德修斯对他们的指控，认可奥德修斯的说法是"恰当的"（22.46），没有谁会反过来谴责奥德修斯正当的控告。[①] 求婚人自知"理"亏，连忙提出了赔偿的动议，并鉴于首恶已办，请求从轻发落和宽赦其他协从者。仅仅从法律的角度来说，欧律马科斯的"判决"相当公正。但奥德修斯最后还是拒绝了，如同阿伽门农和墨涅拉奥斯拒绝特洛亚人的赔偿动议一样，背后肯定有着比（法律的）"公正"更大的企图。我们还是先站在求婚人的立场上重新审理辩方的理由，再来看奥德修斯心目中可能的打算。

第一，从欧律马科斯开口说的第一个词"如果"（ei）来看，伊塔卡

---

①　这句话在《伊利亚特》中也曾出现过，当时代表阿伽门农来劝说阿喀琉斯重新出战的使者对阿喀琉斯说出了同样的话（Il. 9.523），都是先承认受害者发怒的正当性，其目的当然是为了"劝说"，以此解决矛盾。这里用的是《伊利亚特》的译文（王焕生原译为"现在你心中怨怒无可非议理应当"）。

的王公们前来求婚时并不知道奥德修斯还活着。由于奥德修斯离开家乡已经二十年,至少有近十年的时间杳无音信,几乎所有人都认为奥德修斯已经死去,包括佩涅洛佩、特勒马科斯等人(1.236-238、2.46,15.268,24.400等),那么,求婚人并没有触犯什么法律,也没有违背习俗,而奥德修斯控告他们明知自己还活着就来向妻子求婚,即"我还活着,便在向我的妻子求婚",22.38),这一罪名就不能成立。正如伯纳德特所说:"他们本应该等到奥德修斯'正式'死亡后再求婚。二十年光阴几已接近凡夫俗子所能期盼的极限,超出这个极限,期盼就具有了'宗教般'渴念的色彩。"①但如果我们不讨论道德和宗教,而只谈论法律,那么,这帮王公贵族在奥德修斯失踪十多年后前来求婚,这件事本身并没有什么过错。

　　第二,根据当时的习俗,女方有义务向前来求婚的人无偿提供食宿,因此求婚人在奥德修斯家里大吃大喝,并无不合法之处——更何况他们并不完全像控方所说的是白白耗费主人的家财。对于女主人向求婚人提出的异议,即,"往日的求婚习俗并非如你们这样,当有人向高贵的妇女和富家闺秀请求婚允,并且许多人竞相争求。那时他们自己奉献肥壮的牛羊,宴请女方的亲友,馈赠珍贵的聘礼。他们从不无偿地消耗他人的财物"(18.275-280),我们认为并不影响到求婚人在主人家白吃白喝的合法性,因为佩涅洛佩的话仅仅谈到了求婚人有义务向女方纳聘礼,而这种义务并不能抵消女方向求婚人提供免费食宿的义务。而且尤其重要的是,求婚人听取了佩涅洛佩温和而又无可辩驳的道理后,纷纷送上聘礼,佩涅洛佩都一一收下了这些"美好的礼物"(18.301)。

　　第三,对于当时的客宜(xeina,即保护和招待来宾)这种习俗来

①　伯纳德特:《弓弦与竖琴》,同前,第185页。根据我们当今的法律,失踪近十年的人差不多就等于死亡了,否则的话,如果求婚人永远不知道奥德修斯确切的死亡讯息,那么他们永远都不能向佩涅洛佩求婚吗,佩涅洛佩永远也不能再嫁吗?

说,求婚人喧宾夺主,在主人家中强横霸道,欺负少主、诱奸女仆而且也不敬重女主人,长时间在主人家中大吃大喝,的确有些过分:求婚人的过错在于滥用了客宜。但在这个过程中,佩涅洛佩也负有一定的责任,她"不拒绝可恶的求婚,但也不应允"(24.126)造成求婚人长期逗留宫中并由此耗费主人家财,因此求婚人到了阴曹地府也觉得冤枉:正是佩涅洛佩的计谋导致了他们的覆灭(另参2.89—91)。这位聪慧不输须眉的女主人借口要给公公拉埃尔特斯尽孝,为他织一件寿衣,不断拖长求婚人的等待时间:夜间把白天织好的部分又拆下来。就连特勒马科斯也不理解佩涅洛佩的策略——佩涅洛佩头带面纱就是她内心计谋深藏不露的象征(1.334)。[①]《奥德赛》写到她多次从厅堂回到房间,也是有着同样含义的隐喻。厅堂代表家政(和国政)的话,她的退隐实际上是一种以退为进的积极防御策略(如同拉埃尔特斯归隐田园一样?)。此外,佩涅洛佩的计谋还包括"美人计",她以自己的美貌激起求婚人的 eros(情欲),稳稳地钓住了这 108 条大鱼(18.212—213)。[②] 佩涅洛佩把这帮显贵们吸引在宫中,整天大吃大喝,实际上是软禁了这些因觊觎王位而最有可能造反作乱的实力派人士。所以,佩涅洛佩虽然赢得了阿伽门农的极力称赞(24.192—202),但她故意滞留求婚人,造成他们耗费了不少钱财,不能说毫无责任。换言之,佩涅洛佩的妙计在控方看来是好事情,在辩方看来,

---

[①] Irene J. F. de Jong. *A Narratological Commentary on the* Odyssey, p. 31, cf. p. 37. 特勒马科斯少不更事,反而不断埋怨母亲"不拒绝他们令人厌恶的追求,又无法结束混乱"(1.249—251)。尤其重要的是,特勒马科斯的牢骚话,"母亲说我是他的儿子,我自己不清楚,因为谁也不可能知道他自己的出生"(1.215—216),就表明了他对母亲未把权力交给他而强烈不满:特勒马科斯无法理解母亲的良苦用心。关于佩涅洛佩不动声色地保护特勒马科斯以及他的王位继承权,伯纳德特说:"佩涅洛佩 20 年的全部努力就是要保住儿子的王位,最后数年,她又用自己的魅力让众多求婚者神魂颠倒,并让家境而非城邦似乎危如累卵,从而把人们的注意力从继承权那里转移开来"(《弓弦与竖琴》,同前,第 10 页,另参拙著《荷马史诗导读》,同前,第 270 页)。

[②] 参 Paul. W. Ludwig. *Eros and Polis*, p. 125。

则有与求婚人同谋之嫌。总之，求婚人在奥德修斯家中恶客欺主，其罪责自是无话可说，但就其耗费其家财来说，佩涅洛佩也难辞其咎（另参 16.389—392）。

第四，求婚人的真正目的大约也是为了政治，而不仅仅是倾慕佩涅洛佩犹存的风韵和美貌（18.212—213,245—249），至少求婚人的首领安提诺奥斯"如此热衷于此事并非真渴望成婚，而是另有它图，克洛诺斯之子未成全：他想做人烟稠密的伊塔卡地区的君王"（22.50—53;另参 1.386—387）。这似乎还构不成大罪，因为当时权力的交接大多是通过与有权有势的女人的婚姻来实现的。费埃克斯国王阿尔基诺奥斯就是通过娶了自己的侄女阿瑞塔，才获得王位（7.63—66），因为王权当时掌握在阿瑞塔的父亲手中，而他婚后无子，为了保证王权不至旁落，往往就通过内部的婚姻来维护家族的统治地位。但是，求婚人设下埋伏，想杀害王位继承人特勒马科斯，却是一桩大罪，尽管谋杀未遂。但从辩方的角度来说，求婚人并没有杀死太子，也没有由此给奥德修斯家族乃至整个伊塔卡造成严重的后果。而且特勒马科斯回到王宫后，求婚人仍然有机会除掉王权争夺的最大竞争者，但他们没有对"孤身一人"（ἕνα, 20.313）的特勒马科斯下手，证明求婚人在主观意愿上并没有多大的罪责。而且尤其重要的是，首恶已然伏诛，其他求婚人也承认死者"罪有应得"（ἐν μοίρῃ, 22.54），也就是得到了自己该得的份额或命运（μοῖρα,①遭到了报应。至此，奥德修斯似乎对其他人就应该网开一面，即便不赦免，至少也应该从轻发落：求婚人所说的"宽赦"（φείδεο），不过就是饶他们不死的意思，他们请求用赔偿（time）来解决这个问题，直到奥德修斯的"心软下来"（κῆρ ἰανθῇ, 22.58—59，王焕生译作"宽慰你的心灵"），这种方案似乎让人无法拒绝。

第五，求婚人主动提出了赔偿，根据公平、正义与和谐的原则，奥

---

① 关于 moira（命运），参拙著《荷马史诗导读》，同前，第171页以下。

德修斯似乎应该接受。但奥德修斯拒绝接受赔偿,不过,奥德修斯拒绝的理由并不充分(甚至根本就没有理由,也不需要理由),他说:"即使你们把全部财产悉数作赔偿,外加许多财富,我也不会让我的这双手停止杀戮,要知道求婚人偿清自己的累累罪恶。现在由你们决定,或是与我作战,或是逃窜,以求躲避毁灭和死亡。"(22.61—66)奥德修斯在这一段话中并没有提出拒绝赔偿的理由,也没有进一步宣判求婚人的罪行,他所说的"罪恶"(ὑπεϱβασία,22.64)本不过是对法律的"逾越"和"违犯",从字面上说,奥德修斯的意思无非是:求婚人的罪行就在于他们的违法,这种重言命题并没有任何实质内容。① 此外,奥德修斯自己提出的办法,即,用武力来解决问题,某种程度上说是从法律到私力救济·也就是从文明到野蛮的倒退。

早在奥德修斯还没有回来以前,特勒马科斯已经想到了用赔偿的方式来解决问题:"如果是你们来吃喝,我仍有望得赔偿,因为我们能走遍城市,抱膝恳求,赔偿我们的财产,直到全部偿还,现在你们却让我忍受无望的苦难。"(2.76—79)除去明确的赔偿要求外,特勒马科斯的话语具有相当的含混性:求婚人让他忍受着什么样无望的苦难? 大概是指求婚人完全不把他放在眼里,尤其是求婚人的到来对他位登大宝产生了巨大的威胁。不过,现在奥德修斯回来了,而且占绝对上风,"现在死亡的绳索已缚住你们每一个人"(22.41,另参《伊利亚特》7.402),就如同特洛亚战争快结束时,特洛亚人对阿开奥斯人所提出的肯求一样,赔偿作为一种解决方式似乎已毫无价值了。

总而言之,求婚人当然有过错,但罪不至死。他们自己也认为自己的过错更多地是在道德上,而不是法律上:欧律马科斯仅仅承认自己这一方犯了"ἀτάσϑαλα"(22.47)的过错,也就是"狂妄"和"鲁莽"一类的"缺一德"事。至于特勒马科斯控诉的"粗暴强横"、"傲慢无礼"

---

① 如果我们把奥德修斯的话理解成"僭越",那么,求婚人的罪行就在于他们不该觊觎王位,因此有"反革命罪"之类的嫌疑。但这仅仅是可能的推断而已。

(16.86)和奥德修斯斥责的"狂妄无礼"和"横行无忌"(16.93),虽要遭到道德的谴责,但似乎还构不成犯罪,更不至于死有余辜。奥德修斯在杀死所有求婚人之后,宣判他们主要因为"不礼敬任何世间凡人"而"为自己的罪恶得到了悲惨的结果"(22.413—416),这条理由其实很不充分,显然量刑过重。

除此之外,奥德修斯拒绝赔偿并杀死求婚人,他自己清楚地知道这件事情的严重后果——以智计著称的他作出如此大的决断绝不是一时冲动。屠杀完求婚人后,他对特勒马科斯说,"通常不管谁在本地即使只杀死一人,只有为数很少的人会为被杀者报仇,杀人者也得离开故乡,躲避其亲友,更何况我们刚才杀死的是城邦的栋梁,伊塔卡青年中的显贵,我要你对此事细思量"(23.118—122),这是奥德修斯在对未来的君主进行"政治"考试:哪怕杀死一人,也会遭到流放,而我们为什么要冒如此大的风险,杀死如此多的城邦栋梁?特勒马科斯除了表示敬佩和忠诚外,实在无法理解乃父的非常举动。奥德修斯面对稚嫩的太子,似乎也不便说破。

平素十分审慎、克制和足智多谋的奥德修斯现在却甘冒奇险,打破法律的规陈,自然有他的道理,至少总有什么缘故。对此,奥德修斯虽然没有明说,但如此大的反差本身已经能说明很多问题。伯纳德特在这一点上看得很清楚,"奥德修斯现在不是在对付临时性的不满情绪,而是要对付一种正在恶化的怨恨,这种怨恨具有尤其尖锐的表现形式。奥德修斯王国里所有的王公贵族是这种怨恨的领头人物,但在他们背后,小心谨慎地等待着的,是那些已经不记得奥德修斯治下的好处的人,那些丧失了亲人的人,以及那些本可以带着战利品回到家园以对自己有所交待的人"。① 既然奥德修斯已无法化解这种怨恨,也无法向国人作出满意的交待,那么,与其被这种怨恨吞噬,不如铤而走险彻底解决这些历史遗留问题。

① 伯纳德特:《弓弦与竖琴》,同前,第153页。

奥德修斯的难题来自两方面,一是如何向家乡父老交待自己损兵折将的事情,二是如何在纠缠不休的王公贵族面前为特勒马科斯顺利登基扫平道路。奥德修斯二十年前出征特洛亚时,带走了十二艘船约六百人的子弟兵队伍(《伊利亚特》2.631-637),但回来时却孤身一人,他无论编织怎样动听的故事,大概都不能像他在费埃克斯人那里能够获得同情和好感。此外,奥德修斯还带回了大量的"战利品"——尽管这些东西是在费埃克斯人那里搜刮得来,但家乡父老只会考虑事情的结果。所以,奥德修斯在卡吕普索岛上幽居了七年,一方面是在等待特勒马科斯长大成人,另一方面是在等待家乡父老淡化对自己的怨恨:"他避世达七年之久,现在看来似乎不是为了从波塞冬手中逃生,而是为了从他的自己人手中捡一条命。"①

由于国内长期没有政治生活,伊塔卡各个地方的"王爷"们不断坐大,他们的势力显然已经对久已衰蔽的中央集权构成了巨大的威胁:他们前来奥德修斯宫中求婚就是明目张胆的"问鼎",而奥德修斯的"栋梁"一词亦富有深意:这些"年轻的显贵"($\check{\alpha}\rho\iota\sigma\tau\sigma\iota\ \kappa\sigma\acute{\nu}\rho\omega\nu$)已经成长为"城邦的栋梁"($\check{\varepsilon}\rho\mu\alpha\ \pi\acute{o}\lambda\eta\sigma$, 23.121),这些"精英"以及背后支持他们的元老们显然就是特勒马科斯登上宝座的最大威胁——而且已经是现实的威胁了,更何况他们可能与那些战死疆场的六百人或多或少有些亲缘关系,要是已经团结起来的他们借丧失亲人之名,对奥德修斯及其家属进行正义的"讨伐",奥德修斯可能没有丝毫的回旋余地,这就是奥德修斯为什么化妆后秘密潜回祖国向对方实施突然袭击的原因。与其坐以待毙,不如起而抗争。就奥德修斯的保命和特勒马科斯的登基来说,拒绝赔偿并杀戮求婚人,都如老奶妈所说乃是一件"大功业"(mega ergon, 22.408)。在政治面前,法律的确显得很软弱很苍白,西塞罗说:Silent enim leges inter arma(法律在武器之间沉默,*Pro Milone* IV. 11),这个道理,至今亦然。

---

①　伯纳德特:《弓弦与竖琴》,同前,第13页。

附释：原罪与希望

希腊人没有基督教的"罪"（sin）的观念，但他们有"罪业"（guilt）感，[①]而这两种"罪"都来自同一个源头：欲望。如何驾驭这种植根于人性深处且具有善恶两面性的强大力量（libido?），这恐怕是人类文明共同的根本任务。基督教把"原罪"的终极救渡寄托在未来（末日审判）的希望之上，但希腊人却远没有这种乐观的期待。在希腊人看来，"希望"不是像基督教理论所理解的那样，是对美好未来的一种向往和渴盼，而是一种危险的情感，与欲望相生相伴，在虚无缥缈中诱惑人。

欲望是一种疾病，自古以来就被称作"暴君"或僭主（柏拉图《王制》573b6—7）。用后来的术语，我们可以把"欲望"视为一种希腊式的"原罪"或"原恶"（arch—evil），[②]也就是所有罪恶的源泉。欲望是对他物的企求，因此也是一种希望，所以，欲望与希望共谋，都是一种邪恶的引导力量，赫西俄德、索福克勒斯、品达、修昔底德、忒俄格尼斯等希腊大思想家对此深有感触。

赫西俄德在著名的"潘多拉神话"中率先谈到了人的原罪及其与希望的关系。不知出于什么缘故，神明不把火赐给人类。[③] 赫西俄德在《劳作与时令》中并没有交代其原因，只是说普罗米修斯欺骗了宙斯，愤怒的天父才把火藏起来了，后来普罗米修斯盗天火给人类，再

---

① 多兹（E. R. Dodds）借用美国学者本尼迪克特《菊花与刀》中的概念，认为古希腊人先有一种"羞感文化"（shame-culture），然后再过渡到一种"罪感文化"（guilt—culture）。参氏著 *The Greeks and the Irrational*. Berkley：University of California Press，1951，pp. 28—63。本书所说的"罪"当然是法律意义上的 crime。

② Friedrich Solmsen. *Hesiod and Aeschylus*，p. 47.

③ 据说火是神圣的（因其不灭），属于天国才有的东西，象征着权力和力量，凡夫俗子不值得拥有它。参《赫西俄德：神话之艺》，吴雅凌译，北京：华夏出版社2004年，第30—31页。

次引起宙斯的愤怒，才有了潘多拉的故事。在这个序列中，宙斯为什么不把火赐给人类的原因，依然出于晦暗之中。赫西俄德的话语在这里颇为含混，这两次"愤怒"（47,53）显然不是同一个原因引起的，但人们往往把这两次愤怒看成是一回事，并由此把"神明对人隐藏起保命的办法"（42）的原因归结为普罗米修斯偷盗了天火，这显然倒果为因了：正是由于神明的（莫名）愤怒从而不让人知道保命的办法，才导致了心存怜悯的普罗米修斯盗火来周济凡人。

从事情发生的顺序来理解这一桩公案，就会是：普罗米修斯欺骗了宙斯，导致宙斯愤而把火藏起来，普罗米修斯用茴香杆盗天火，再次欺骗了宙斯，再次发怒的宙斯并没有从人类那里收回天火，而是设计了一个更恶毒的用潘多拉和其他许许多多邪恶来惩罚人类的计划。就这个故事的后半部分来说，普罗米修斯偷盗天火不过是将功补过。就潘多拉和其他祸害而言，其直接起因似乎在于普罗米修斯。但仔细考察，却发现并非如此。

《劳作与时令》却并没有交代普罗米修斯最先为什么要欺骗宙斯，也没有说普罗米修斯是怎么欺骗他的。《神谱》交代了个中缘由，考虑到《神谱》在前，《劳作与时令》在后（《劳作》是《神谱》的注解），那么《劳作与时令》中宙斯的第一次愤怒就显得不那么突兀了，而《神谱》早就说明了其原因：普罗米修斯在智慧竞赛上超过了宙斯（534）。受到欺骗的宙斯于是把火藏起来，因为他不愿意把火赐给人类（《神谱》561—564）。也就是说，不管普罗米修斯是否用牛骨头欺骗了宙斯，宙斯本来就没有打算把火赐给人类。为什么？《神谱》并没有交代。但可以肯定地说，普罗米修斯欺骗宙斯这件事本身不是人间万千罪恶的直接原因，他最多导致了宙斯的"藏"，而不影响宙斯的"不赐"。

其实，早在普罗米修斯用牛骨头欺骗宙斯时，宙斯其实已经在考虑要为人类带来灾难了（551—552），这位全知的大神才会被称作"前一思"的普罗米修斯骗住了，仿佛成了"头脑不清"的厄庇米修斯（即

"后一思")。① 普罗米修斯只不过授宙斯以惩罚人类的口实和机缘而已，天火最多是导火索。《神谱》并没有交代为什么宙斯在被骗以前，就已经打算用"恶"来惩罚人类——就像作者并没有交代宙斯为什么不愿意把火赐给人类。但这两个事情可能都出自同一个原因，也许不把火赐给人类本身就已经是一种惩罚。

对于个中缘由，后世的悲剧家认为普罗米修斯"太爱护有死的人类"（埃斯库罗斯《被缚的普罗米修斯》123），而刚刚登上天帝宝座的宙斯却只管自己的利益，不顾及人类可怜的生存处境。但在赫西俄德看来，也许不是这么回事。赫西俄德虽然没有明确交代宙斯无论如何也要惩罚人类的原因，但从他的诗歌中，我们似乎不难推断出作者的意图。我认为，紧接着"潘多拉神话"之后的"五纪神话"，也许就透露出宙斯藏天火并制造潘多拉和其他灾祸来惩罚人类的原因：不是普罗米修斯不听话（从而对宙斯刚刚到手的王位形成威胁），而是人类持续的堕落导致了灾祸的降临——整个《神谱》和《劳作与时令》其实就在宣讲神圣的正义，潘多拉神话正是对新宗教观所作的具有"魔鬼辩护"性质的"护教学"（apologetic）阐述：人世的祸害从根本上说就是人类不义的咎由自取。人的不义，同样来自于人的原罪。普罗米修斯神话、潘多拉神话、五纪神话，其实都在阐述同一个问题，只不过各自切入问题的角度有所不同而已。

宙斯的潘多拉不是为了惩罚普罗米修斯（他对普罗米修斯另有惩罚，参《神谱》521—534），也不是因为在智力竞赛上输给了比自己地位更低的神，而是因为人的原罪，有了"原"怒（即不见于作品中且是上述两次发怒的根本性或原发性愤怒），才把人赶出了"伊甸园"。

当普罗米修斯用计为人类骗得天火后，宙斯对他说道：你不要高

---

① 关于"普罗米修斯"和"厄庇米修斯"名字的含义，参 M. L. West 的详注（*Hesiod: Theogony*. Oxford University Press, 1966, pp. 308—310）。"头脑不清"一词，中译本作"心不在焉"。

兴得太早,等着人类的将是一场大灾难。作为火种的代价,宙斯要"赐给"人类一件灾难礼物,每个人心里都兴高采烈,结果热情拥抱的却是自己的厄运。这里产生了两种互相交织的张力:普罗米修斯的高兴与"每个人"兴高采烈的内容虽有所不同,却是平行的,与宙斯的愤怒形成对比;宙斯此前的"隐藏"和此时的"赐予"也形成了对照,①此外,宙斯隐藏的是对人有益的"火"(即"保命的方式"),而他"赐给"——即作为礼物而赐予——的东西,却是灾难或厄运(kakon,54—58)。

宙斯的行为抵消了普罗米修斯的功劳,而上述这段话亦无疑是对人类不义行为的正式宣判书(其实与普罗米修斯并没有多大的关系)。说完,宙斯哈哈大笑。宙斯为什么会笑?②显然不是为了平衡自己的愤怒,而是为自己的杰作高兴:用欺骗来报答欺骗。宙斯既笑普罗米修斯:自鸣得意的"前—思"智慧在至高无上的权力面前似乎显得有些滑稽可笑(据说人一思考,上帝就会发笑);也笑肉眼凡胎"把坏事当作好事"(索福克勒斯《安提戈涅》625)。凡夫俗子热情拥抱的其实是自己的厄运,这就给潘多拉瓶中的希望投下了阴影,也是希腊人"希望"观的基调。

于是宙斯命匠神用"土"制作了一个美少女,这是第一个明确的"造人"记录。③在这个过程中,让人觉得颇为惊讶的是宙斯并没有直接造人,反而让赫菲斯托斯、雅典娜、阿佛罗狄特、赫尔墨斯、美惠三女神和诱惑女神来担当此重任。④这几位神明赐予这位少女各种各

---

①　《劳作与时令》42、47 行;另参《神谱》563 行的"不赐"。

②　在《旧约》中,无论是上帝把人赶出伊甸园,还是发灭世洪水,都没有笑。但宙斯在荷马史诗中却多次发笑。仅从这一点,即可见两种文明的深刻差异。关于赫西俄德史诗与《圣经》的差异,参《赫西俄德:神话之艺》,同前,第 114,116,123—124,132 页。

③　比较《圣经》"创世记"2:7,上帝用"尘土"造人,先造的男人。

④　"诱惑"(peitho),该词又作"劝说",中译本和绝大多数英译本都作"劝说女神",此处根据上下文,似应作"诱惑"解。

样的东西,其中,雅典娜的惠赐颇为怪异:她教这位少女做女红,并为她穿衣打扮(莫非智慧就在于缝缝补补日常生活,抑或智慧只是用来装饰骗局?)。赫尔墨斯给她一颗不知羞耻的心和欺诈的天性,也就是把谎言、能说会道以及一颗狡黠的心放在她的胸中。而最值得关注的,就是阿佛罗狄特和诱惑女神的参与,爱神在少女的头上撒下优雅的风韵、恼人的爱慕和让人形销骨立的焦愁。这一系列打扮,让人很容易想起《伊利亚特》第14卷中天后赫拉为了迷惑宙斯而让阿佛罗狄特为自己增添媚惑:众多天神为那位暂时还没有命名的少女赐予如此多的东西,其目的几乎都在于"诱惑",就是要让人的原欲和原罪得以彰显。

接下来就是少女的命名。宙斯叫她作"潘多拉"(pan-dora),意思是奥林波斯山上所有神明都送了她礼物,而这位少女(和这些礼物)就是凡夫俗子的灾难。①"潘多拉"名字中的"礼物",与此前宙斯所说的"恩赐"是一致的,都指向邪恶和灾难:潘多拉魔瓶中的希望之性质于是不难理解。

到此为止,人类似乎还碰不到灭顶之灾:潘多拉本身最多只是一种潜在的罪恶之源。但厄庇米修斯没有听从普罗米修斯的忠告,接受了宙斯派赫尔墨斯送来的"礼物",这才酿成大祸。在整个潘多拉神话中,宙斯和众天神创造潘多拉这件事其实不是惩罚人类的关键之处,而厄庇米修斯接受潘多拉才是整个计划的枢纽——虽然在整个故事中,仅仅用了一个分词(89)来表现。当然,接下来的事情似乎就顺理成章了,从少女变成妇人的潘多拉打开了魔瓶,诸神的"礼物"都飞出来了,为人类制造了许多悲苦和不幸。唯有希望在还没有来得及飞出来之前,都被潘多拉盖在了瓶中。从此,不幸、疾病、灾害便为害人世,人类从此陷入痛苦的深渊。要知道,人类此前生活在没有罪恶、劳累和疾病的大地上,也就是"必终身劳苦,才能从地里得吃

---

① 关于"潘多拉"的含义,参《赫西俄德:神话之艺》,同前,第33页。

的。……必汗流满面才得糊口"(《创世记》3:17—19),人类被赶出了
伊甸园。

潘多拉在《神谱》和《劳作与时令》中并没有受到惩罚(不知道她
放出来为害人间的万千罪恶是否也会让自己这个女人遭殃),她作为
宙斯的棋子,似乎不该受到连累。但婚姻就意味着生育,而这恰恰是
女人的痛苦所在(比较《创世记》3:16 耶和华对女人说,"我必多多加
增你怀胎的苦楚,你生产儿女必多受苦楚")。《神谱》谈到了婚姻,而
婚姻和孕育显然就是"造人"的新方法,从此以后,人和神就分离了。[①]
换言之,因为人的原罪和恶,诸神于是退隐了。人被逐出天堂,是一
种持续的下降,[②]其实从另一个角度来看,这也是神明不断远离和退
隐的过程。[③]

我们现在的问题是,厄庇米修斯为什么要接受潘多拉? 这或许
是解开此前宙斯一门心思要惩罚人类(结果上了普罗米修斯的当)这
一谜团的钥匙,也是后来"五纪"神话的总纲:厄庇米修斯为什么会接
受潘多拉,就等同于人类为什么会从黄金时代一直下滑到黑铁时代,
因为它们具有相同的原因。厄庇米修斯是不是如他的名字所示,要
到潘多拉为人类带来灾祸时(89),才知道潘多拉的危险? 显然不是,
此前普罗米修斯已经明明白白地告诉过她,不要接受宙斯送来的礼
物,以免成为人类的祸害。但厄庇米修斯明知故犯,这是为什么?

这在《劳作与时令》的简短叙述中虽然没有明确交代,但答案在
此前宙斯和其他天神费心费力创造潘多拉的过程中就已经有了端
倪,其中最重要的就是潘多拉身上的阿佛罗狄特成分。而在《神谱》
中,作者则说得更明白:那位少女美极了,"不死的神明和有死的凡人

---

① 《赫西俄德:神话之艺》,同前,第 125 页。此外,"火"的下降,也意味着"绝地天
通",即,人神分裂。
② 《赫西俄德:神话之艺》,同前,第 59 页。
③ 参 M. L. West 的详注,*Hesiod: Work & Days*. Oxford University Press, 1978,
pp. 155—156。

见到这个十足的诡计时,都惊奇不已,凡夫俗子更是不能自持"(588—589)。① 潘多拉这个"美丽的邪恶"(καλὸν κακὸν,《神谱》585)的确太美丽了,让人感到惊讶,让人无法抗拒——这就是阿佛罗狄特的致命之处(参《奥德赛》8.366)。爱欲之神(Eros)在不死的神明中最美,但正是这种美构成了致命的诱惑,控制着人们的理智(《神谱》120—122)。而人一旦丧失理智和计谋,祸害即随之而来。

潘多拉在诱惑的意义上等同于阿佛罗狄特,②代表着 eros 这种原罪,"潘多拉被美惠的光环笼罩。由于她身上散发出来的魅力的效果,人们看到她时不会不被惊呆,那既是一种惊美,又是一种受爱欲支配的冲动"。③ 虽然赫西俄德的作品与《圣经》之间存在着巨大的差异,但我们谈起潘多拉时,无法不想到夏娃。④ 在赫西俄德的这两部"正义劝导书"中,他对正义的诉求必然使得他要积极寻求不义和堕落的原因,并通过神明对不义的惩罚来弘扬正义的好处,以此"勾引"或"诱惑"包括他的兄长在内的所有人都走上正义之路,因为正义与幸福直接相关(《劳作与时令》275—281)。从这个角度来说,宙斯在受到欺骗以前就想着要惩罚人类,就是因为人的恶或罪,借用《圣经》的话说,"耶和华见人在地上罪恶很大,终日所思想的尽都是恶"(《创世记》6:5),于是在把人赶出伊甸园后再次实施极其严厉的惩罚。赫西俄德史诗中的惩罚形式虽与《圣经》有所不同,但导致惩罚的原因似乎都是相同的,笼统地说,那就是"原罪"。

---

① 张竹民、蒋平译本作"虽然这完全是个圈套,但不朽的神灵和会死的凡人见到她时都不由地惊奇,凡人更不能抵挡这个尤物的诱惑",略有一些夸大,却也颇为传神。这个"诡计"与奥德修斯的"木马计"十分相似,另参赫菲托斯用来捉奸的计策(Od. 8.276)。"不能自持",原文意思是"没有办法"、"无能为力",也就是下文所要谈到的"无助"。

② 《赫西俄德:神话之艺》,同前,第191页。

③ 韦尔南:《神话与政治之间》,余中先译,北京:三联书店2005年,第387页。

④ 参 M. L. West 的详注本 *Hesiod: Work & Days* 第170页所列的文献,另参布吕莱:《古希腊人和他们的世界》,王美华译,南京:译林出版社2006年,第21页。

要更好地理解这一点，我们还需要进一步分析潘多拉神话中的"希望"这一隐喻。潘多拉释放出万千罪恶，而唯独把希望留在了瓶中。那么，瓶中的"希望"究竟是什么样的东西？厘清"希望"的性质，也就能更好地理解普罗米修斯神话、潘多拉神话和五纪神话。

据说，这个问题从亚历山大里亚图书馆的阿里斯塔库斯（Aristarchus Of Samothrace，前217—145）开始就一直困扰着文人墨客：不幸之瓶灭绝了希望，还是保存着希望？希望是对万千祸害的补救，抑或本身也是一种邪恶的东西？如此等等，不一而足。大体说来，人们对"希望"性质的看法有如对人性的理解，可分为三类："希望"性善说，性恶说，亦善亦恶说（无善无恶说）。[①]

先看希望性善说。

大多数学者都认为"希望"是一种好东西，"在通常意义上是对于幸福的等待；而留在不幸之瓶的神化了的希望，由于诗人拿它和散播人间的不幸作对比，可被看成是一种善。在赫西俄德笔下，宙斯作为正义的守护神，特意把希望留给人类。他是不可能毫无理由地存心消灭、欺骗人类活着使之绝望、受苦。宙斯的所有举措都自有道理，他旨在建立一个政治—道德法则"。[②] 这是从神义论和目的论的立场来看待希望，认为希望是人类出于绝境时的某种生存可能，是一种恩赐。希望的寓意代表了某种道德期待，从而赋予瓶中内容一个非凡的象征意义。但是这种理解的一个潜在的前提就是把宙斯看成了基督教教义中的理性的上帝，他严格地规定和执行着天地间的根本大法。不可否认，与荷马比起来，赫西俄德的宙斯更加接近圣经中的上帝，也的确是在试图建立起一种普遍的正义法则。但赫西俄德笔下依然嘻哈打笑的宙斯与无比威严的上帝还是有很大不同，尽管宙斯

---

① 　此外还有一种有趣的说法，认为希望代表孩子，正如魔瓶象征着子宫：女人孕育着未来的希望（《赫西俄德：神话之艺》，同前，第119页）。

② 　《赫西俄德：神话之艺》，同前，第35页。

也执行正义的惩罚，但"宙斯"毕竟是希腊**生活宗教**中与凡人更为接近的神明。因此，当我们说"希望是与潘多拉相反的积极形象。根据古希腊思想对于希望的理解，此处希望的积极意义赋予了诗篇一个新的开始，并且结论只能产生于潘多拉叙事以外。希望可以被形象化地解释为人类赖以为生的食物储备、人类的同伴。人类处于神、兽之间的生存的模棱两可的象征。希望处于所有摧残人类命运、致人类于死地的不幸之中，可谓唯一的定点，超越时空地存在着"，①这种说法显然有"过度解释"之嫌，虽自称"根据古希腊思想对于希望的理解"，其实严重地偏离了古希腊的行道，很大程度上是用后起的基督教理论来看待赫西俄德，对希腊思想作了"归化"处理。

　　赫西俄德的神话过于简短，很多问题都没有交代清楚，但我们通过上下文及其与整个希腊文明的关系亦不难得出一些可能的结论。比如说，我们大可以推断，潘多拉魔瓶显然是从宙斯那里来的，并且被迫打开了不幸之瓶。但潘多拉为什么在希望飞出来之前就把不幸之瓶盖上了，希望还留在瓶中，这究竟意味着什么？作为宙斯的惩罚手段，潘多拉把希望塞在瓶中，显然不是没有用意。从善意的角度推想，并且假如希望本身也是好东西的话，那么，潘多拉这样做也许是因为"良心发现"。但这与诗歌不合，宙斯在创造她时就没"安好心"，赫尔墨斯在潘多拉身上安装的是谎言、哄骗人的话和"狡黠的本性"（ἐπίκλοπον ἦθος，《劳作与时令》78）。就算潘多拉像她"后—思"的丈夫厄庇米修斯那样，等到万千罪恶飞出来为害人间时，才认识到问题的严重性，连忙塞上瓶子，但作为凡夫俗子的她也不太可能知道瓶中还剩下什么——在古希腊人看来，凡人不可能知晓神明的计划；而且即便她知道剩下的是希望，她也无法理解这件东西的性质。潘多拉如果看清楚了那些飞出来的东西的本质，并因此而塞上瓶盖的话，那么她显然把希望也看成了"恶"。但潘多拉把希望留在瓶中，也许并

---

① 《赫西俄德：神话之艺》，同前，第 193 页。

不是这位神造美女的"自由意志":既不是她良心发现,也不是她学而后知——潘多拉的一切举动都是宙斯计划的一部分。

"希望"还在瓶中。如果希望是好东西,但它被永远地禁锢在了潘多拉的魔瓶中,未曾莅临凡间,我们无法领受它的恩泽,由此愈发显示出宙斯的惩罚是多么的严厉(甚至恶毒)。[1] (善的)"希望"在人世间的缺席,即便不意味着人世间遍地皆恶,至少亦表明恶的横行无忌和张狂,让人看不到多少希望,这就是古人在潘多拉神话中总结出来的一个冷冰冰的结论:希望不过是清醒的绝望而已。

对于希望性善说,我们再来看看赫西俄德以外的希腊观念,也许对希望会有稍微不同的看法。伊索曾讲过这样一个故事:宙斯把所有好东西都收集在一个坛中,盖上坛子,然后把它交到一个凡人手中。但这个人没有自制能力,想知道坛中所装何物,就打开了坛子,结果就让这些好东西飞回到神明的住所中了。而在希望飞出去之前,这个人把坛子盖上了! 因此,在世间只有一件好东西,那就是希望。而且"希望"答应把那些飞走的好东西再次赋予人类。这个故事看起来与赫西俄德的潘多拉神话颇为相似,但却有很大的不同:打开瓶盖的是一个男人,而瓶中装的都是好东西,这不是宙斯的惩罚,而是恩赐。此外,瓶中飞出的东西是向上的,即回到天国。而潘多拉瓶中飞出的祸害是向下的,即降临人世。[2] 因此这个叫做《宙斯与好事坛》的故事恰好与赫西俄德形成了对照,作为后者的"反转片",既是对赫西俄德的"批评",也是一种纠偏和补充。

忒俄格尼斯(*Theognis*,公元前五世纪)专门就"希望"写过一首颂诗,其中也谈到了类似的看法。他说,唯有希望女神还留在人间,

---

[1] M. L. West 认为希望留在瓶中并不意味着就与人无关,恰恰相反,希望并没有丢失,而是牢牢地装在了瓶中,与我们人类同在(*Hesiod: Work & Days*, p. 169)。这种善意的看法其实颇为勉强,有些一厢情愿。

[2] 这种上升和下降构成了政治哲学两个相辅相成的不同维度,比较:柏拉图的《王制》讲的是下降,而《礼法》则谈"上升"。

其他神明,比如强大的信任(信念)女神、审慎女神($\Sigma\omega\varphi\varrho\sigma\sigma\acute{\nu}\nu\eta$)以及美惠三女神等神明都离开大地,去到奥林波斯山上了。人们的誓言不再可信,也没有谁敬畏不死的神明。人类中虔敬的一代已然逝去,现在的人既不认识宗法(themis),也不再虔敬。但人若还活着并能看见阳光,就要向神明表示虔敬,并长久地等候希望女神吧。要向神明祈祷,焚烧精美的腿骨,自始至终向希望女神献祭(《希望女神颂》1135—1146)。

在这两则材料中,希望都是与美好者相伴,这说明也许只有在这种背景下,希望本身才是善的,而在赫西俄德诗中完全相反的背景和目的中,我们便不难得知潘多拉瓶中希望的性质。其实,希望即便是美好的,但它在人间不仅势单力薄甚至无能为力,而且也显得十分空洞,"长久地等候"很难让人感到满足,而空洞的希望也不能抚慰万千罪恶带来的伤害。进言之,即便等到了希望又能怎么样呢?希望毕竟不是现实,我们等来的只不过是对永恒未来的继续等待。①

再看"希望"亦善亦恶说。

一般说来,持希望性善说的人大都看到了希望的另一面,即,希望容易变成懒汉的虚无缥缈的借口,从而对人具有误导性。这在赫西俄德的作品中也能找到支持,或者说赫西俄德也看到了希望的"空虚性"。他在著名的潘多拉神话中虽然没有为"希望"一词加上什么限定词或修饰语,也就是没有明确地谈到"希望"的性质,但接下来却在《劳作与时令》第二次出现该词时,②加上了一个表示其性质的词

---

① 比较海德格尔独特的"希望神学",在他看来,我们的时代是"一个贫困的时代,因为它处于一个双重的匮乏和不(Nicht)之中:在逃遁的诸神之不再(Nichtmehr)和到来的上帝之尚未(Nochnicht)之中"(《海德格尔选集》,同前,第324页),因此只有等待唯一能够拯救我们的上帝(同书,第1306页)。

② 《劳作与时令》中有两个地方出现了"希望"一词(第二处重复出现了一次,全诗共三次),但《神谱》中却一次都没有出现。这是否意味着:在神明一统天下的时候,无须虚无缥缈的希望来安慰凡人,而在神明离弃之后,希望就成了世间必不可少的慰藉——哪怕是欺骗?

汇。赫西俄德在劝诫乃兄时说，一个游手好闲的懒汉，如果一味等待着"空虚"($\varkappa \varepsilon \nu \varepsilon \acute{\eta} \nu = \varkappa \varepsilon \nu \acute{o} \varsigma$)的希望，那么就会因为缺乏求生的手段或生活来源，心里便老想着干坏事（kakos），因此"希望不是好东西"（$\grave{\varepsilon} \lambda \pi \grave{\iota} \varsigma ~ \delta' ~ o \grave{\upsilon} \varkappa ~ \grave{a} \gamma a \vartheta \acute{\eta}$，《劳作与时令》498—501）。当赫西俄德明确地说"希望"对于某些人来说，不是好东西时，这里的"好"或"坏"就已经具有很强的道德内涵了。

当然，善良的人们为了维护希望对人类精神的巨大安慰作用，便努力把懒汉的希望与潘多拉瓶中的希望区别开来。但无论我们怎样为赫西俄德"希望"性善说进行辩护，我们也无法对他明明白白阐述的希望空虚性视而不见，其结果就必然得出"亦善亦恶"说："希望的象征意义超越并且涵盖了对幸和不幸的等待：希望在本质上是好的，其前提是神必会补偿劳动的人的等待；但如果不劳动的人冀望于神的恩赐，希望就变成一种空想。"也就是说，"希望仿佛在当前的善恶混合的世界里执行了一个双重职能，赋予了人类一个不确定的未来：如果希望促使人辛勤劳动得以谋生，那么就是好的；如果希望使人懒惰偷闲幻想未来，那么就是坏的"。①

这种"亦善亦恶"说看起来颇为中正平和，兼顾了善恶两方面。但这种"持平之论"似乎是现代人的观念，与古希腊思想颇为不合，希腊人对人性似乎并不乐观。最后我们来考察"希望"性恶说。

希望与欲望。

如果"希望"是善的话，那么正如某些学者所指出的，在同一个瓶子里放着性质截然相反的两种东西：福和祸，这似乎有些不合逻辑。赫西俄德也许是未加思索，把《伊利亚特》中宙斯装福的瓶和装祸的瓶合而为一了。② 因此，"希望"与诸神所送的其他礼物应该是一路货

---

① 《赫西俄德：神话之艺》，同前，第36—37,118页。

② "宙斯的地板上放着两只土瓶，瓶里是他赠送的礼物，一只装祸，一只装福，若是那掷雷的宙斯给人混合的命运，那人的运气就有时候好，有时候坏；如果他只给人悲惨的命运，那人便遭辱骂，凶恶的穷困迫使他在神圣的大地上流浪，既不（转下页）

色,都是"恶"。①

我们无限美化过的那种"希望"在赫西俄德所表达的人世无常、祸福难料的观念中,的确不会有什么位置。如果一切都是天意、一切都是命定,那我们还能有什么指望呢？如果宙斯想干什么就干什么,凡夫俗子的任何希望都显得十分多余。这种无助的人生观必然导致对希望的失望。古希腊诗人西蒙尼德斯(约前556—468)后来在这一点上比赫西俄德阐释得更清楚：

> 人类却遭受着难以抗拒的苦难,
>
> 他不可能不变坏。
>
> 任何人走运都会变成好人,
>
> 任何人倒霉都会变成坏人。
>
> 为神所爱,走好运才能成为好人

(接上页注②)被天神重视,也不受凡人尊敬"(《伊利亚特》24.526—532)。亚历山大里亚的注释家阿里斯塔库斯说得好,在潘多拉瓶中,美好的希望逃出去了,邪恶的希望留了下来。所以,希望之神并不是一位善神,而是恶神(参《修昔底德：神话与历史之间》,同前,第210—211页)。

① 也有不少学者从赫西俄德明确的教诲意图推断作者已经认识到了祸福相生相伴,人间没有绝对的福,也没有绝对的祸："在赫西俄德看来,生活不再是幸与不幸的偶然变迁,亦非受某种宿命的影响,而是现实中的善恶混合"(《赫西俄德：神话之艺》,同前,第37页)。此说虽然不无道理,但显得太现代化了,善恶的混合的确是赫西俄德的一个重要论题,不过与"神明"(或宿命)却是大有干系。关于赫西俄德所认识到的善恶一体的观点,我们只需要看看《神谱》中"恶"的谱系中总有善的存在即可,比如夜神生了许许多多可怕的"恶"神后,还生了友爱之神,而不和女神还生下了许多"凶神"之后,还生了调剂性的"誓言女神"。这就是赫西俄德的**辩证法**。不过这种辩证法似乎并不能直接保证"希望"就是善的,也许真正能够牵制瓶中飞出的万千罪恶的,乃是魔瓶之外高高在上的神明：神明根据人的行为赏善罚恶,而连同希望在内的那些罪恶不过是神明为了建立起宇宙间的道德大厦而预制的惩罚手段而已。因此从根本上说,人的行为中的正义才是幸福的最后堡垒(近于《奥德赛》开篇的"神义论"所讲的"咎由自取"的道理),而不是空洞的"希望"——这就是赫西俄德千方百计要宣谕的教诲。我们在五纪神话中看到只是赫西俄德对正义的不断塌陷的焦虑、痛心和绝望,却丝毫看不到对"希望"的无奈皈依。

所以我从不把一生的命运

寄托于空虚的希望，

追求不可能的事业。①

西蒙尼德斯绝佳地表达了古希腊人在命运和神明面前的"无助"（*helpless*）的感受，而这种"无助"就是凡夫俗子甫一看到惊艳无比的潘多拉时所面临的生存状态（《神谱》589），也是阿喀琉斯对生命的透彻领悟（《伊利亚特》24.524—525），就连宙斯似乎也拗不过命运，眼睁睁看着自己所生的凡人儿子在战斗中"命定"地悲惨死去（《伊利亚特》16.431ff）。② 于是，诗人西蒙尼德斯才不愿意把"一生的命运"（*μοῖραν αἰῶνος*）③托付给"空虚的希望"。而所谓希望的"空虚"（*ἄ-πρακτον*），在希腊语中也就是"徒劳"、"无益"，因为"做"（*πράσσω*，*practise*）不出什么成果，用今人的话说，当然就没有实践意义。

在希腊人看来，空虚的希望不仅"无益"，而且有害。首先便在于希望是盲目的，它诱使凡人僭越自己的命限，去探求神明所安排一切，甚至企图超越命运。④ 在埃斯库罗斯看来，普罗米修斯既把火和技艺带给了朝生暮死的人类，同时也把盲目的希望（*τυφλὰς ἐλπίδας*）

---

① 残篇 37.1.14—37.1.23，中文见水建馥译：《古希腊抒情诗选》，北京：人民文学出版社 1988 年，第 172 页。

② 古希腊人十分相信命运的强大作用，西蒙尼德斯的侄子巴克基利得斯（Bacchylides，品达的同时代人）写过一首诗专门谈"天命"，他说："人类不能自行选择繁荣昌盛，顽固战争或破坏一切的内乱，云飘临这儿幽飘临那儿，全凭赐予我们一切的天命"（水建馥译文，见《古希腊抒情诗选》，同前，第 218 页）。另，关于人的无助，参 E. R. Dodds. *The Greeks and the Irrational*, p. 29。

③ *μοῖραν αἰῶνος* 颇为难译，*μοῖραν* 本意指"份额"，人生总有定额，故引申为"命运"（大写即为"命运女神"）；*αἰῶνος* 是 *αἰών* 的属格，本意指"一生"、"世代"、"永恒"，也可以引申指"寿命"和"命运"。这两个词在"命运"的意义上颇为相近。我们在这里译作"一生的命运"，亦可作"命中的运道"。水建馥译作"有限的一生"。

④ 苏格拉底"自知自己无知"就是对那种妄想探明宇宙、世界或自然终极原因的"自然哲学"的批评，神意难测，超逾凡人的能力，强行去认识不仅无益，反而渎神（颇具讽刺意味的是，如此维护神明的人却死于"渎神"，即不信城邦所信的神明）。

放在人们心里,让人类不再预料着死亡,以此来治疗人的这种疾病
(《普罗米修斯》244ff)。普罗米修斯用希望来代替或遮盖住人的厄运
(包括死亡),从而让人不再面对死亡,结果"终有一死的人甚至连他
们本身的终有一死也不能认识和承受了"。① 埃斯库罗斯虽然没有海
德格尔这种沉重的神学负担,他借歌队长之口说"你给了人类多么大
的恩惠啊"(251),却也是对"希望"明目张胆的讽刺。尤其值得注意
的是,普罗米修斯先给人类以盲目的希望,然后才给人类以火,而且
普罗米修斯是受到了歌队长这般讽刺后,才回答说"对此,我把火也
给了他们"(252)。这里的"对此"(πρὸς τοῖσδε,或译作"因此";罗念生
译作"此外")可谓意味深长:我们似乎应该重新看待普罗米修斯的火
(而不是潘多拉的瓶)及其与"希望"的关系。

　　希望之所以是盲目的,是因为它的着眼点在不可预见的将
来——"将来"应该掌握在神明手中,凡人无权过问。因此,寄托于未
来的"希望"也是一种傲慢自大的罪行,也就是希腊人特别强调的首
恶 hubris。此外,希望又是轻松的、有翅膀的,就像孩子永远也抓不
到的飞鸟一样。② 对此,品达如是说:

　　　　人类许多愚蠢的希望,就在轻飘无用的谎言中翻滚挣扎。
　　世界上没有谁能从神明那里找到将要发生的事情的迹象。我们
　　对将要发生事情的认识乃是盲目的(τετύφλωνται)。因此许多事
　　情都与人们的判断相反。(《奥林匹亚赛会颂》12.5—12.10)

　　品达深知"人们在希望中追求那些无法实现的轻飘无用之物"
(《匹底亚赛会颂》3.23)的危害,他举例说,一个人如果少年得志,便
希望大增,容易飘飘然不知所以,最后遭到惨重的失败,要知道,人本

①　海德格尔:《诗人何为》,见孙周兴选编:《海德格尔选集》,同前,第413页。
②　参康福德:《修昔底德:神话与历史之间》,同前,第147页。

来不过是影子(般)的梦而已($\sigma\kappa\iota\tilde{\alpha}\varsigma\ \check{o}\nu\alpha\varrho\ \check{\alpha}\nu\vartheta\varrho\omega\pi o\varsigma$,《匹底亚赛会颂》8.88—97),柏拉图后来则把人看作"神明的玩偶"(《礼法》646d8,另参803c)。人世无常,天意难测,所以"希望"不过是神明惩罚人的手段而已,所以忒俄格尼斯说:"对人类来说,希望和危险都是相同的,他们两个都是严厉的神灵。"(1.637—638)[1]柏拉图引用品达的诗歌说:"希望"主要掌控着有死者多变的思想,[2]也就表明,希望诱惑凡人。希望背后就是欲望。在这里,我们又回到了问题的起点:欲望。

从荷马史诗开始,希腊人一直就把"希望"与"欲望"紧密地联系在了一起。希望就是一种广泛意义上的欲求,一种对"应然"之外的僭越性渴念,尤其是一种对不可企及东西的妄想。在荷马史诗中,赫拉、雅典娜和阿佛罗狄特各自都向帕里斯允诺了一种希望:权势、智慧和爱情,而在这三种欲望之中,最后一种与性欲相关,似乎更为根本,人、神似乎都无法抵抗,所以年轻的帕里斯把金苹果判给了阿佛罗狄特,因为阿佛罗狄特让帕里斯看到了一种能够满足欲望的希望。同样地,阿开奥斯人十年特洛亚战争也充满着各种渴念——很难想像如果没有强有力的支撑,会坚持如此久的惨烈战争。说白了,阿开奥斯人在战争中有着对海伦、她的财产、荣誉、赔偿(黄金、铜、马匹、女俘、铁、城池等)的希望或欲求。

如果荷马还没有把欲望与希望之间这层薄薄的窗户纸捅破,没有明确它们之间的亲密关系,只是从事实上作了一番精彩而详细的描述的话,那么,索福克勒斯在悲剧《安提戈涅》中,对"希望"与"欲望"的关系有了更直白的说法:

那**飘飘然的希望**对许多人虽然有益,但是对许多别的人却

---

[1] 康福德《修昔底德:神话与历史之间》中译本作"希望和危险是降临在人间的一对孪生子,他们都是邪恶之神"(第147页)。

[2] 品达残篇214,柏拉图《王制》331a8—9(郭斌和、张竹民的中译本作"永存的希望指向光明",让人有些不知所云)。

是骗局,他们是被**轻浮的欲望**欺骗了,等到火烧着脚的时候,他们才知道是受了骗。是谁很聪明地说了句有名的话:一个人的心一旦被天神引上迷途,他迟早会把坏事当作好事;只不过暂时还没有灾难罢了。(615—626)

所谓"飘飘然"(πολύ-πλαγнτος),本意就是让人多多地漂流,其词干核心意思就是"偏离正道",引申作误入歧途:希望本是飘浮不定的,很容易让人产生幻觉,从而被欲望的海市蜃楼引入沙漠深处。①因为"希望"与"欲望"具有相同的性质,都是轻浮飘荡的东西。这种轻飘飘的东西因为其轻松而特别吸引人,很容易让人耽于欲望,更可怕的是会让人沉迷在希望中,从而沉沦消亡。

作为政治哲学家的历史学家修昔底德可能比所有希腊人都更懂得希望与欲望之间的这种同质关系,他不仅把希望与欲望直接挂起钩来,而且点明了它们之间相辅相成的依存关系:

希望(elpis)和欲望(eros)到处都有;欲望在前引路,希望随后紧跟;欲望产生计划,希望则暗示计划可以成功,[结果]造成了最大的伤害。这两者虽不可见,却比可见的更可怕。(3.45)

希望是一种变相的诱惑:它哄骗人们指望将来,就好像它能够完全控制将来;因此它是一种自负的心理状态,一个围着好运转的诱惑女神,因此十分可怕。"贪欲之神(Eros)、希望之神(Elpis)与命运三女神(the Erinyes)属于同一此次。她们与愤怒之神和报复之神关系密切,也很容易与引起命运转折的恶意神扯上关系,因为这些转折往

---

① 欲望的欺骗性绝佳地体现在宙斯对众女子的勾引过程中:宙斯往往变成公牛或天鹅来欺骗凡间女子(这与弗洛伊德的"梦"的理论似乎也有些关系),参《琉善哲学文选》,同前,第126页。

往是由于过度自信、极度兴奋、一时盲目和暴力冲动而引起的。因此,这些激情在悲剧领域内占领了他们的位置。"①所以说,欲望与希望乃是近亲。

希望是留在潘多拉瓶中最后的恶,是"人间的诅咒",是凡夫俗子醒着的梦。据修昔底德说,希望是不确定的,它有别于人们生存其中的现实状态,但人们却往往不幸地把希望等同于现实,因此它既是无知的结果,又会造成新的无知——因为希望是人的本性,而这就意味着没有能力去认识真相(因为如赫拉克利特说,真理喜欢隐藏自己)。② 因此,希望的本质就在于妄想得到无法企及的东西,必然会给人带来更灾难性的盲目行为。"希望"这位煽动起欲望梦想的欺骗之神,悄无声息地逼近凡人,于是凡人变得盲目了,不能分清是非曲直,终会遭到疯狂的报复。③ 希望是一种致命的激情和渴望(ἐπιθυμία),靠它是鲜有成功的(修昔底德,6.13),灾难性的西西里远征就证明了这一点。古希腊有很多作品都在讲述同一个道理:在神明和命运面前痴心妄想和狂妄不安分的人,即妄想超越本分,必然没有好下场。

希望是骗人的。④ 即便"一生都虔诚地崇拜神明,并且处事公正,没有得罪过其他人"的人,也要遭到希望的欺骗。尼西阿斯就是这样一个虔诚的义人,他以为他们在西西里的巨大灾难已经可以让惩罚他们的神明心满意足了,尼西阿斯于是对未来抱着极大的希望(修昔底德,7.77)。但他等来的并不是美好的结局,而是灭顶之灾:既如此,我们在希望面前还有什么好说的?⑤

---

① 康福德:《修昔底德:神话与历史之间》,同前,第147、202、179页。
② 关于修昔底德对希望的看法,林国华教授作了深入的研究,见氏著《历史指令哲学——修昔底德〈伯罗奔尼撒战争史〉中的"希望"和"言辞"初考》,刊于刘小枫、陈少明编:《康德与启蒙》,北京:华夏出版社2004年,第277—292页。
③ 康福德:《修昔底德:神话与历史之间》,同前,第203页。
④ 关于希望骗人,参 Friedrich Solmsen. *Hesiod and Aeschylus*, pp. 110—111。
⑤ 康福德:《修昔底德:神话与历史之间》,同前,第176—189页。

这就是古典政治哲学的出发点。我们面对的不仅是潘多拉放出来的万千罪恶，还要严防她瓶中随时可能放出来的"希望"，因为"希望"这种乌托邦式的理念更花里胡哨，更有诱惑性，它对人的危害也就大得多。历史上众多的"乌托邦"都来自于人的不安分的欲望，结果都在不同程度上给人类带来了灾难。① 人类不断地成为新的"希望"="欲望"="乌托邦"试验中的牺牲品，同时，思想实验室中却不断地有人在炮制着新的"希望"。潘多拉的瓶，就是这样的理论实验室。

古希腊人可能明白这一点，所以他们对于"恶"的防范和治疗不是寄托在遥远的希望中（比如末日和来世），"希望"并不是奥林波斯的主神，也不是希腊人普遍膜拜祭祀的对象。古希腊人实实在在从当下做起，讲究"明智"（*phronesis*）和"审慎"（*sophrosyne*），在欲望横流的世界中与"希望"保持距离，在"审慎"和"克制"中从容应对"原罪"的不断诱惑。

---

① 柏拉图的《王制》早就辛辣地讽刺过一帮作为启蒙知识分子的热血青年对"理想国"的荒唐"希望"，不幸的是，后世许多同样激进的理想主义者还没有来得及读懂柏拉图的隐微批评，就匆忙把他的批判当作了他的主张，并着力模仿（就好像当今的小青年往往把警匪片看歪了，拿它当作自己实施犯罪的教科书和建立黑社会的指南）。更不幸的是，"希望"与"欲望"的疯狂倾轧中的受害者，大都把这笔帐算在了这位根本不相信现世"希望"的古希腊人头上。

第二章　司法

在司法程序中，首先要搞清楚事实，其后就是判决。由谁来审判、怎么判断以及如何执行等等问题，即便对于今天的法律来说，也并非无需考究。也许恰恰相反，这些问题在当今的社会调节过程中，依然是非常重要的环节，甚至本身就是法律的核心。

第一节　自救与法律

阿喀琉斯盾牌上争讼的双方对"案件"的事实没有疑问，他们争执的焦点在血酬上：这是一桩民事诉讼。但不管案件本身究竟是民事性质还是刑事性质，终归是一场争执。既然是争执，就需要得到解决——"不了了之"的佛法教导毕竟不是生活的日常状态所能兼容的高超境界。于是，争讼的双方都同意把这桩案子交给第三方来处理：

> ἄμφω δ' ἱέσϑην ἐπὶ ἴστορι πεῖραρ ἑλέσϑαι
>
> 双方都想[把争执]交给histor来做个了断。(18.501)①

---

① 此处的希腊文究竟读作 histor 抑或 istor，以及它究竟指"公判人"（罗王译本）抑或"仲裁"（陈中梅），甚至"神明"，如此等等，正是本章的重点，这里暂不　（转下页）

这行诗在法律上具有非常重要的意义,它表明法律作为一种解决问题的手段正式登上历史的舞台(如果不考虑"黑暗时代"之前早已湮灭的《格尔蒂法典》)。争执的"双方"构成了法律的主体,而且双方都希望($i\acute{\varepsilon}\sigma\vartheta\eta\nu$)能够对此作个了结($\pi\varepsilon\tilde{\iota}\varrho\alpha\varrho$),并自愿地把争执交由第三方来处理或判决($\grave{\varepsilon}\lambda\acute{\varepsilon}\sigma\vartheta\alpha\iota$),第三方 histor 或 istor 就成了"司"法者。如此,这行诗除了没有给出司法者的判罚所依据的法律而外,其他法律条件都已具备。但如果考虑到当时的法律都是不成文或口传的,即神圣的法律存在于人们对神明的顶礼膜拜中,或者现实一点,代代相传的法律就存在于 histor 的头脑中——他们靠记忆并依据习惯和案例来判决的话,那么,histor 的出场本身就已经带出他们所依据的法律来了,因此,荷马史诗中这行不起眼的诗歌其实就已经把法律的所有因素都或明或暗交代清楚了。我们的任务就是要弄清楚这些或明或暗的因素。

接下来便是具体的审判。但荷马史诗只描写了法庭正式审理之前的一些场景,并没有详细描述具体的审判过程,因此其语焉不详的刻画便给后人的理解带来了极大的困惑和分歧。不过,我们在现有的材料中亦能看出个大概来。史诗如此写道:

> 他们的支持者大声呐喊各拥护一方,
> 传令官努力使喧哗的人们保持安静,
> 长老们($\gamma\acute{\varepsilon}\varrho o\nu\tau\varepsilon\varsigma$)围成圣圆坐在光滑的石凳上,
> 手握嗓音宏亮的传令官递给的权杖($\sigma\kappa\tilde{\eta}\pi\tau\varrho\alpha$),
> 双方向他们诉说,他们依次作决断($\delta\acute{\iota}\kappa\alpha\zeta o\nu$)。
> 场子中央摆着整整两塔兰同黄金,
> 他们谁解释法律($\delta\acute{\iota}\kappa\eta\nu$)最公正,黄金就奖给他。(《伊利亚特》18. 502—508)①

(接上页注①)讨论。为了方便起见,我们把它读作 histor。

① 罗念生、王焕生译文。陈中梅译作:"公众意见不一,双方都有人说话帮 (转下页)

现场的公众(laoi,罗、王本意译为"支持者")显然就是双方当事人的亲友,他们大声的呐喊通常被理解为民主的标志,但从这里的情景来看,混杂无序的喊声既不是有条理的法庭陈述,也不是施政纲领的激烈辩论,对最后的决断无论如何都不会产生决定性的影响,因此与民主毫不相干。与此相似的是,体育比赛与民主制度实则风马牛不相及,而且体育比赛的疯狂呐喊也不会直接决定谁胜谁负(不是谁的支持者嗓门大谁就可以不战而胜),也不会推翻裁判的决定。只不过在这两种颇为相似的场合中,尤其是当法律与习俗、公意或舆论还没有截然分开的时候,大众的呼声在一定程度上会影响长老(法官、裁判或 histor)的判决,但即便如此,这种影响也极为有限:否则就会出现"公说公有理"的不决场面。那些民主人士在这个场景中过分夸大了公众的作用,否则,还拿 histor 和长老们来干什么,又把神意置于何地?

既然发生了争执,就要采取措施,使之得到最终解决。这里所说的"了断"(πεῖραρ),本指绳索,是一种用来丈量的工具,后来进一步引申指丈量的结果,比如界限、范围、尽头(如"大地的尽头")和(了断的)结果等,渐始而有了法律的意义。[①] 如果说"胜利的绳索操在永生的天神手里"(《伊利亚特》7. 102)中的"绳索"还是本意的话,那么,"毁灭的绳索套在特洛亚人的脖子上"(《伊利亚特》7. 402),"死亡的绳索已缚住你们每个人"(《奥德赛》22. 41),其中的"绳索"就已经具有了很强的法律内涵,实际上就是"解决"(settlement)之意。后来 peirar 这个词指与起点 arche(哲学上即所谓"始基")相对的绳索的末

忙。使者挡回人群,使长老们得以评说会商,端坐溜光的石凳,围成一个神圣的圆圈,手握嗓音宏亮的使者们交给的节杖。两人急步上前,依次陈述案情的短长,中间放着两塔兰同黄金,准备支付给评议最公的判家"。陈译似乎不如罗、王译本更贴近希腊文,尽管后者也同样存在可商榷的地方,尤其是对 dikazon 和 dike 的理解——西方学者在 dike 的理解上也存在着巨大的分歧。

① 参 Rapheal Sealey. *The Justice of the Greeks*, p. 103。

端,也就是最终的解决,在法律上就是"终审",①此后不再有遗留问题纠缠不清。

　　争执的双方"自愿"把纠纷交给第三方来处理,看起来似乎毫无强制的成分,有的学者便由此推断出阿喀琉斯盾牌上这个案件仅仅是"仲裁",而不是严格的司法程序,因为它不是正式而公开地按照既定程序来处理。加加林就认为荷马史诗中的纠纷都是基于当事人"自愿"协商解决——最多也不过把这种"自愿"扩大到以第三方为手段的程度,采用的都是非正式的解决方式,算不得法律。在他看来,阿喀琉斯盾牌上的这场纠纷是双方自愿寻求仲裁;而墨涅拉奥斯和安提洛科斯的争执也并未进入司法程序,而是双方友好协商解决的;赫西俄德在与乃兄的遗产纠纷中更是主张"私了"主义;即便在被认为是最严格最古老的司法文本的埃斯库罗斯《欧墨尼德斯》(Eumeni-des)中,加加林也强硬地认为其间诞生最高法庭或战神山议事会等程序还算不上"法律"。在他看来,这场追逐与逃跑的双方,即奥瑞斯特斯与欧墨尼德斯们,②自愿把前者为父报仇而弑母的罪行交给第三方雅典娜来审判,尽管陪审团宽赦了奥瑞斯特斯,但并未最终解决问题。由此,加加林对古希腊早期解决纠纷的方式作了非"法"的理解,即认为那不是法律,甚至不认为那是法律的原初方式,即私力救济(self-help,或作"自救"),并认为在荷马史诗中,没有哪一场纠纷是用"自救"方式来解决的。③ 在加加林眼中,早期希腊法律里只有"私了",没有"司法"。

　　那么,具有强制性的法律又如何从"私了"(甚至"仲裁")中产生呢?这种"私了"理论只好引入公众意见或舆论,认为"私了"的双方有时也会请大家都认可的双方来仲裁,久而久之,公众意见越来越鼓

①　参 John L. Myres. *The Political Ideas of the Greeks*, p. 202。

②　Eumenides,直译为"慈悲女神",乃是希腊人对凶恶的复仇女神的好听的称呼。陈中梅译作"善好者"。

③　参 Michael Gagarin. *Early Greek Law*, pp. 26—50,尤其 p. 28n. 30,pp. 41—43。

励这种求助方式,最后在实践中便从这种习惯作法中产生出强制性来。但仔细研究就会发现这种理论其实不太站得住脚,尤其不能说明法律强制力的来源。它既没有解释受害者为何要放弃自己单独实施报复或追讨权的原因,也没有说明公众意见是如何左右双方的私了过程,并最终获得普遍认同的权威地位,成为习惯援引的标准。这种理论无法解释后来依然还留存在雅典司法程序中的"自救"现象,甚至从根本上说,无法阐明法律的根基和来源问题:法律虽然是从仲裁演化而来,但仲裁又从何而来呢? 加加林的说法不能有效地说明这一点。

我们在加加林的上述理论中,看不到任何强制性的力量:争执双方自愿把纠纷交给第三方来仲裁,其实不过是民间的私人行为,谁也管不了谁,即便明白事理的第三方似乎也无法对仲裁本身提供多少可靠的保障。这样一来,由于缺乏强力的介入,这种私了理论其实很软弱,很难解决问题。

为此,以沃尔夫(H. J. Wolff)为代表的另一派提出了"自救"理论来解决上述"自愿"或"私了"理论的难题。[1] 这一派人士假定了一种法律的"自然状态",即一种没有法庭的社会状态,而且这种状态下的人也谈不上道德修养和文明教化,也就是可能缺乏公平、仁慈和诚实,因此如果发生争执的话,通常靠武力来解决,比如受害方靠打赢对方来说明自己的合法性,并逼迫对方主动赔偿,或者强行从肇事者那里取走同等或稍大价值的东西。但如果一方(甚至双方)对自己的体力不自信,同时对自己在社会中的政治地位也没有足够的把握——政治地位在任何时代似乎都能极大地影响到任何问题的解决结果,于是就不会首先考虑用武力来解决问题,而是诉诸更为有力的第三方力量,以较为和平的方式来追讨或维护自己的利益。不管是以武力还是以和平的方式来解决问题,都叫做"自救"(或私力救济)。

---

① 参 Rapheal Sealey. *The Justice of the Greeks*, pp. 107—111。

　　靠武力来自救的方式存在着很多弊端，而且即便被告一方在力量和势力上较弱，他也不会束手就擒。在所谓"自然状态"中，社会中虽然没有法庭，但却有首领、长老、官员和 histor 之类的主事者，势单力薄的被告往往会"逃"到这些主事者那里，寻求保护。主事者会给前来寻求庇护的"乞援人"提供临时的保护，以避免被告受到原告过度的追索甚或不义的对待。然后，主事者会召集某种形式的审理会，也就是今天所说的"法庭"。如果审理结果对原告有利，这时主事者就会撤回他的保护（任由原告处理?）；如果被告获胜，那么"公共权威"就会尽其所能来帮助被告。这在《欧墨尼德斯》中表现得最为完整。

　　这种"自救"理论较为符合古代的司法实践。其中，原告叫做"追方"（ho diokon），被告叫做"逃方"（ho pheugon）。雅典的司法程序有两个阶段，先由某个公共官员（通常是九个执政官中的一位）来预审，也就是初步听证，这个过程叫做 ana-krisis（调查、预审）。接下来才是实实在在的审判（dikasterion）。雅典人认可并充分尊重每个人的"自救"权力，包括用武力追讨自己的利益，但他们也知道"自救"的危险，因此设计了种种办法来限制"自救"。比如，丈夫有权在捉奸现场杀死奸夫，但如果没有充分的证据，那么丈夫只能把嫌犯捆绑扭送到公众场合（如主事者那里），[①]然后开始两阶段的审理过程。如此，个人的"自救"权力既可以得到有效的保护，社会对个人权力的滥用也可以作出最大程度的限制。尤其重要的还在于，由于有官员的参与，保护、审理和执行都能得到充分的保证：法律生长在政治的土壤上。

---

①　参考《奥德赛》第八卷中赫菲斯托斯、阿瑞斯和阿佛罗狄特的故事，稍有不同的地方在于：赫菲斯托斯虽然是在现场捉奸拿双，但他并没有"合法"地杀死奸夫，而只是把两位当事人赤裸裸地捆起来了。后来虽然没有严格意义上的审判，不过众神的参与，尤其是波塞冬的介入，从某种程度上说，当然就是那个时候特有的"审判"。

回到阿喀琉斯盾牌上的那场纷争中。由于史诗并没有说被告方曾寻求官员或长老的庇护，而只是同意把案子交给 histor 去处理，看起来好像不符合沃尔夫的自救理论。而且我们甚至无法明确地判断那里所发生的事情究竟是仲裁还是审判：双方都渴望（hiemi）让一个 histor 来作了断，这看起来更像"仲裁"——很多学者都把 histor 译作 arbitrator（仲裁者），即表明大多数人都倾向于把这种解决方式理解"仲裁"。但从另一个方面，也就是从场景和程序的庄严性，尤其是长老们手中所握代表权力、威仪和神圣的权杖来看，似乎又像是一场严肃的审判，具有极高的强制性。荷马史诗中的这个场景似乎都能支持"仲裁"说和"审判"说，同时也好像两种说法都不太支持，让后人争论不休。

其实，要理解这个场景的性质并不太难。荷马史诗是一部文学作品，而不是司法案例汇编，没有必要详细记录审理过程的每一个环节。荷马只是描述了整个纠纷过程的某个片断，我们完全可以从其上下文推知很多细节，比如杀人的原因与过程，赔偿的程序与见证，纠纷的起因与经过等等。而且尤其重要的是，沃尔夫的理论重点在于"政治"的参与以及社会"自救"权利的限制，而不在于暂时保护被告，以免于遭受原告过激的行为。如果被告与原告势均力敌，用不着去寻求庇护，这也依然于自救理论无碍。更何况，在阿喀琉斯盾牌上，双方已经进入审理过程，那么主事者的庇护环节完全可以略而不谈了。

如前所述，"自救"或"私力救济"在现代是与法律背道而驰的，但法律却是从特定的"自救"形式中演化而来的。法律既尊重个人的意愿和权力，也清楚地知道因人性的缺陷而存在滥用权力的极大可能性，因此，对包括自救在内的权力的使用必须作严格的限制，并用更为理智、审慎、客观和适度的"他救"来保证、维护、补充、修正和规范个人的权力。一言之，法律的就是一种可控的自救，而法制史也就是从未受控制的自救走向受控自救的历程（from uncontrolled self-help to controlled self-help)。① 人类的其他所有方面，比如政治、军事、经济等，不都是如此吗？

第二节　histor 考辨

双方都同意把纠纷交给 histor 来了断。但 histor 是谁呢？这个问题与我们对 dike 的理解直接相关：histor 是 dikazon（18.506，即 dike 的动词）的执行者或监理者，因此也就是 dike（18.508）的生产者和维护者。由于人们在 dike 的理解上一直存在巨大的分歧，histor 的身份相应地就有些晦暗不明了。不过与后来上升为政治哲学和法哲学核心观念的 dike 相比，histor 显然远不那么重要，围绕着它的争论也少得多，这似乎不难把握。其实，如果说有关 dike 的争论事关思想的路数和实质的话，那么人们在 histor 身份问题上的争论最多不过是 dike（正义、裁判）的方式而已，仅仅在很有限的范围内与 dike 的外在形式相关。不过，histor 因与后来发展为一种重要写作方式因而也是我们看待世事的新视角的"历史"（historia）一脉相承，故又颇为重要，连同 dike 一起，都值得悉心梳理。

学术界对 *histor* 的身份或所指，有三种主要观点。最流行、最常见也最符合后世常识的看法认为 *histor* 指出席审判大会的长老，当事人自愿把争执交给最有权威的长老们来裁决，而他们的裁决类似于今天的仲裁，因此，*histor* 常被译作"仲裁者"。这一派持"仲裁说"，以德国古典语文学家霍默尔（Hildebrecht Hommel）为代表，②后来，加加林和斯塔尔（M. Stahl）分别从不同的角度给与了支持，他们的区别在于霍默尔用的进化论方法，而后来者依据的是人类学素材。

---

① Rapheal Sealey. *The Justice of the Greeks*, p. 111.

② Hildebrecht Hommel. Die Gerichtsszene auf dem Schild des Achilleus. Peter Steinmetz (Hrsg.). *Politeia und Res Publica*. Wiesbaden: Franz Steiner Verlag GmbH, 1969, ss. 11—38.

在加加林看来,仲裁是"前文字时代"的"正式而公开的程序",斯塔尔则把仲裁看作"前国家时代的程序",这两种说法并无实质区别,仅仅用语不同。[1] 但古典语文学、进化论、人类学等方法,似乎不是进入遥远古代的最佳方法。[2]

第二种观点则从 histor 的语义出发,认为 histor 不是专指围成圣圈而坐的长老,因为长老们不是这场纠纷的裁断者,而且其解决方式也不是仲裁。这一派以前面提到的沃尔夫为代表,在他看来,在荷马时代,仲裁似乎不足以成功地压制无政府状态,因为在当时在今天所说的私人仲裁背后还有一个更高的权威。如前所述,会场上的长老只起着为当事人提供临时保护的作用,用沃尔夫的话说,就是临时的"police protection"(警察保护),一方面避免过激的报复行为,保证更为合理的私力救济得以顺利完成,另一方面,长老们对私力救济的结果也起着监督执行的作用。整个处理过程并非是一个仲裁过程,因此,在沃尔夫看来,histor 不是一个仲裁者,而是指一个对事实具有直接知识的人,能够为纠纷提出直接的最终解决方案。[3] 这个人甚至可能是现场的民众,如果他具备足够的能力来解决问题,那么,长老就会采纳他的意见,并且把场地中央的两塔兰同黄金奖赏给他。[4] 这种

---

[1] 参 Gerhard Thuer. Oaths and Dispute Settlement in Ancient Greek Law. See L. Foxhall and A. D. E. Lewis (eds.). *Greek Law in its Political Setting*, pp. 59—60。加加林的看法见氏著 *Early Greek Law*, p. 31n. 37.

[2] 现代人已经认识到"语文学"方法的局限性,尤其是在所谓"荷马问题"上表现得尤为突出,参拙著《荷马史诗导读》,同前,第 104—116 页及相关文献。关于人类学、历史学等科学在古典研究上的局限,参 M. I. Finley. *The Use and Abuse of History*. London: Penguin Books, 1990, pp. 87—119。

[3] Gerhard Thuer. Oaths and Dispute Settlement in Ancient Greek Law. See L. Foxhall and A. D. E. Lewis (eds.). *Greek Law in its Political Setting*, pp. 59, 61.

[4] John L. Myres 在解释阿喀琉斯盾牌上这个场景时,兼采了这两种观点,但不无偏向。他认为本意为 man-who-knows(知道者)的 histor 起着裁判(umpire)的作用,它要么指整个长老团体,但更可能指那个最终提出双方都能接受的最正义(mot juste)解决方案的人,这个人则无论是谁。无论如何,histor 都不太可能指长老,更不可能指长老会的主席(*The Political Ideas of the Greeks*, pp. 202—205)。

解释似乎带有很强烈的民主色彩,而民主在当时尚不存在,因此,沃尔夫的理论尽管有其相当的合理性,但毕竟不够完善。

第三种观点更为有趣,其代表人物 Thuer 认为 histor 是神。他首先全面考察了沃尔夫和加加林等人的看法,同意沃尔夫的"私力救济"说(但不同意沃尔夫对 histor 的翻译),反对加加林的"仲裁"说,然后,提出了一个新的看法,"盾牌上的 istor(按即 histor)无非就是当事人凭之立誓的那位神明或那些神明"。① Thuer 的这种看法建立在他对 dike 或 dikazein 含义的独特理解上,也建立在他对"长老的作用"和"荷马社会性质"的定位上。在他看来,后世译作"正义"的 dike 在此时与其说像通常所理解的那样具有法律意义,不如说更具有宗教含意。相应地,dikazein 也就不仅仅是"审判"的意思,即"正一义或正一直的解决纠纷",而且还具体地指这种审判的关键之处在于"选择正确的誓言":如果说誓言选得正确、正当或恰当,那么问题或纠纷也就迎刃而解了,因为誓言判决在当时乃是最常见也最具有法律效力的审判方式。

如此一来,histor 就是那位恰当的或正确的立誓的对象,那么,盾牌上的图景就可解读为:当事人双方都同意通过发誓来解决纠纷——这在今天也许不好理解,因为这种方式似乎很难奏效,但在荷马时代,这不仅是可能的,而且也可能是最有效的。既然 histor 不是长老,而是神明,那么,长老们兴师动众大模大样莅临现场,又该起到什么作用呢? Thuer 认为长老们在这个过程中只负责制定不同的誓言,并评判哪个誓言最恰当。所谓最恰当,也就是说,哪种当事人该发何种誓言,以及该向哪位神明发誓。来到现场的长老不仅"听一证",而且还"听一誓"。Thuer 不仅在柏拉图和亚里士多德的文本里找到了支持,而且在《格尔蒂法典》和巴比伦法律中找到了例证,以此

---

① Gerhard Thuer. Oaths and Dispute Settlement in Ancient Greek Law. See L. Foxhall and A. D. E. Lewis (eds.). *Greek Law in its Political Setting*, p. 69.

来反对沃尔夫和加加林这两派的观点，从而得出结论："自愿仲裁和警察力量对私力救济的控制都不是早期希腊解决纠纷的原则，毋宁说超自然手段的控制，也就是加诸决定性的誓言，才是其原则。"①这种说法虽不失为一家之言，但似乎让现代人有些难以接受。不过，远古时代的私力救济与法律都同宗教有着极为密切的关系，罗马人也经历了从私力救济到法律的过程，而且这个过程与宗教密不可分："从自我救助向法定裁断的过渡，……走的是一条曲折的道路，穿越着早期'法'所据以生存的宗教领地。"②

以上三种看法，似乎都有一定的道理，目前我们还难以作出评判。为此，我们需要更多的证据。在《伊利亚特》中，除了第 18 卷描写阿喀琉斯盾牌上的这个争讼场面外，另外还有一个地方出现了 histor 一词，这就是前面所提到的墨涅拉奥斯和安提洛科斯赛马的场景。当时，旁观的两位英雄埃阿斯和伊多墨纽斯就欧墨洛斯和狄奥墨得斯谁先谁后的问题发生争执，伊多墨纽斯怒不可遏提议打赌（原文为"绑上"，近于我们赌钱时所谓"押上"），并请阿伽门农来当 histor（23.486）。与在阿喀琉斯盾上图景的理解一样，学术界一般都把 *histor* 看成"仲裁者"，争执双方自愿把纠纷交给第三者来仲裁。但 Thuer 认为在这个过程中，谁的马先到达终点这一问题似乎不成其为一个真正的问题，每个人凭肉眼就能作出判断。这个铁板钉钉的事实不需要阿伽门农来裁决，他的唯一任务就是担任"保人"，保管赌品并在最后把它交给胜利者。因此，阿伽门农这位 histor 不是仲裁者，而毋宁是这场赌赛的中保。Thuer 还在公元前三世纪波俄提亚地区的金石材料中找到了旁证。③

---

① Gerhard Thuer. Oaths and Dispute Settlement in Ancient Greek Law. See L. Foxhall and A. D. E. Lewis (eds.). *Greek Law in its Political Setting*, p. 69. 不过，这里似乎与《伊里亚特》的古注有些不合。

② 格罗索：《罗马法史》，黄风译，北京：中国政法大学出版社 2009 年，第 94 页。

③ G. Thuer. Oaths and Dispute Settlement, p. 68.

按照这种理解,那么,阿伽门农就不是像通常所理解的那样充当"证人",而是担当起阿喀琉斯盾牌上的那些"长老"们的责任,负责为打赌的双方选择恰当的发誓方式和对象。但这种理解与此处的文本似多有不合。如果说描述阿喀琉斯盾牌场景的 histor 还可勉强解释为"神明",是因为上下文中出现了动词 dikazein 作为支撑,即,把 dikazein 解释为"组织誓言",就可与作为誓言对象的 histor 前后呼应。但,23 卷中的 histor 前后并没有 dikazein 之类的动词来引导和暗示,而且这里的 histor 作名词,是"阿伽门农"的补足语,也就是说,histor 与"阿伽门农"有着直接的关系——阿伽门农就是 histor,这句话的意思其实十分明显:当事双方同意把阿伽门农设立为 histor。但阿伽门农并不是神明,因此,Thuer 的解释在这里就遇到了困难。

我们当然不会因为某种解释遇到了困难就全盘否定它,相反,这或许正是问题的"硬核"所在,或者说这种困难本身就已经昭示了走出困境的方向。Thuer 的解释似乎有过度之嫌,但他的大方向是正确的,这个方向与梅因和库朗热所指出的方向大体一致:我们或许只有在神义论语境中解读早期文明,可能才更接近历史的真相。在荷马史诗时代,人们对神明的依赖或许超出了神学一统天下的中世纪的情形,甚至可能超出了我们现代人的想象。

为此,我们需要进一步寻找佐证。

在荷马史诗中,有一个词与 histor 同根同形,意思也极为相近,可以互参。这个词就是动词 ἴστω(拉丁化作 isto),它经过变格变位后的名词词形与 histor 十分相似。在荷马史诗中,isto 出现了十多次,意为"见证"、"作证",往往与"誓言"连用,[①]也就是为誓言作证。而且 isto 的主语多为宙斯、赫拉或河神之类的神明,因此,荷马史诗

---

① 比如《伊利亚特》7.411,10.329,15.36,19.258;《奥德赛》5.184,14.158＝17.155＝19.303＝20.230 等。仅有的一次例外是《奥德赛》16.302:"不要让拉埃尔特斯知道"(isto),这里的 isto 就是在其词根意义上使用的。详细的分析见下文。

中与誓言相连的"作证"更多地具有宗教意义，而不是今天凡俗世代所具有的法律意义。这种"作证"的主体并非是与当事双方具有平等地位的第三方，而是远远高于当事人的神明，这种"证人"不是为法庭提供证据，而是要么直接审理，要么为凡夫俗子的审判提供最后的根据或保证。神明在希腊文明中被称为 histores（证人，即所谓"神明为证"），这是理解 histor、isto 和 historie（后世所谓"历史"）的基础。

从词源上说，isto 和 histor 都来自于动词 $\varepsilon i \delta \omega$（eido），本意是"看"，其名词形式即是大名鼎鼎的 eidos，本指看见的结果，即"形状"、外貌、姿态、形式，进一步抽象成所谓的"理念"。另一个表示"理念"的词 idea，也是由 eido 变化而来，是 eido 的不定过去式 eidon 的不定式 idein 的名词形式。学术界公认 isto 和 histor 以及后世由此引申而成为一个重要学科的 history，都来自于-id-和-eid-或-oid-，[①]其最基本的含义就是"看"，而这种"看"实际上也就是一种"调查"和"研究"，后来引申为"知道"，再进一步引申为"作证"，最后引申为"裁断"（把这些裁断记录下来，就是"历史"）：既然亲自"看到"了，当然也就"知道"了，也就能够"作证"，眼见为实嘛。再由此扩展开去，"看到"的东西多了，"知道"的也就越多，见多识广即是说明知识的来源在最初的阶段主要是通过"眼见之实"。这里所说的"看到"，当然就不仅仅指向一个或个别的事实或对象，而是一般而言更为广泛和普遍的看到，那些见多识广的人能够见他人之所未见，在经验和知识方面高于一般人，自是发生纠纷时最合适的裁判者——不管其裁判方式是间接地通过为纠纷提供其他方面"证据"（尤其是"历史"上可资借鉴的间接的道理上的"证据"），或者通过组织双方当事人恰当地发誓来解决争端，还是直接对具体的纠纷之是非曲直提出最后的"看"法。

---

① E. D. Floyd 提出了另外的看法，他认为 histor 来自于 $\dot{\iota} \zeta \varepsilon \iota \nu$，意思是"坐下"，另有"召集人"之意（见 Mark W. Edwards. *The Iliad: A Commentary*. Vol. v, books 17－20. Cambridge University Press, 1991, p. 216）。

从 -id- 或 -eid- 到 isto，再到 histor 和 history 的演变过程中，虽然还有很多细节有待研究，但我们已可以看出这些术语的内在关系，而后来出现的词语无疑集成、浓缩和凝结了此前的一些概念于自身。那些见多识广的人，当然就是知"道"的人，因此有的学者把阿喀琉斯盾牌上的那个 histor 直接译为 knower（知道的人），或者意译为 the wise man（聪明人），而更多的人则根据此处的事件性质而把它引申译为 arbitrator（仲裁者）。

在荷马史诗中，isto 通常作"见证"解，其基本含义就是"让……知道"，比如在《奥德赛》中，奥德修斯告诫儿子，他自己的身份或他已经回到伊塔卡的事情，"不要让拉埃尔特斯知道"（isto，16.302）。但 isto 这个词更多地与神明相联系，很多重要的事情都需要让神明知道，尤其是郑重发出的誓言。让神明知道这些誓言，也就是邀请神明来为誓言作见证（比如《伊里亚特》7.411，《奥德赛》5.184 等）。神明只是为誓言"作证"或"作见证"，看起来不直接参与誓言当事各方的事务，不是直接的仲裁者或公判人，但在那个离神明并不遥远的时代，人们对神明的依赖或者说神明对宇宙秩序（当然也就包括人间秩序）的绝对权威，本身就说明了神明在凡间事务上的"本体地位"：神明是不出面的终审法官，也是礼法的基础和保证。

从这个意义上说，histor 所具有的权威，直接来自神明，来自于宙斯，histor 甚至就是宙斯在凡间的代理人，凭借宙斯所赐予的神法来裁断人们的纠纷，并且据此来代替宙斯直接管理其他各种事务。因此，histor 之为"知—道"的人，他所知的不仅仅是纠纷中的具体证据，更是知道或懂得神圣的法则，这是他高于普通人的地方：他的所见是见他人之未见和不能见。野蛮的库克洛普斯之所以野蛮，就因为他们不知道（εἰδότα）正义和宗法（θέμιστας，《奥德赛》9.215），也就是以神明"忒弥斯"的名义宣示的神圣规则。这样的 histor 既然见到了神圣的法则，掌握了天地大法，当然也就掌握了正义，手握神明传递下来的"权杖"，能够公正地审察和处理凡间的事务，因此也就具有了赫西俄德笔下"理想的国王"特征(《神谱》80—93),①而这样的统治者本来从一开始就是人们不断呼唤和祈求的裁判或管理者(包括柏拉图笔下的哲人王)。在赫西俄德《劳作与时令》792行中,historia就不是荷马史诗意义上的"法官",而是该词最原始的含义所指的"聪明人"、"博学的人"或"懂道理的人"。②

要充分理解histor,我们还需要适当做一些扩展研究。如前所述,阿喀琉斯盾牌具有一种"戏剧功能",③也具有一种教育或劝谕的功能。盾牌上的图景是一个逐渐下降的过程:安居乐业的婚庆场景是一种理想的和谐社会,接下来就是一场相对还较为和平的法律诉讼,然后就是一场血腥的战争。法律诉讼处在中间的位置,起到了所谓承上启下的作用:如果能够正确地对待人的无穷欲望所必然带来的无尽纠纷,人们就可以上升到美好的生活状态中去,而如果处理不当,则必定会引来战争——特洛亚战争正是欲望(不管是美人还是财富)的不当发泄以及不当的处理所造成。而诉讼场景中的伤害者和受害人发生了纠纷,最后受害一方拒绝接受赔偿,亦折射了阿伽门农与阿喀琉斯之间的纠纷,以及阿喀琉斯拒绝接受阿伽门农的赔偿。从小的方面来看,盾牌上的这个纠纷及其解决的场景反思的是阿伽门农与阿喀琉斯之间的冲突,从大的方面来看,这个场景更为深刻的反思对象则是阿开奥斯人与特洛亚人之间的国际纠纷:荷马(史诗)就是对这场纠纷的裁判或主审法官,也就是说,荷马(史诗)试图去"看"、"审视"甚至"审判"一场国际之间的纠纷,这与希罗多德的《原史》异曲同工了。

从辞章来看,history是理解histor的重要参照,那么,希罗多德的《原史》(History)当然就是荷马史诗的镜子了。希罗多德在自己的

---

① Gregory Nagy. *Pindar's Homer*, p. 255.

② 参M. L. West对《劳作与时令》的注疏,同前,第357页。

③ Ibid, pp. 252, 259.

著作中,开篇就提到了 histor 的变化形式,而他自己本身就是在审理希腊和波斯之间的战争,因此如果说荷马是希腊—特洛亚战争的 histor,那么希罗多德就是希波战争的 histor。《原史》第一句话如是说:

> *Ηροδότου Θουρίου ἱστορίης ἀπόδεξις ἥδε*
> 这里发表的是希罗多德的 historie。

希罗多德为什么要发表他的 historie 呢?他接下来便继续说:是为了保存人类的功业,使之不致由于年深日久而被人们遗忘,为了使希腊人和异邦人的那些值得赞叹的丰功伟绩不致失去它们的光彩,特别是为了把他们发生纷争的原因给记载下来。[1] 希罗多德《原史》这个序言,与《伊里亚特》的序言(1.1—7),正好互相对应(但这似乎并不能说明希罗多德在模仿荷马,但历史出于史诗,却已是学界公论),只不过希罗多德《原史》序言间接地宣布自己在寻找希波战争的原因,而《伊里亚特》序言则直接讲明了这部史诗的框架:正是阿喀琉斯与人民的国王阿伽门农的纠纷而导致了无数的苦难。所以,尽管《伊里亚特》开篇并没有出现《原史》中的 historie 字样,但无疑同样也是对纠纷原因的调查和记载。当然,在更大范围内,希腊人和特洛亚人的纠纷则是因帕里斯勾引海伦而起(比如可参 7.374,7.388 等),而更深刻的原因则在于人类无休无止的欲望。

由此可见,希罗多德这里所记载并公开发表的 historie 并不是后世所说的客观而真实的 history,尽管 history 是从历史之父希罗多德的 historie 演变而来,但希罗多德最先在使用 historie 这个词时,其含义不是后世那种客观记述。而希罗多德之为"历史之父"(西塞罗语),其实也是一个很成问题的头衔,如果把它给予修昔底德,似乎还

---

[1]　希罗多德《原史》,1.1,见王以铸译本。

更合适一点。后世学者认识到，尽管希罗多德"第一个润饰历史这种体裁"(princeps genus hoc ornauit)，①也就是用散文而不再用诗歌的形式讲故事，革新了著述的方式，开创了私人著述的先例，并且他那部巨著被后世视为历史之源而有着 history 的名称，但"我们几乎无需提醒希腊学者，动词ἱστορέω，或者名词ἱστορία，在这位作者那里从来就没有后来的记录和纪念的意思"。② 在希罗多德那里，historie 这个词不是后世的"历史"，而应该是"探究"的意思，这与修昔底德更为"科学"的历史撰述大不相同。③

希罗多德在其著作开篇（以及在第二卷 119 节）所提到的 historie，并非后世所谓的"历史"，④因为希罗多德撰述的目的并非是要忠实地记载希腊人和波斯人之间的这场战争，而是要审理这场战争，为后世提供借鉴。出于这种想法，希罗多德的记载的确很不像一种历史，他不惜把各种传闻、神话以及自己杜撰的故事写进著作中，因此正如普鲁塔克所见，希罗多德的著作看起来更接近于"伊索寓言"，⑤

---

① 西塞罗：《论演说家》II. 55，见王焕生译本（北京：中国政法大学出版社 2003 年），第 243 页。西塞罗对修昔底德评价也相当高，"在我看来，他很容易地在语言艺术方面超越了所有的人。他记述的事件如此纷繁，内容如此丰富，以至于书中的思想不少于词语的数量；语言是那样的合适和凝练，以至于令人难以断定究竟是语言使事件发光，还是思想使词语生辉"（同上）。

② Dawson W. Turner. *Notes on Herodotus: Original and Selected From The Best Commentators*. London，1847，p. 2.

③ 参 W. W. How and J. Wells. *A Commentary on Herodotus*. Oxford：Clarendon Press，1912，p. 53. 关于希罗多德与修昔底德的异同，学术界已有定论。可对比参照《史记》与《汉书》的关系，当然，班、马异同或"左史记言、右史记事"之旧说，与西方历史学上的这两位史家的关系，不可能简单对应。修昔底德刻意避免使用 historie 一词，也避免使用"发表"一语（仅有一次例外），参 Gregory Nagy. *Pindar's Homer*，p. 220.

④ 第七卷第 96 节中的 historie，似乎更接近于后世所谓的"历史"，也就是一种连续而有序的叙述。参 W. W. How and J. Wells. *A Commentary on Herodotus*，V. 2，p. 163；另参 J. H. Sleeman. *Herodotus: Book I*. Cambridge University Press，1909，p. 145。

⑤ Gregory Nagy. *Pindar's Homer*，p. 322.

真所谓"寓言十九";只是在该书的后半部分,才有了一些像模像样的"历史撰述"。正如我们不能随随便便只把《伊索寓言》当成茶余饭后的消遣甚或当成"儿童读物"来看,①我们也同样不能轻视希罗多德笔下那些传说野史。

Historie 的基本含义不是后世所说的"历史",而是指"探究",这种用法不仅在荷马所在的古风时代较为通行,而且在后来的赫拉克利特、希罗多德甚至柏拉图那里,也是在这种较为原始的意义上使用。赫拉克利特有一句残篇颇能说明该词的这种含义:

> χρὴ εὖ μάλα πολλῶν ἵστορας φιλοσόφους ἄνδρας εἶναι καθ᾽ Ἡράκλειτον.
>
> 据赫拉克利特说,热爱智慧的人必须是很多事物的优秀探究者。(DK 35)

所谓"热爱智慧的人"(φιλοσόφους ἄνδρας),也就是后世所说的"哲学家",如果这句残篇可信,②那么这是西方第一次出现"哲学"一词。而哲学家就是一位探索万事万物的人,在赫拉克利特看来,毕达哥拉斯之所以在"探究"(ἱστορίην)方面超过了其他所有人,就是因为他"学识渊博"(πολυμαθίην,残篇 DK129)。③ 在柏拉图那里,histor 也是"探

---

① 比如说,当伊索向萨摩斯人讲"狼、狗和羊的故事时",其实有着深刻的政治上的含义:吕底亚国王克洛伊索斯就像那头狼,而伊索像狗,萨摩斯人则像羊。而在希罗多德那里,那位吕底亚国王克洛伊索斯正是希波战争的肇事者。Gregory Nagy. *Pindar's Homer*;p. 323;另参 Annabel Patterson. *Fables of power: Aesopian writing and political history*. Durham:Duke University Press, 1991。

② 很多学者认为这条残篇不可信,有后人(如克莱门特)添加的成分在内,但大都认为"很多事物的优秀探索者"一语出自赫拉克利特本人,参罗宾森:《赫拉克利特著作残篇》,楚荷译,桂林:广西师范大学出版社 2007 年,第 176 页。

③ 这个复合词的主干本意是"学习",后来演变为"知识",也就是学习的成果,后来进一步变成了"数学",从而使西方思想发生了很大的转折,参海德格尔:《现代科学形而上学和数学》,见《海德格尔选集》,同前,下卷。

究者"的意思,他借笔下人物苏格拉底之口,说"阿尔特弥斯"(Artemis)之所以是健康(artemes,更多地指理智上健全)和秩序的象征,就在于她是"德性的探索者"(ἀρετῆς ἵστορα,《克拉底鲁》406b3)。

赫拉克利特进一步把"探索事物的人"(histor)看做是"热爱智慧的人",那么,在古风时代或者最原初的意义上,什么是智慧呢? 对智慧本真意义的理解,可能有助于我们深入把握 historie 的真实含义,因为 histor 和 philosophos 之间在赫拉克利特这里有着对应甚至对等的关系。据考证,赫拉克利特这里所说的"φιλοσόφους ἄνδρας",只能理解为"热爱智慧的人",不是指后世所谓的"哲学家",因为此时的 sophia (智慧)还处在该词最原初的意义上,而不是指后来亚里士多德所说的"沉思"——亚里士多德改变了"智慧"的含义,从而改变西方思想史的风格、面貌和走向。① 梭伦、泰勒斯等人之所以被称为"七贤",也就是七个有智慧的人(sophos),他们的智慧主要体现在个人的品性和公正管理公共事务的能力上,体现在他们具有高尚的人品和丰富的学识因而具有的崇高社会地位,以及由此而具有的高深政治智慧,因此西方人一般把他们叫做"七圣"(seven sages,中文通行的"七贤"一语不痛不痒,很不到位)。那么,在赫拉克利特那里,"热爱智慧的人",是指"圣贤"——凡人只能热爱智慧,而不可能具有智慧,只有神明才具有智慧。② 他所说的 φιλοσόφους ἄνδρας,就有了一种更为根本的读法:想成为圣贤的人。③ 而"圣贤"更多地是在社会政治方面来谈的,他们在这方面的能力主要表现在他们是优秀的 histor,也就是说,圣贤才是优秀的法官。所以,赫拉克利特的残篇 35 又可

---

① 兹事体大,容另文专述。

② 赫拉克利特残篇 78,79,82 等;毕达哥拉斯学派亦作如是观,见苗力田编:《古希腊哲学》,北京:中国人民大学出版社 1989 年,第 66—68 页;另参柏拉图《苏格拉底的申辩》21b—23b。

③ C. H. Kahn. *The Art and Thought of Heraclitus: An Edition of the Fragments with Translation and Commentary.* Cambridge University Press, 1979, p. 105.

以恰当地翻译为：A man who loves wisdom（or, 'who wants to be wise'）really must be a judge（or 'eyewitness'）of many things，即，"热爱智慧的人（或想变得聪明而成为圣贤的人），真的必须是很多事物的裁决人（或见证人）"。① 这里的话语具有其"词源学的力量"（etymological force, C. H. Kahn 语），也就具有本真的意义，在这种力量的帮助下，我们认识到了 philosophos 或 sophos 与 histor 之间的深刻关联。

希罗多德的"historie"具有法理意义，尤其当它与 $ἀπόδεξις$（公开发表）一词相联系时，historie 所具有的这种原初的"看"、"见证"、"调查"和"探究"实际上就是一种司法上的审察，而希罗多德自诩的 historie，就是对希波战争尤其他的起因和责任，进行的公开宣判。当然，希罗多德也很可能是在借古讽今：他借希波战争来审理或仲裁雅典民主制与斯巴达寡头制之间日渐尖锐的矛盾——希腊和波斯之间的僭政生活方式与反僭政生活方式的冲突，与希罗多德所生活于其间的 Thourioi 所面临的雅典—斯巴达冲突正相对应。② 希罗多德站在一个很高的位置，担当起人间事务的剖判之责，以神明赐予的法则，通过对具体的历史事件的裁决，来为后世"立法"，因此，他在自己著作的序言中提出的那个颇为新奇的名词 historie，就是他的"夫子自道"。③

通过上述分析，我们已经清楚，histor 具有司法上的意义，而阿喀琉斯盾牌上的场景也能充分说明这一点。与 Thuer 所理解的有所不同，我们认为，histor 不是指神明，而是指参与审判的那些长老（而不是国王，这里没有提到国王，尽管的确提到了与国王相关的权杖）。"长老"是指具体的审理者，而 histor 则是一个集合概念或更

---

① 另参 M. Marcovich. *Heraclitus: Greek Text with a Short Commentary*. Sankt Augustin：Akademia Verlag, 2001。

② Gregory Nagy. *Pindar's Homer*, pp. 305—306.

③ Ibid, pp. 250, 262, 318—319.

为抽象的名词,指审理者(罗、王中译作"公判人",当是可取的)。在阿喀琉斯盾牌上的"双城记"中,一个是婚庆和诉讼的和平之城,一个是战争之城(18.509—540),神明并没有出现在第一座城邦中,而出现在了第二座城邦里(18.515,535)。[1] 这是一种意味深长的隐喻:战争需要神明的直接干预,而和平则无需神明出面。人们由于不义才会有战争,而且在战争中,人们往往会失去理智,非神明插手而不能自已。而在和平的环境里,人们受到了正义的熏陶,敬畏神明,理智清明,富有教养,[2]能够按照神明赐予的法则来行事,当然就无需劳动神明的大驾了,这也是神明赐予人类法律的根本目的:最终让法律及其凡间代理人来代替神明管理和教育世人,让人成为人。[3]

Histor 虽然不是神明,但却并非与神无干。在霍默尔、加加林、斯塔尔和沃尔夫对 histor 的身份理解上,也需要加上荷马史诗特有的时代精神,甚至还需要为他们的理解设置更为可靠的根基。审理纠纷的 histor,不管是国王还是长老,都要手握权杖(《伊里亚特》18.505),才能发言宣判,而权杖乃是神明赐予的力量和资格的象征(《伊利亚特》2.100—108,205—206),因此 histor 的权威来自于神明,他在世间的统治,既是神明的恩赐,也是在模仿神明的组织管理,甚至就是神明(尤其宙斯)在凡间的代理人。这些 histor 之所以能够"见"或"证"某些隐而不显的东西,无非是因为他们受到了神明的恩典,甚至拥有神明的一些特权。[4] 那些隐而不显的东西,不仅仅是纠纷双方

---

[1] Seth Benardete. *Herodotean Inquiries*. South Bend: St. Augustine's Press, 1999, p. 10.

[2] 柏拉图《法义》大谈教育(如 641b,857e),绝非偶然。参 Seth Benardete. *Plato's "Laws": the discovery of being*. The University of Chicago Press, 2000, p. 215, 以及第二章和第七章。另参拙著:《宫墙之门——柏拉图政治哲学发凡》,同前,第 87—91 页。

[3] 另参赫西俄德:《劳作与时令》275 行以下;柏拉图《治邦者》274c。

[4] Gregory Nagy. *Pindar's Homer*, p. 261, cf. 258.

的是非曲直,而且还是据以判断那些是非曲直的法则或标准,那就是"神法"或"宗法"——权杖本身就与神法相连:"宙斯把权杖和宗法(themis)赐给你,让你为他们(按指人民)出谋划策"(《伊里亚特》9. 98-99)。因此,histor 就是受到神明启迪甚至受神明委托依据神赐宗法来审理纠纷以保证正义或优良生活的人。

第三节　程序

尽管远古传下的材料如此稀少,很难确定无疑地支撑大家都能认同的结论,但荷马史诗《伊里亚特》中这场最为著名、也许是有文字可考的第一场"官司"场景,连同其他一些相关材料,我们已大致可以为古风时代的司法程序勾勒出像模像样的轮廓。或者说,正式的审判程序或纠纷解决方式,在荷马时代即公元前九世纪左右,就已经出现了。我们是否由此也可以说,严格意义上的法律(尽管尚未成文)在这个时候就已经产生了呢?果如是,它比西方公认最早的德拉科法典(公元前七世纪)以及最早的成文法典《格尔蒂法典》(公元前五世纪)还要早得多。实际上,在希腊古风时期,《荷马史诗》不仅是宗教上的"《圣经》"、政治上的"《尚书》"和"《春秋》"、赛会上的"《诗经》",而且也是一部可以直接借鉴的"法典":国人以《春秋》决狱,古希腊人也以史诗以及抒情诗、悲剧甚至历史著作(《春秋》?)判案。[①]

就连早年持极端强硬法学立场的加加林,在其近著中承认了这种正式司法程序的存在,也间接承认了荷马时代有法律,以此修订了自己早年的观点(见前)。早在荷马时代前一个世纪,文字就已经传到了希腊人那里,希腊人用自己的聪明才智予以消化吸收,但在《伊

---

① Gerhard Thuer. Oaths and Dispute Settlement in Ancient Greek Law. In *Greek Law in its Political Setting*, p. 57.

里亚特》第 18 卷所描绘的司法程序上丝毫看不到文字的踪迹：当事人并未向长老提交书面诉状，而另一方当事人也没有书面应诉，最后长老们也没有给予书面的裁定。但没有文字，并不表明就没有法律，也不说明就没有审判，这种审判也并非没有程序，更不能说这种程序就不是相对固定而且正式的了。当时的审判过程在细节上或许有着各种各样的差别，但正如加加林所说，"在不同的事件中也有足够的一致性可以得出这样的结论，早期希腊的法律程序（legal procedure）是一种可以辨认的制度"。① 而且这种制度一直保持着，几乎原封不动地传到了公元前七世纪开始"写"法律的时代，甚至渗透到了更后来（比如雅典民主时期）的司法实践中。

在一个"相当正式的场景"（加加林语）中，也就是在"神明"铸造的盾牌上（这是否也意味着盾牌上的模糊"法律"和明确的政治学就是神明制定和缔造的？），荷马如是描述了那场司法审判过程：

> 一大群人聚集在广场中。那里发生了一场
> 争执，两个人为一个已死去的人的赔偿
> 争了起来。一个人发誓说已全部偿付并向
> 民众宣告，另一个人则拒不承认得到了它。
> 双方都想把它交给 histor 来做了断。
> 他们的支持者大声呐喊各拥护一方，
> 传令官努力使喧哗的人们保持安静，
> 长老们围成圣圆坐在光滑的石凳上，
> 手握嗓音宏亮的传令官递给的权杖，
> 双方向他们诉说，他们依次作决断。
> 场子中央摆着整整两塔兰同黄金，
> 谁<u>解释法律</u>最公正，黄金就奖给他。（《伊利亚特》18.497—

---

① M. Gagarin. *Writing Greek Law*. Cambridge University Press, 2008，p. 13.

508）

在这个微观的场景中，我们既能找到很丰富的信息，以推想当时的社会政治法律习俗，但由于这个场景太过微缩，很多信息都得不到更为充分的支持，便引发了学者们在相关问题上旷日持久的争论。

这些学术争论主要集中在四个方面：①杀人虽是事实，但赔偿却是纠纷之所在，究竟是在争论赔偿的数额，还是在争论赔偿是否已经完成，或者是受害人一方有人在反悔赔偿及其数额，拒不接受赔偿，而要将凶手处死；②histor 是人还是神？如果是人，那么他是围观的群众，还是现场的长老？或者还会是另外某位尚未出现的官员（长老们只是预审）？③长老们是审判、调解、仲裁、预审还是听证？长老们如何"决断"？誓言在当时的司法审判中究竟起到什么样的作用，也就是说如何理解 dikazein（审判，抑或组织誓言）？④两塔兰同黄金是谁的，给谁？如果是用来奖励某位判得最公正的长老，那么，什么才叫做"最公正"？我们已经梳理了这些争论中大部分问题，在下一章中还会专门讨论誓言与法律的关系问题，因此在这里只是想简单还原当时的司法程序。

第一，发生了纠纷，并共同提交第三方处理，也就是说，整个程序是由其中一方当事人发起或开始的。至于这个过程中双方是自愿还是强迫的，似乎并不重要。在 Wolff 看来，从"双方都想把它交给 histor 来做了断"（18.501）这句话，大概可以推断出，双方都是自愿的。但是，他又从"发誓说已全部偿付并向民众宣告"（499－500）这一行诗句发现，既然是杀人者率先发言，那么，很可能是他提起的这场诉讼，因为他惧怕对方复仇而想公共权威寻求保护，更多地具有"私力救济"的意味。但这里的材料不能完全支持 Wolff 的看法，因为"双方都想"云云，可能既有自愿的成分，也不排除这种"自愿"其实也是受到了社会舆论、传统习俗甚至对方要求的压力："在早期希腊这个相对较小的社会来说，公有的压力何须在敦促争执的双方把纠纷交予他人并接受社会认为合理的解决结果方面,有着相当大的作用。"①
在这样一个规模极小的生活圈子里,"自愿"和"强迫"没有什么区别。
后来,雅典的民主也当在同样的共同体规模上来理解。

第二,审理过程是正式的。从"他们的支持者大声呐喊各拥护一
方"到"传令官努力使喧哗的人们保持安静",表明开始的时候,局面
颇为混乱和无序,而传令官的努力则让纠纷的解决逐渐向正式乃至
神圣的方向转变。有的学者认为,纠纷发生在一个地方,而解决的场
景又在另一个地方,当事人在两个场景中都出现了。② 这种看法尽管
没有多大必要,因为他们生活的圈子本来就不大,而且事实上中已经
明确说明,这两件事都发生在"广场"上,但把审理从纠纷中有意识地
独立出来,即可说明审理是独立的。传令官、长老、神圣的圆圈、权杖
以及权杖所代表的神意等等,都说明这是一场相当严肃的审判(尽管
仲裁在那个时候就是一种最为主要的"审判"方式,正如"自愿"和"强
迫"没有差别,"审判"与"仲裁"在那时也没有什么区别,或者说在那
个时代的语境中谈论现在才有的差别,既不合时宜,也没有意义)。
在后来的审判中,已经听不到民众的叫喊声了,这也说明双方支持者
对于案件的审理没有多大作用,至少不像某些学者所认为的那样具
有决定性的意义。民意虽是司法必须考虑的一个因素,但它无法左
右人们对规范的认定和执行,也就是说,司法具有自身不可动摇的独
立性和神圣性。接下来,长老们的仪式以及权杖所代表的神意等等,
都充分佐证了司法的独立性和神圣性。

第三,审理过程有着固定的程序和仪式。在这个过程中,长老们
扮演了法官的角色,他们"围成圣圆坐在光滑的石凳上,手握嗓音宏
亮的传令官递给的权杖,双方向他们诉说,他们依次作决断",这就是
当时的"惯例"或"程序"。长老们在公共生活中,一般都坐在市场或

---

① M. Gagarin. *Writing Greek Law*. Cambridge University Press, 2008, pp. 15—16.
② Mark W. Edwards. *The Iliad: A Commentary*. Vol. v, books 17—20, p. 217.

广场的石凳上,正如《奥德赛》中所载:费埃克斯的长老们开会的时候,"在光亮的石凳上就坐"(8.6)。在《伊里亚特》中,长老们不是一字平行排开,而是"围成圣圆"。这个圆圈之所以是神圣的,就在于这种司法审判是宙斯授权:宙斯把权杖和习惯法(themis)赐给统治者让他为人民出谋划策,包括决断纠纷,就好比宙斯亲临。因此,长老围成圣圆而坐以及手握宙斯所赐予的权杖来发言,这就表明当时司法审判还具有一套完整的宗教仪式。阿喀琉斯的盾牌上没有交代当时的审判会采取什么样的仪式,从后来的实践以及人类学的材料来看,祷告上苍、邀请神明前来作证甚至"指导"审判等等,当是必要的仪轨。

第四,正式审判的时候,首先是双方陈述,然后长老们依次说出自己的意见,而提出了最公正判决的人将会获得中间摆放的两塔兰同黄金——这当然也就是终审,"最公正"的那个判决必须得到执行。这个案子就算审理完毕了,但还是给我们留下了许多困惑。控辩双方是否需要发言,也就说,"诉说"的主体是谁,长老还是当事人? 长老们如何依次 dikazon(判决),按照职位的高低,还是按照年龄的大小或者还有别的什么程序上的规定? 长老的判决究竟公正与否,这又由谁来"判决",或者说,谁有资格决定哪个长老的判决最公正并因而可以获得那两塔兰同黄金? 这两塔兰同黄金由谁提供的,奖励给长老后是否就是长老的私人财产了?

很多学者都把 506 行那句诗与上一句联系起来,理解为"[长老们]用权杖而站立起来",但这种理解显然有误,506 行前面半句话的主语应该是"当事人",后面依次做出判决的才是长老。① 不过,长老们依次轮流进行的 dikazon,与今天所说的"判决"大不一样:dikazon

---

① Mark W. Edwards. *The Iliad: A Commentary*. Vol. v, books 17—20, p. 217。罗、王译本颇为准确,而陈中梅译作"两人急步上前,依次陈述案情的短长",就把后面半句译得面目全非。

的主要含义是"说出［意见］"，而不是由某个法官根据既成的法律做出直接而单纯的判决，或者说，今天的判决不会在当众轮流宣布的众多意见中选择一个最好的作为结论（法官和陪审团之间的合议也不会当众进行）。看起来，阿喀琉斯盾牌上这场官司更像是今天所谓的仲裁，但正如我们一再申明的那样，那个时候还不存在仲裁与审判的区别。而尤为重要的是，长老们依次提出自己的审判结论或仲裁意见，这并不表明这些结论或意见就完全是长老个人的主观看法，或者说，这并不表明当时就没有"既成的法律"（established laws）：长老们必须根据习俗、成法也就是习惯法（包括神法）提出自己的主张。

至于说长老们发言的次序，加加林认为很可能是根据年龄大小或其他某种权威的尺度来排定，①我们认为，很可能是按照职位的高低顺序出场判决：在《伊里亚特》第二卷中，无论是小规模的长老会议还是那场规模庞大的全军会议，都是最高统帅阿伽门农最先发言（2.55,2.109）；而在上文所引的费埃克斯人的元老会议中，也是国王阿尔基诺奥斯最先开口说话（《奥德赛》8.25）。

最关键的问题是：谁来判决长老们的判决？谁是长老们的"最公正判决"（或如罗、王译本所说的"解释法律最公正"的最终裁决者？加加林根据盾牌上"他们的支持者大声呐喊各拥护一方"这一场景而断定"观众的普遍同意"是其决定性的因素。在他看来，当长老们各自说出自己的裁决意见时，民众会大声呐喊表示自己的赞同或反对，由此为长老们提供了一种反馈，以帮助长老们找到一种可以接受的解决方案。因此，"解决方案是由谈判和妥协而达到的，当某位长老最终提出了一种能够让大伙儿普遍同意的方案时，双方当事人都得接受"。② 对于一个离开朋友和家庭就无法生存的人来说，不接受大众的"普遍共识"（general consensus），就意味着流放和死亡。既然如

---

① M. Gagarin. *Writing Greek Law*, p. 17.

② Ibid.

此，法律的执行也就自然而然、顺理成章了。也就是说，我们在下文以及其他地方都没有看到"执行"的问题，这是因为社会舆论和祖宗成法在这个极小的生活圈子里有着无穷大的力量，也就是有着超强的执行力。加加林这种猜测，当然不无道理。但如此一来，真正起最终决定作用的似乎是"民众"，而不是长老了！

加加林的观点与摩尔根的看法颇为接近，都是"从一个美国人的眼光来看"所产生的结果，也就是把现代民主嫁接到了贵族制社会中，或者把远古的原始社会的制度往后挪动到了更为高级的文明社会中。不可否认，民众的意见在当时的环境中肯定能够起到一定的作用，但这个作用远远不如加加林所理解的那样大。一方面，荷马并没有描写民众后来在司法审判中再进行过呐喊，以表示对长老判决的同意或者不满；另一方面，民众的呐喊发生在审判之前，并且已经被传令官弹压下去了，而且他们的呐喊只是支持各自一方当事人，也就是说，大众的呐喊针对的不是长老，而是对方的支持者。传令官的弹压已经表明民众的意见不会对审理产生决定性的作用：荷马史诗中的社会，是贵族制的社会，贵族的权力远远大于民众，而"公民大会"在那个时候还根本就不存在，因此，"民众的普遍共识"这种现代观念，与荷马史诗那个时代，可谓风马牛不相及耳。

那么，谁来决定最终的"公正"裁决呢？既然史诗并没有交代，那么任何猜测都含有很大的冒险成分，但只要符合当时的状况，就更容易接近"真相"。我们认为，民意或社会舆论并非丝毫没有作用，但更重要的是习惯和成法，与其说假设民众的普遍同意，不如假设长老们的"合议"（甚至包括占卜，因为它表达的是神意），毕竟，长老们才是社会权力的拥有者，也是生活共同体的保护者（另参 16.542）。[1] 也就是说，长老们各自表达意见后，很可能会在成分参考

---

[1] "他曾经用法律和力量保卫自己的国家"（罗、王译本），这里的"法律"就是 dike（Lattimore 本译作 the right of justice）。

惯例、习俗或成法(当然也不排除公众的意见,因为公众的意见与惯例和成法并不完全冲突)之后,可能会进行合议,最后得出结论。当然,也不排除这样的可能性:其中有一位最德高望重或拥有最高权力的长老,在听取其他各位长老的意见后,选择或决定哪一位长老的意见"最公正"。总之,合议、问天(即占卜)和总裁都有可能是"最公正"判决的最终判决方式,其中,长老们的"合议"可能性最大(总裁也以合议为基础)。

最后一个问题:这两塔兰同黄金怎么来的,又会往何处去?[①] "两塔兰同黄金"似乎不算多,应该不是用来赔偿的"血酬",而是奖励给长老的"报酬"。[②] 史诗也没有交代这笔钱的来历,但从其他材料来推断,应该是双方当事人各出一半(完全由控方或原告出具,似乎不合理;但如果各出一半,最后胜诉的一方也会损失一塔兰同黄金;现代的方式即由败诉的一方承担诉讼费用,较为合理;当然,根据下面来自于古罗马的诉讼方式来看,也有可能由败诉一方全额承担),而后,根据其他民族的司法惯例(比如罗马法),长老们很可能只会收取这两塔兰同黄金中的一半,如果这两塔兰同黄金分别由双方各出一半的话,胜诉一方也许会拿回自己的那一半。当然,这只能是一种猜测。这笔钱最后会奖给提出最公正判决的那位长老,而长老往往就是某个部族或宗族的宗教人士,因此,这笔钱很可能最后会用于宗教事务,从而成为该部族或宗族的公共财产。我们可以大胆地推断,既然当时的最终审判权其实掌握在权杖所代表的神明手里,那么,这笔钱最好的去路当然就是献给神明(正如泰勒斯和梭伦所得到的三角

---

①　在古希腊语中,"塔兰同"既是量词,也可以作名词,意为"天平"。所以有学者就把这句话理解为广场中间摆放着两具黄金做的[宙斯的]天平,似误。

②　Mark W. Edwards 认为这个数额在古典时期亦算得巨资(*The Iliad: A Commentary*. Vol. v, books 17—20, p. 218),但加加林在这方面可能才是对的,他认为这个数额还不够大(*Wring Greek Law*, p. 16)。与阿伽门农对阿喀琉斯天文数字般的赔偿来说(9. 122—156;另参 9. 264—298),两塔兰同黄金简直可以忽略不计。

鼎一样)。① 我们之所以能够如此"大胆",是因为在罗马最古老的诉讼方式中,恰好能够找到完全一致的佐证。

在古罗马,有两种最古老的"法律诉讼"方式,一是誓金法律诉讼(legis actiones),二是拘禁(manus iniectio),其中的"誓金法律诉讼"就与阿喀琉斯盾牌上的官司惊人的相似。当双方对同一个东西出现完全相反的主张时,也就是出现了纠纷时,他们会把纠纷交给执法官处理,而执法官则会出面制止双方象征性的搏斗,而这种仪式"很富有象征性地表现出司法权(iurisdiction)在其起源之初的意义。"②然后,控辩双方会开始一套复杂的程序,而最关键的程序则是第一位提出要求者(原告)要求另一方(后者也会要求前者)进行赌誓(sacramentum),后来,这种赌誓逐渐演变成了一种赌博,赌输的一方要将赌输的钱款交给国库(in publicum cedebat)。但在最早的时候,也就是在"赌誓"(而非赌博)的时代,宗教色彩非常浓厚,双方发誓即表明说明的参与,而"誓金"的款额最初曾具有宗教的用途(详见下一章)。③

在这个程序中,首先要确定审判员(iudex),他可以是由执法官同双方当事人协商后选派的一个私人,在某些情况下,也可以是"百人审判团"或者"十人审判团"。此后,当事人接受该审判员的审理。审判员的工作主要是决定谁的赌誓是正确的(iustum),谁的是不正确的(iniustum)。最后,誓金会用于宗教的事务,因为"当事人相互发誓并进行象征性搏斗,这使得一些人认为在早期罗马法中也存在着说明裁判的形式,即一种在共同体机构主持下进行的上帝裁判"。④ 于

---

① 参第欧根尼·拉尔修:《名哲言行录》(希汉对照)1.28-29,徐开来、溥林译,桂林:广西师范大学出版社 2010 年,第 25-27 页。

② 格罗索:《罗马法史》,同前,第 93 页。

③ 参见周枏:《罗马法原论》,北京:商务印书馆 2004 年,下册,第 941-948 页。本书下一章对此有述。

④ 格罗索:《罗马法史》,同前,第 95 页。中世纪的决斗似乎就来自于象征性的搏斗,那时,誓言的作用似乎已不够大了。

是,我们有必要对誓言在古代法律中的地位和作用进行深入的探讨。

在探讨誓言之前,我们可以先简短地总结一下荷马史诗中的这些司法实践对后世的影响或意义——尽管很间接也很微弱。阿喀琉斯盾牌上的纠纷解决场景不管是理解为仲裁还是理解为审判,都表明了从私力救济到强制规范的进步,其间虽然没有提到诉讼、审判和执行方面的任何"强制"因素,但从双方自愿把纠纷交给第三方并接受长老们的 dikazon(审判)来看,这场官司的"强制"因素乃是显而易见的。因此我们大约可以认为,阿喀琉斯盾牌上的图景表明了正式而完善的法律已然存在于"荷马时代",并且对人民的生活起着至关重要的调节作用。

这种颇为成熟的法律虽然还不可能以成文的形式出现,但它在口耳相传中作为习惯法或不成文的"成法"对后世必然产生重大的乃至决定性的影响:荷马时代的法律据说几乎原封不动地传到了成文法时代,并通过这个时代而直接形成了民主时期的雅典法制。例如,在雅典,其审判程序的第一步是把纠纷交给 archon(执政官),请求 anakrisis(调查),然后再由法院来审判。这个程序在荷马时代已经形成了,雅典执政官的作用就来自于荷马史诗中长老,甚至可以说,后来的执政官就是以前的长老演变而来的。而且当事人双方通过发誓来解决问题,而执政官或法官主要审理的不(仅仅)是案子的是非曲直,而是"誓言"的真伪,这种方式也传到了雅典后来颇为发达的法治之中。[1]

至于说罗马法中也由"宣誓决讼"或"誓金法律诉讼",这当然不能理解为一定是受到了荷马史诗或希腊早期法律的影响:罗马人,如同苏美尔人和印度人一样,都独立地开发出了自己独特的思想和制度,而如果说他们有什么惊人的相似性和共同点的话,比如都诉诸于

[1]　Rapheal Sealey. *The Justice of the Greeks*, p. 105.

神明,都在初期青睐于"神判法"等等,那是因为人类的思想方式本身就有先验或超验的维度,结果才会出现"人同此心、心同此理"的情况。当然,这些古老文明之间也肯定存在着一定的关联,只是我们无法判定这种关联的强度和深度,尤其无法确然地判定法律思想的渊源、流传和影响。但从广义的文化(包括文学、哲学和天文学等等)的角度来看,希腊文明(尤其是早期的小亚细亚文明)肯定受到过古埃及、古巴比伦和古印度的影响。就法律来说,在目前文献不足征的情况下,我们猜测,《汉谟拉比法典》或许通过史诗之间的流传而对希腊法律思想产生了一定的或者说潜在的影响:荷马史诗受到中东古代史诗(比如《吉尔伽美什》)的影响,则是近年来越来越明晰而确定的事实。[①] 史诗既然是古希腊法律最早的载体,也当是法律思想传播的载体。

罗马法在一定程度上也许曾受到古希腊政治法律制度的影响,这个事实一向不为学界所重视,但却能够在公元纪念开始时就能够找到颇为权威的证据。罗马法是现代法律的基础,但它却与希腊有着颇为深刻的关联。因为作为罗马法基础而被誉为"一切公法和私法的渊源"(fons omnis publici privatique est iuris)的《十二表法》(*Leges Duodecim Tabularum*),据"古代罗马史学家中的法学家"李维(Titus Livius ,59 BC—17AD)所述,就曾直接受到过古希腊法律尤其是梭伦立法的影响。大约在公元前 450 年前后,古罗马的贵族与平民之间发生了颇为严重的冲突,双方

        一致同意制定法律,但只是对法律制定人有分歧的情况下,派遣斯普里乌斯·波斯图弥乌斯、阿尔布斯、奥卢斯·曼利乌斯、普布利乌斯·苏尔皮基乌斯作为代表去雅典,让他们去抄录

---

① 参 Charles Penglase. *Greek Myths and Mesopotamia: Parallels and Influence in the Homeric Hymns and Hesiod.* London: Routledge, 1994。

著名的梭伦法，熟悉希腊其他城邦的制度、习俗和法律。①

当使节们带着雅典和其他希腊城邦的法律回来后，保民官们更坚决要求开始制定法律，然后便逐渐有了《十二表法》，从此开启了西方强大的法律传统。尽管学术界对于这个"抄录"或"学习"梭伦法律的代表团在历史上是否真有其事还存在争议，②但古罗马法律受到希腊的影响则是可以想见的事实——至于后来罗马人征服希腊之后，反而在文化上被它征服了对象所征服，则是不争的事实。至于说《十二表法》是"把罗马古老而野蛮的规定同受希腊影响的较先进的规定加以集中与混合"，③应当是可以接受的结论。

尤其值得一提的是，罗马人当时所面临的情况与梭伦所面临的情况完全一样：贵族和平民之间的冲突已经到了白热化的程度，长此以往，非常危险，所以保民官希望他们能结束双方的争斗，其主要的方式就是"立法"，即"从平民和贵族中共同选择制定法律者，这些制定法律者应该兼顾双方利益，保持平等的自由权力"。④ 由此而有了

---

① 李维：《自建城以来》，王焕生译，北京：中国政法大学出版社 2009 年，第 113 页。上文所引"一切公法和私法的渊源"一语，见该书第 115 页。

② 另参马尔蒂诺颇为中肯的评述："关于向雅典派遣使节的叙述，在现代人中产生了很多怀疑，这个叙述本身可能不真实；但是，意大利中部与意大利南部的那些希腊化的城市之间存在经济联系，因此也有文化上的联系，这是不容置疑的，并且埃特鲁里亚与希腊之间也有直接的贸易。因此，并非不可能，会考虑派一个使团至少去意大利的那些希腊化的城市，以了解当地现存立法的情况。更何况，这可能是某些人的一种缓兵之计，这些人因为关于未来立法者的阶级归属的争论，反对进行这种立法的想法。当然，承认派遣了一个使团前往希腊本土或意大利的那些希腊化的城市，并不意味着也一定要承认《十二表法》的编纂是受到希腊法或梭伦法律的影响。因此，对那些偶然的相同之处的审查不具有决定性的意义。很明显，这个使团的目的肯定不是将希腊的法律搬到罗马；它纯粹是政治性的。这一点从它本身是一种拖延战术，并且使得立法推迟这些事实本身得到充分的说明"（《罗马政制史》，薛军译，北京大学出版社 2009 年，第一卷，第 226－227 页）。作者在注释中提到了《十二表法》对希腊法继受方面的一些文献。

③ 格罗索：《罗马法史》，同前，第 60 页。

④ 李维：《自建城以来》，同前，第 113 页。

《十二表法》，也才有了恢弘的罗马法，以及以罗马法为根基的现代法律体系。而梭伦也是在贵族和平民的斗争极为猛烈的情况下，受命开始制定让任何一方都不会以不义取胜的法律，"对卑微者和贵族一视同仁，让正直的正义来协调每个人"（亚里士多德《雅典政制》12.4），以挽救城邦无数的生灵。从这一点来看，罗马人派使者前去雅典向梭伦取经，不是完全没有可能，而是多有裨益。关于梭伦的立法自身的"渊源"以及它后来又成了哪些法律思想的"渊源"，这是一个十分重大的问题，需要专门讨论，在此从略。

第三章　誓与法

　　在古希腊早期,纠纷的解决方式主要有三种,誓言、仲裁和武力。武力是一种较为极端的方式,但在缺乏规范的时候,尤其在敌对的双方之间,倒不失为一种常见而有效的方式。但在和平时期,在城邦或部族内部,仲裁和誓言当然更为可取。需要特别强调的是,古风甚至古典时期的"仲裁"本身就是一种法律审判,这与现代关于仲裁和审判的严格划分有所不同。古风时期也有法律,尽管那些法律多与宗教相关,具有神法的色彩,是一种"不成文法",当然也就是法律了,古老而且根本。① 在部门法和实证法并不发达甚至尚未产生的时代,法律审判看起来似乎就具有了今日所说的仲裁的特征。而且那时的审判或仲裁,与另一种重要的解决方式——誓言——有着紧密的联系:仲裁和誓言"这两种程序具有同等的效力,完全可以互换;两种方式都'阐述正道'(stating the right),都是终审,无需向任何更高的尘世权威上诉"。② 在遥远的古风时期,仲裁的方式主要就是誓言,这两者不仅可以互换,甚至几乎完全等同。誓言在早期的社会生活中起着十分重要

---

① 参梅因《古代法》,同前,第 8 页;另参霍贝尔:《原始人的法——法律的动态比较研究》,严存生等译,北京:法律出版社 2006 年,第 237—241 页。

② M. I. Finley. *The World of Odysseus*. London: Pimlico, 1999, p. 109.

的作用,在纠纷的场合出现得十分频繁,"可能没有其他的哪个民族像希腊人那样给我们展现了那么多与誓言有关的古老的风俗"。①

第一节　荷马史诗中的誓言

规范性的思想在荷马史诗中还不是十分成熟和明显,因此,在《伊里亚特》和《奥德赛》中总共出现的 26 次发誓场景中,与严格意义上的法律相关的场景仅有 1 次,其余 25 次虽与纠纷的解决相关,但并不是纠纷解决的唯一方式。对此,荷马史诗中的誓言究竟能够起到什么样的作用? 加加林认为誓言在荷马史诗中并不起决定作用,在他看来,人们即便发了誓,但誓言并不必然就能够解决问题。② 但奥地利法学家 Gerhard Thuer 却对此提出了针锋相对的看法,导致了他与加加林十余年的论战。加加林在他近年主编的《剑桥古希腊法律指南》(2005 年)中,对自己 20 年前强硬的法学立场有所修订和缓和,但正如他在为该书所撰的"早期希腊法律"一文的第一条注释所说,他依然坚持了同样的立场。③ 我们且通过两人的论战来看待誓言在荷马史诗中的法律功能。

荷马在《伊里亚特》第 18 卷阿喀琉斯盾牌场景中,描述了一场纠纷,双方当事人把它交给 histor,接下来长老们依次手握权杖进行

---

① 布克哈特:《希腊人和希腊文明》,王大庆译,上海:上海人民出版社 2008 年,第 121 页。

② M. Gagarin. *Early Greek Law*, p. 43. 加加林在注释中提到了研究古代法律的著名学者 Kurt Latte 的《神法》(*Heiliges Recht*. Tuebingen, 1920),但认为这部法学巨著过分轻视了审判在早期法律程序中的作用。他同时也提到了 Louis Gernet 的《古希腊人类学》(*Anthropologie de la Grece antique*. Paris, 1968),该书认为神圣的誓言是法律程序最早的宗教程式,但加加林认为这种誓言只能立即自动地决定是否有罪,而不是判决(注释 66)。

③ M. Gagarin. Early Greek Law, in M. Gagarin and David Cohen (eds.). *The Cambridge Companion to Ancient Greek Law*. Cambridge University Press, 2005, p. 82n. 1.

dikazein。在这里，histor 究竟指谁，dikazein 是什么意思，又如何
dikazein？Gerhard Thuer 对此提出了别出心裁的解释。一般意义上
的 dikazein 是指"判决"，而 Thuer 进一步把它具体到判决的方式上，
认为"dikazein 事实上是指为案件的事实而向恰当的神明发誓"，[①]而
那个 histor 就是指神明。因此，长老们的作用主要就是组织誓言，他
们一方面决定谁应该发誓，另一方面决定当事人所发的誓言是否正
确合理，如果长老们认为当事人的誓言不合适，就会自己提出自己的
看法。所谓"合适"，就是在不同的情况下或不同的案件中，应该向不
同的神明的发誓。这些长老轮流手持神圣的权杖发言，提出的自己
的看法，直到最终找到最合适的神明和誓言，案件最终得以解决。在
Thuer 看来，这种凭誓言断案的方法在柏拉图时代都还依然盛行，这
也是柏拉图在《法义》第十二卷中谈到誓言时，刻意避免使用 dikazein
一词的原因，柏拉图笔下的神话（指 Rhadamanthys 判案的神话，详
下）比亚里士多德的学术努力更能提供英雄时代的佐证，而由于年代
久远，亚里士多德对先他几百年的古代法制史的解释可能具有一定
的误导性。总之，Thuer 把誓言看成了荷马时代解决纠纷的最主
要——如果不说是唯一——的方法。

对于 Thuer 的批评，加加林调整了自己的一些看法，但仍然坚持
自己的观点，并对 Thuer 提出了反批评。加加林认为 Thuer 用以支
持自己看法的证据，即《伊里亚特》第二十三卷中墨涅拉奥斯和安提
诺科斯用誓言来解决问题，实属"孤证"，不足以说明问题，此即所谓
孤证不立。我们不能因为某一次判案中包含了誓言，就认为其他地
方的审判也必然并且总是包含誓言，更不可能以誓言为唯一的解决
方式。在加加林看来，早期文献并没有提供任何强加性的誓言之例
证，甚至《格尔蒂法典》中也很少这种誓言，即便有这种誓言，也仅仅

---

① G. Thuer. Oths and Dispute Settlement in Ancient Greek Law. See L. Foxhall
and A. D. E. Lewis (eds.). *Greek Law in its Political Setting*, p. 61.

用于相对较小的问题上。又由于誓言直接牵涉到神明,加加林甚至进一步怀疑神明在《荷马史诗》中的地位和作用:甚至神明自己判决纠纷时,也不强加誓言。加加林认为,在后来的德拉科法律和梭伦法律中,乃至在整个古代雅典法律中,都找不到那种具有决定性作用的誓言。加加林承认希腊人也可以用决定性的司法誓言,如果他们想这样的话,但他们很少这样做,因此,"我们可以总结说,对其他可比的法系而言,早期希腊法律程序从一开始就更少地使用自动的证据(automatic proofs),而更多地依赖于理性的推断和法官所作出的自由决定"。①

双方争论的焦点,正如加加林自己意识到的,在于如何看待早期希腊法律的性质:是依赖于"超自然方法的控制",还是依赖于更为理性的人间的程序?② Thuer 持前一种观点,而加加林则看重人的理性在法律程序中的作用。在加加林看来,阿喀琉斯盾牌图景中没有提到长老们提议的内容,丝毫也没有提到誓言,而且双方当事人也没有提到誓言。但这并不说明长老们就不是凭誓言判案。这不是问题的关键,加加林最大的问题,就在于"年代错位",把后起的观念加在了古人头上,或者用他自己的话来说,就是过多地依赖于理性,结果无法看到在一个去神未远的时代中,神明以及神明所监督的誓言在先民生活中无比重要的地位。这不是简单的"理性与信仰"或"哲学与宗教"之间的冲突,而是现代性的盲视之结果。神明和宗教在人类早期的巨大作用毋庸置疑。Thuer 的看法虽有"过度解释"之嫌,比如 histor,在古代注疏家那里,主要是指莅临会场判案的长老,而不是指神明,③但 Thuer 的解释总体上符合当时的实际情况,也与后来的各

---

① M. Gagarin. Early Greek Law, in M. Gagarin and David Cohen (eds.). *The Cambridge Companion to Ancient Greek Law*, p. 90, cf. 88, 89.

② Ibid, p. 87.

③ A. G. Dindorf (ed.). *Scholia Graeca in Homeri Iliadem: ex codicibus aucta et emendata*. Oxford: Clarendon, 1888, p. 274.

种材料相一致。

如果说阿喀琉斯盾牌上的司法场景没有直接提到誓言,那么墨涅拉奥斯与安提诺科斯的纠纷就与誓言紧密相关。墨涅拉奥斯马快,安提诺科斯技高,最后安提诺科斯凭借弯道违章超车而战胜了墨涅拉奥斯,后者满腔怒火,对比赛结果提出了异议,于是吁请阿尔戈斯的首领和君王们,"我请你们对我俩作出不偏不倚的公正评判"(23.574)。但墨涅拉奥斯紧接着话锋一转,决定自己亲自来处理此案,"我自己来评判"(*ἐγὼν αὐτὸς δικάσω*),这时墨涅拉奥斯的身份不是通常所理解的那样,自己来充当法官——墨涅拉奥斯怕别人说他仗势欺人(578),而是以一个当事人的身份根据习传的宗法来提议双方自行解决。墨涅拉奥斯让安提诺科斯站过来,

> 按照传统站到马匹和战车前面,
> 手握你用来赶马的那根柔软皮鞭,
> 轻抚战马凭震地和绕地之神起誓,
> 你刚才阻挠我奔跑并非有意施诡计。(23.582—585)

双方当事人按照不成文的规定自行解决纠纷,这种做法在远古可谓十分普遍,其中起主导作用的就是不成文的神法,这种"神法"(*θέμις*)体现在"按照传统"或"根据习俗"(*ἣ θέμις ἐστί*)这个固定的表达法中。因此,根据誓言来解决纠纷,就是一种固化成习俗或传统的宗法,因为习俗和传统就是宗法的延续和体现,柏拉图后来极力维护习俗和传统的稳定性,也就是为了维护神法。

被称为"震地和绕地之神"的波塞冬,既是马神,也是安提诺科斯的先祖,在因战马而发生的纠纷中(且奖品也是一匹马),向主管该方面事务的神明发誓,就是最恰当意即最公正的解决办法(23.574,580,另参18.508)。在这个场合中,我们已初步可见誓言的规程:控方(原告)向辩方(被告)提出用誓言来解决纠纷的动议,被告必须按

照某种仪式(手拿皮鞭或者其他东西),向一个恰当的神明发誓。如果被告接受了原告关于发誓的提议,并且恰当地发了誓,那么被告就胜诉,案子即告终结;而如果被告不敢发誓,那么被告就立即败诉,案子也告终结。在上述场合中,安提诺科斯自知理亏,不敢发誓,因为他知道"作为伪誓者得罪于神明"(23.595)。从法律的角度来说,这个案件已经审理完毕。但安提诺科斯承认自己年轻气盛胆大妄为、性情急躁和思想偏狭,也就是间接地承认了自己的错误,并向"既位尊又显贵"的原告赔礼道歉,最后获得了墨涅拉奥斯的谅解,双方虽然没有发誓,但也圆满地解决了纠纷,更增进了友谊。这是一个靠誓言判案的典型例子,其判决结果的合法性就在于誓言以及誓言背后的神明。①

不仅凡夫俗子之间可以通过誓言来解决纠纷,神明之间发生了冲突,也可以靠誓言来了断。在《伊里亚特》中,最典型的例子便是赫拉的誓言。赫拉为了帮助阿尔戈斯人,向丈夫宙斯施了美人计,上当受骗的宙斯事后大为光火,要惩罚赫拉。赫拉为了洗刷自己的罪名,在恐惧之中,向宙斯如此发誓:

> 现在我请大地、请头上宽广的天空,
> 请那不断流淌的斯提克斯河的流水,
> 那是幸福的天神们最庄重有力的誓物,
> 以及你那神圣的脑袋和我们的婚床——
> 我从不以它随便起誓——为我作证。(15.36 以下)

先撇开赫拉发誓的原因与结果,也暂不考虑她在发誓的过程中

---

① Eric A. Havelock. *The Greek Concept of Justice*, p. 135. 该书作者似乎只看到了誓言的公共性,而没有强调它的神圣性。社会共同体(舆论)当然可以监督誓言,但为誓言提供合法性的,却是神明,正如安提诺科斯自己所意识到的那样。

所使用的策略(而不是故意发伪誓),我们看到,神明也会发誓。赫拉以天、地、河水、宙斯的头和她与宙斯的婚床来发誓,在荷马史诗中显得颇为特别。宙斯的"头",即宙斯的生命,而他们的婚床,即代表着赫拉与宙斯的婚姻,如此起誓,的确颇为庄重。而对所有神明来说,最为庄重的,便是凭斯提克斯(Styx)河水起誓(另参 14.271 等),在《奥德赛》中,神女卡吕普索也凭斯提克斯河水起誓,因为"常乐的神明也视它为最有力最可怕的誓言见证"(5.184-185)。这条从山崖上急泻而下的传说中的河流,湍急可怕,连神明也有些畏惧,故而神明多以它起誓。这可能表示最早的起誓仪式与水相关:起誓者凭水发誓,后来慢慢发展到以奠酒的方式起誓,再到后来(比如古典时期),则手握切碎的动物的肉或内脏起誓(类似于我国古代折箭或断石),这意味着伪誓者的下场。

誓言之所以具有无比强大的力量,就在于它是神圣的(2.339,3.73=3.94=3.256=3.323),与神明相连,见证或监督誓言的,往往就是神明中的至高无上者宙斯(7.411)。人们相信"天父宙斯不会帮助赌假咒的人,对那些首先违反誓言而害人的人,秃鹫会去啄食他们的细嫩的肉"(4.235-237),谁违反神圣的誓言,"死亡和苦难今后将降临到他们头上"(4.270)。人们向宙斯祈祷:"宙斯、最光荣最伟大的神啊,永生的众神啊,两军之一要是谁先破坏盟誓(horkia),愿他们和他们的全体孩子的脑浆如同这些酒流在地上,妻子受奴役。"(3.298-301)宙斯是誓言的监督者,也是誓言的执行者,因此,谁都不允许破坏向宙斯发出的誓言(3.107),而作"伪誓"当然就会得罪于神明(23.595)。阿伽门农发誓说:"宙斯、伊达山的统治者、最光荣最伟大的主宰啊,眼观万物、耳听万誓的赫利奥斯啊,大地啊,在下界向伪誓的死者报复的神啊,请你们作证,监视这些可信赖的誓言。"(3.277-280)面对特洛亚人践踏誓言,阿伽门农明确地说:"盟誓、羊血、纯酒的祭奠和我们信赖的双方握手都没有产生应有的效果。如果奥林波斯神不立刻惩罚这件事——他迟早也会那样做——,敌人就要用他们的脑袋、妻子和儿女给我们作大笔偿付。"(4.158－162)如果说誓言在荷马史诗中没有起到明显积极的作用,那么,不轻易发誓或者对伪誓的恐惧也可以从反面说明誓言在无形中对人们行为的巨大规范作用。

"誓言"一词主要出现在《伊利亚特》前四卷中,到战争后期,双方胜负已成定局,大概就不需要盟誓媾和,也不需要什么外在的力量来各自约束自己的冲动。由此可见,誓言的作用毕竟也是很有限的,特洛亚人就算发了誓,后来也不遵守。真正起作用的,不是信念、道德和良心上的自律,而是"力量"。当誓言解决不了问题的时候,那就只好采取最后也最有效的手段:武力。阿喀琉斯面对赫克托尔盟誓的提议,恶狠狠地回答到:"赫克托尔,最可恶的人,没有什么条约可言,有如狮子和人之间不可能有信誓,狼和绵羊永远不可能协和一致,它们始终与对方为恶互为仇敌,你我之间也这样不可能有什么友爱,有什么誓言,唯有其中一个倒下,用自己的血喂饱持盾的战士阿瑞斯。"(22.261－267)这是《伊利亚特》中最后出现"誓言"一词的地方,尽管最终并没有达成任何誓约。《奥德赛》中虽然极少出现"誓约"一词(全诗共出现了 3 次),但它实际上却是以"誓言"而终的,这既是求婚人家属和奥德修斯家族,也就是人与人之间的誓约,也是宙斯—雅典娜与伊塔卡人,也就是神明与凡人之间的誓约:荷马史诗最后以誓约而结束。

第二节　赫西俄德笔下的"誓言"

如果说《荷马史诗》中铺天盖地的誓言还只是人间的一种解决纠纷的游戏,那么,到了赫西俄德那里,誓言以及作为大誓信物的斯提克斯河,就已经上升为一种神明了。

在赫西俄德为诸神编排的谱系中,誓言女神是"可恨的不和女神"(Ἔρις στυγερή)的女儿。这位"不和女神"(也就是纠纷和争吵之神)之所以可恨,①就在于她是战争之神阿瑞斯的妹妹,顶天立地,让人无所逃遁(《伊里亚特》4.442—443),她的金苹果直接导致了特洛亚战争,也导致了阿伽门农和阿喀琉斯之间的纠纷。她鼓动交战双方拼死搏斗,并在血流成河和遍野哀号中感到心满意足(《伊里亚特》11.73)。而在赫西俄德笔下,这位夜神的女儿也像其母亲一样,生了一连串可怕的女神:痛苦的劳役、遗忘、饥荒、忧伤、战斗、争斗、谋杀、屠戮、争吵、谎言、争端、违法和祸害(《神谱》226—230)。当然,为了牵制或平衡这些可怕的灾难,不和女神还生了"誓言女神",就如同夜神生了包括厄运、死亡在内的许许多多可怕的神祇以外,还生了一个"友爱女神"一样,体现了天地大法的辩证特性来。

誓言的身份位置就已经表明了她的作用,她处在一大堆可怕的神明中间(或之后),如果有人故意发伪誓(epi-orkos),这位不和女神的女儿就会给他带来痛苦、灾难、伤害,誓言女神就会把自己那些可怕的姐妹引到发伪誓者那里(《神谱》231—232)。赫西俄德在这里所加的"故意"一词,值得特别加以重视,这种观念在荷马史诗中还没有出现,似可表明法律思想更为精确了。誓言女神是不和女神生下来追求伪誓者的,而在她的降生过程中,地母该娅的女儿复仇女神厄里倪厄斯还帮了忙:誓言就是为了报复伪誓者的(《劳作与时令》803—804;另参《伊里亚特》19.259)。赫西俄德具体劝诫道:如果一个人愿意说正义的话,看得远的宙斯就会赐给他幸福;而如果故意说假话发伪誓,这就伤害了正义,犯下了不可饶恕的罪行,他的家族从此就会逐渐衰微,而发真誓(eu-orkos)的人,他的家族就会繁荣昌盛(《劳作与时令》280—285)。在古希腊,誓言无比神圣,在社会生活中起着举足轻重的作用,当然容不得虚假和破坏,所以伪誓乃是人神共愤的大罪。希罗多德"记载"了一次神谕,其内容与赫西俄德的话十分接近:

---

① 可恨,希腊语στυγερή,在字形上与 Styx 斯提克斯十分接近,即特指凭以发誓的可怕河流女神,另参《神谱》775,见 M. West 的注疏(*Hesiod:Theogony*, p. 371)。

誓言有一个儿子,虽然没有名字,也没有手脚,但会迅速地追踪,直到他抓住那个发伪誓者,并彻底摧毁伪誓者的房屋和家族,而发真誓者的后裔却会日渐强大(《原史》6.86c)。报复伪誓者的任务从赫西俄德笔下的誓言女神过渡到了誓言女神的儿子那里。

赫西俄德还把监督和惩罚伪誓的斯提克斯(Styx)进行了提升。荷马虽然提到过斯提克斯,但那还只是冥府的一条河流(《伊里亚特》8.369),而赫西俄德把斯提克斯变成了一位神明,给她编排了一个富含深意的谱系,也就是说,赫西俄德把荷马时代一些模糊和朦胧的想法变得更为清晰和具体,也更加系统和完整。在赫西俄德笔下,斯提克斯是大洋女神奥克阿诺斯的女儿(奥克阿诺斯在荷马史诗中是众神的始祖,见《伊里亚特》14.201,302,是滋生一切的源泉,14.246)。斯提克斯与帕拉斯结合,生下了"竞争"(泽洛斯,或作"荣耀")、"胜利"(尼克)、"权力"(克拉托斯)和"力量"(音译"比亚",或译"力量")。他们不会离开宙斯而生活,也不会坐在别的地方,除了宙斯的引导外,也不会去其他任何地方,而是永远坐在宙斯的旁边(《神谱》383—388)。这四位神明或四种力量,对于宙斯登上宝座来说,可谓至关重要,而对他后来管理众神和凡人来说,也是不可或缺:这些东西只会跟随宙斯,乃是统治者的专控物资。[①] 除此之外,这个谱系也一般地意味着,如果尊奉斯提克斯,也就是敬畏神明、恪守誓言,就会获得荣耀和胜利,因为发真誓的人就会拥有权力和力量。

斯提克斯是如何上升到奥林波斯山,并且具有如此重要的地位呢? 在赫西俄德的记载中(《神谱》390 以下),斯提克斯最先支持宙斯造反,而革命成功后,论功行赏,斯提克斯便获得了她应有的权势。当时,还没有登上宝座的宙斯把所有的神明都召集到奥林波斯山上,对他们说,谁只要跟他一起对提坦神作战,他就不会剥夺谁的特权,而且每位神明还会保持他此前在不朽的诸神中的荣誉。宙斯还悬赏

[①] Friedrich Solmsen. *Hesiod and Aeschylus*, pp. 32—33.

说,谁不曾在克洛诺斯那里得到过荣誉和特权,他还会赐给谁荣誉和特权,"此即天地大法"($\dot{\eta}$ $\vartheta\acute{\epsilon}\mu\iota\varsigma$ $\grave{\epsilon}\sigma\tau\acute{\iota}\nu$),亦是习俗($\vartheta\acute{\epsilon}\mu\iota\varsigma$)使然:革命成功,当然该论功行赏。①

宙斯这番话是他在向提坦神开战之前的动员大会,也就是"誓师":这正是"誓"最古老的含义,也是"誓"在古代最常用的场合,即"用之于军旅"(《周礼·秋官·士师》)。当是时也,以克洛诺斯为首的提坦神主宰着天地伦常,而以宙斯为代表的奥林波斯神明尚未取得权势。在这样一个改朝换代的关口,宙斯需要昭告诸神,更需要为取得胜利和获得权力而做出很多约定,这就是"誓"的本真含义。这就是为什么宙斯号令诸神后,作为誓言监督者的斯提克斯第一个来到奥林波斯山的原因,她带着"荣耀"、"胜利"、"权力"和"力量"这四个孩子率先给宙斯予支持(《神谱》397-398)。一般说来,誓师的内容包括征战合法性的陈述,而更重要的是宣布奖励和惩罚的条例:"用命,赏于祖;弗用命,戮于社,予则孥戮汝"(《夏书·甘誓》),"尔尚辅予一人,致天之罚,予其大赉汝!尔无不信,朕不食言。尔不从誓言,予则孥戮汝,罔有攸赦"(《商书·汤誓》)。

宙斯在上述誓词中,虽然没有提到前朝提坦诸神的暴行,但从《神谱》其他地方记载来看,克洛诺斯为了不让孩子们长大后推翻自己,而残忍地将自己的亲生孩子一个个吞食掉(459以下),仅仅就这两代神明的这种你死我活的关系来看,宙斯发动的这场推翻暴君统治的战斗,似乎"事有必至,理有固然"。

宙斯的"誓辞"只提到了对顺从他的那些神明的奖赏:不剥夺既得利益者的利益,同时还要大大奖赏那些无产阶级——战斗胜利后,宙斯果不食言(402-403),赐给功臣们美好的荣誉(885),此即"赏于

---

① 这个表达法就是上文墨涅拉奥斯请安提诺科斯发誓时所说的"按照传统"。这个短语已经变成了一个习语,在荷马史诗中共出现过11次,其中《伊里亚特》7次,《奥德赛》4次。

祖"或"予其大赉汝"。但宙斯并没有谈到惩罚,也就是没有谈到"弗
用命,戮于社,予则孥戮汝",或"尔所弗勖,其于尔躬有戮。"(《周书·
牧誓》)而对于誓言的内容来说,"功多有厚赏,不迪有显戮"(《周书·
泰誓下》),二者缺一不可。这时,我们便不难发现斯提克斯所起的作
用了:宙斯一宣布完各种奖励条例之后,马上就是斯提克斯的出场,
斯提克斯作为誓言的监督者就意味着对伪誓或破誓的惩罚:"尔不从
誓言,予则孥戮汝,罔有攸赦。"宙斯当然立即就尊荣了($\tau\acute{\iota}\mu\eta\sigma\epsilon$)斯提
克斯,而这种尊荣在古希腊语中就是"报答",作为投桃报李,宙斯还
赐给她很多非比寻常的礼物。根据斯提克斯的身份和特点,宙斯便
把她设置成为神明的"泰誓"($\mu\acute{\epsilon}\gamma\alpha\nu\ \acute{o}\rho\kappa o\nu$),还让她的儿子们永远随朝
伴驾,跟至高无上的宙斯住在一起(399—401)。

赫西俄德在宙斯最终取得胜利并成为天地主宰之前(883—
884),还花费了大量的笔墨来描述这位誓言之神(775—806)。斯提
克斯乃是绕地长河奥克阿诺斯的长女,这位连神明都十分畏惧的女
神本身的确有许多值得让人畏惧的地方,她的"本性"即已决定了她
所扮演的角色:斯提克斯居住在阴冷黑暗的冥府,同时她的住所位于
高高的岩石之上(另参《奥德赛》10.515),有银柱与天相接,水流如
瀑,她的水冰冷刺骨,让人害怕,也让人清醒。这条流自冥府的河流
对神明来说也是十分可怕的。如果不死的神明之间发生了争吵和冲
突(与人似乎无异),其中有一方说了假话,宙斯便会派信使伊里斯手
持金杯,漂洋过海到斯提克斯这里来取"大誓",也就是从高耸而陡峭
的山上流淌下来的冰冷河水,以此来解决纠纷。无所不知、无所不能
的宙斯似乎也需要借助斯提克斯的力量,凭借争吵和冲突的双方所
发的誓言,来解决纠纷。这似乎就是最初的司法实践的真实写照。

除了斯提克斯可怕的"本性"给伪誓者带来相当的震慑而外,她
还会给伪誓者予以严厉的惩罚,让人不敢轻易作假。如果不死的神
明在酹奠斯提克斯之水时发了伪誓,那么,斯提克斯就会让伪誓者
"休克"一整年,也就是毫无气息地躺着在床上,当然无法享受被神明

视为特权的琼浆玉液,没有呼吸,也没有言语,深深地陷入一种恶性的昏迷之中,几乎与死无异。而当伪誓者得完这一年的疾病后,还要进行另外更为困难的奋斗,也就是还要接受更为严厉的惩罚(中译文作"接下来还有一段更苦的修行")。伪誓者还要与世隔绝九年,不能参加神明的会议和宴饮,伪誓者除了"休克"一年外,还要关九年的禁闭,剥夺所有的政治权利甚至生活的权利。到第十年后,才能够"刑满释放",重新回到神明的团体中。这种惩罚颇为严厉,但与恩培多克勒的说法比起来,似乎又轻松了许多。在恩培多克勒的残篇115如是说:

> 有一必然的神谕,是众神古老的戒律,
> 它是永恒的,为严厉的誓言密封:
> 任何时有一个半神的人,
> 他的寿数为命中注定:
> 如果他可爱的肢体一旦被血污染,
> 或者因争吵发下虚伪的誓言。
> 他就要三万个春秋远离这至福的生活,
> 投生在有死亡轮回的所有形式中,
> 在一个惨痛的历程中变换经过。
> 大气的强力把他赶入大海,
> 海把他推向干燥的陆地,
> 地将他抛入灼热的阳光下,
> 太阳再把他投进风的漩涡。
> 尽管一个换一个地接待,
> 但全部将他憎厌。(徐开来译文)①

---

① 　见苗力田编:《古希腊哲学》,同前,第134—135页。

如果发伪誓,就要经历从神、半神到人、兽、植物、鱼类等等不断下降的轮回,就要经受海、风、太阳的折磨。这种景象与我国的阴曹地府差相仿佛。于是,神明便以斯提克斯可怕的河水为誓,以保证本来已经有正义附身的神明不会发伪誓。而一旦发了伪誓,神明都要遭到可怕的惩罚,凡夫俗子的下场也就可想而知了。誓言之所以有如此大的力量,还在于报复女神厄里倪厄斯帮助誓言女神降生(《劳作与时令》803-4),因此与誓言女神的母亲不和女神一起,会帮助誓言女神惩罚那些不忠实于她(誓言)的人:尽管阿伽门农的儿子奥瑞斯特斯不是因为发了假誓,但被厄里倪厄斯纠缠起来,也几乎生不如死。

管辖诸神誓言的斯提克斯上有先辈厄里倪厄斯相助,还有不和女神为靠山,下有四个强大的儿子"竞争"、"胜利"、"权力"和"力量"为辅佐,自身还有无比可怕的特质,凡此种种,已足以保证誓言的可行性了。需要特别注意的是,赫西俄德在誓言与法律的关系问题上,把荷马史诗中一些模模糊糊的观念进一步明晰化、抽象化或者理论化了。而且最重要的是,在赫西俄德这里,誓言虽然如此强大,却不是根本的目的,誓言不过是一种手段,最终为正义服务。在荷马史诗中,斯提克斯只是一条河,人们凭借斯提克斯的河水起誓(因此 Wilhelm Schulze 和维拉莫维茨主张把"斯提克斯的河水"[Στυγὸς ὕδωρ]这个词组写成一个单词Στυγοσύδωρ),也就是说,斯提克斯还不具有一种位格,不是一个神明。[①] 赫西俄德还进一步把誓言的作用上升到改为抽象的"正义"上,赋予斯提克斯等奥林波斯诸神直接的伦理功能:奥林波斯诸神比荷马史诗笔下的神明来说,更正义,也更关注人类事物,甚至直接充当了凡间纠纷的裁判官。在与誓言相关的司法场合,发伪誓就不仅仅是得罪斯提克斯或宙斯了,而是违犯了更为根本的天地大法,也就是累犯了一种大罪,乃是一种宗教和司法双重意

---

① 参 Friedrich Solmsen. *Hesiod and Aeschylus*, p. 33。

义上的罪业。发伪誓会受到神明的惩罚,但这时的神明却不是颇为原始的某一位具体的神,而是更为抽象的"正义",誓言不过是正义的手段,这是一种颇为可观的进步:"誓言"是颇为黑暗而可怕的夜神的后代(不和女神的女儿),而"正义"却是宙斯的女儿,属于光明的奥林波斯家族,是城邦神,也是司法神。由此,誓言就具有政治(城邦)和司法的意义。

从人类学的角度来看,斯提克斯乃是神明的"誓言"或发誓对象,正如 Horkos(誓言女神)乃是凡夫俗子的誓言一样。神明发誓时,不仅要口念"斯提克斯"之名,而且还要用她的水来酹奠(《神谱》793)。可见,先民最初在发誓时,以(河)水来酹奠,斯提克斯就是这种具有神圣效力的河水。后来,人们生产出更好更珍贵的东西——酒——之后,便用酒来酹奠。再后来,誓言的效力愈来愈低下,人们的道德品质已无法维系誓言的作用时,人们便改用更为恶毒的方式来发誓:他们来到神庙中,面朝神像,站在切碎的动物尸体或动物内脏前,甚至手握切碎了的鲜血淋漓的动物内脏,郑重其事地许下诺言或者表示清白——如有虚言,有如此物,不得好死。似乎只有用生命本身为代价,生命中的各个方面才能得到有效的保证。

不过,赫西俄德虽然痛恨自己所处的那个黑铁时代,但那个时代的道德水准似乎还没有堕落到水尽井枯、河床龟裂以至于无"水"可以凭而发誓的程度,还没有趋到精神的谷底。后来的发展愈发不可收拾,似乎连遍地皆恶的"黑铁时代"都远远不如了,真不知道还有一个什么合适的名称来命名后来"一代不如一代"的一个个相继竞相堕落的时代。

第三节 司法实践中的誓言

正如德国十九世纪的古希腊文化史家(尼采的朋友)布克哈特所说:"可能没有其他的哪个民族像希腊人那样给我们展现了那么多与

誓言有关的古老的风俗。对于他们来讲，名叫'誓言'（Horkos）的神拥有他自己的神话。他是厄利斯（Eris）的儿子，每个月的第五天属于他，那一天复仇女神会到处对发伪誓的人实施报复。……在叙拉古，在立法女神（Thesmophorai）的圣殿中有一种被称为'大誓'（great oath）的仪式。"①誓言在古希腊日常生活中可谓比比皆是，任何较高的估价，可能都不过分。

其实，誓言在整个古代社会都十分普遍。《汉谟拉比法典》多以誓言为法（但都是当事人为免责或免罪而宣誓，没有谈到法官为判案而发誓）。比如，"奴隶自其捕获者之手逃亡时，捕获者应以上帝之名，宣誓于奴隶所有人之前，无罪"（第 20 条），"如强盗未能捕获，被劫者应于上帝前请求其失物；盗窃发生之城市与长官应回复其所失物"（第 23 条），与此相似的还有，"中途被敌人劫去其所有之一切者，零售商应以上帝之名宣誓，免除其偿还责任"（第 103 条），"巡船碰撞货船致货船沉没时，沉船所有人应追求其船中之所失于上帝前。巡船应以船与船中之所失偿还沉没之货船"（第 240 条），以及"租赁之牛如为上帝击死时，租牛人应以上帝之名宣誓，无罪"（第 249 条），"栏中遭受上帝之打击或为狮所侵害时，牧人应在上帝前宣誓以自明，栏中所受之不幸由栏之所有人自负之"（第 266 条）。②

《摩奴法典》第八卷第 109 条规定："在没有证人的案件中，法官不能彻底了解真理在诉讼两造中哪一造时，可利用宣誓取得认识。"③甚至诸神也要为澄清怀疑事件而宣誓。《法典》告诫说："明理的人即使对无关重要的事情，也决不要做伪誓，因为伪誓者不论今世后世都遭到毁灭。"（8.111）宣誓的内容或对象会根据其地位而有所不同：

---

① 布克哈特：《希腊人和希腊文明》，王大庆译，上海：上海人民出版社 2008 年，第 121 页。另参 Joseph Pleseia. *The Oath and Perjury in Ancient Athens*. Tallahassee：Florida State University Press. 1970。

② 爱德华滋：《汉谟拉比法典》，沈大銈译，北京：中国政法大学出版社 2005 年。

③ 《摩奴法典》，马香雪译，北京：商务印书馆 1982 年，第 179 页。

"法官可使婆罗门以其真诚宣誓;刹帝利以其马、象与武器;吠舍以其牝牛、谷物与金钱;首陀罗以各种罪恶宣誓。"(8.113)《法典》还规定用水和火来检验誓言的真伪:"火不烧其人的人,水不使其漂在水面的人,灾祸不迅即突然袭击的人,应该被认为是宣誓真诚的人。"(8.115)就连神仙在宣誓后,也要接受火的考验,如果穿过火内,毫发无伤,表明所誓不虚,因为火是一切人有罪与无辜的考验者(这种方式在古希腊也存在)。

即便到了很晚近的时期,誓言在人们生活中还起到很重要的作用。17世纪西非黄金海岸地区的阿散蒂人的法律还类似于梅因所分析过的古代文明,誓言在他们的法律或仲裁(有学者认为不是法律而只是仲裁)中也起着关键的作用,"当一个氏族成员与一个男性亲属发生冲突时,他们可以找本族中任何同意调停其纠纷的受人尊敬的长者来调解。如果问题严重,原告应在族长或其他人在场的情况下,向祖宗发誓,在誓言中给族长讲述祖宗的权力。这是非正式的程序,主要目的在于和解"。①

在古希腊,誓言有很多种,在政治、军事、司法和人们的日常生活中都很普遍。公务人员就职时需要发誓,国家或城邦之间缔结盟约也会发誓,宗主国与殖民地之间要发誓,体育官员和裁判要宣誓,男丁成年仪式要宣誓,部族或生活共同体为了集体的利益(比如维护某种制度)也会集体宣誓。② 在司法实践中,当事人、陪审员、法官都也

---

① 霍贝尔:《原始人的法》,同前,第201页。

② 关于誓言在政治生活中的作用,参 P. J. Rhodes. Oaths in Political Life. In A. H. Sommerstein and J. Fletcher (eds.). *Horkos: The Oath in Greek Society*. Bristol Phoenix Press, 2007, pp. 11—25. 梭伦改革完成之后,由于"他手持尖盾站在中间,不让任何一方以不义取胜"也就是为国内冲突的双方设立了一道界桩,当然两头不讨好,为此被迫流亡了十年。但他的流亡可能不仅仅是为了保全自己的性命,而更可能是为了让自己订立的法律能够得到执行而不被推翻,因为雅典人(包括"议会")曾发誓要遵守那些法律。梭伦由此让他的法律大体延续了一个世纪(亚里士多德《雅典政制》7.1—2;普鲁塔克《梭伦传》25.1—3;见 P. J. Rhodes. Oaths in Political Life, ibid, p15—16)。

有可能发誓(陪审员和法官的誓言详后),而且往往凭借誓言就能够判断案件,由于发誓即意味着把纠纷的审判权交给最高的神明,因此,誓言断案,就是终审:没有比神明更高的权威,也无法向更高一级部门申诉了。

1. 当事人的誓言

起初,法律还不发达(即便不能说还没有严格意义上的法律),人们不会把纠纷交到法官那里去——在文明肇兴的开端,政治和法律都还没有成型,部族长老虽然同时充当着法官的角色,但并不是每一场纠纷都值得、都必须要闹腾到首领那里去。最常见的纠纷解决方式就是双方当事人凭誓言来判断,这在荷马史诗(如墨涅拉奥斯与安提诺科斯的纠纷)和荷马颂诗中已经可见一斑,如《赫尔墨斯颂》中赫尔墨斯和阿波罗的纠纷虽然上诉到了宙斯那里,但阿波罗邀请偷盗者赫尔墨斯发誓,在整个案件中,起到了至关重要的作用。不把案件交给第三方,这属于"私了",却与正式的司法审判具有同样的效力,甚至可能比一般的司法审判更为正式,因为它是神圣的裁判法。在后来的司法审判中,与司法程序相关的几乎所有人,法官、陪审员、证人和当事人,都可能需要发誓。

可以想象,在漫长的前司法时代,"私了"十分普遍,甚至可能是惟一的解决方式。纠纷一方(通常是受害者或原告)邀请另一方(通常是肇事者或被告)发誓,就前者所受到的伤害或后者所作出的不当行为进行表白。如果被告接受了邀请,并按照要求恰当地发了誓言,那么被告就胜诉了。如果被告的确有过错,也惧怕发伪誓所带来的深远后果——不仅自己要遭天谴和报应,子子孙孙也会受到无尽的灾难,因此而不敢或拒绝发誓,也就是不接受对方的邀誓,那么,被告就自动败诉。在私了过程中,基本上都是"一誓而决"。

甚至后来正式的司法审判也往往仅仅凭借当事人的誓言而了结纠纷,正如著名的古希腊法律研究专家琼斯所说:"有理由相信,在非常遥远时代的希腊人司法(administration of justice)中,整个审判无非仅仅是由被告的无罪辩护誓言所构成。"①在《安提戈涅》中,卫兵如此起誓以证明自己的清白,"我们准备手举烧红的铁块,穿过烈火,凭神明起誓"(264—265),这就是对那种单靠严酷的誓言就能解决问题的时代的模糊记忆或痕迹。

古希腊的司法一般依靠证据、誓言和审判,当证据不足而且双方都发了有利于自己的相反誓言,在委决不下时,就会进入较为正式的司法审判程序,但这三种情况往往都会有誓言参与。当证据确凿时,有时也无需发誓,但多半都会有誓言相伴,更何况誓言在古希腊本身就是一种证据。如果证据不充分,或者双方都能够找到有利的证据时,那么就只有通过发誓来解决问题了,据《格尔蒂法典》记载,如果有证人的证词,那么法官会根据证词来判案(当然证人也需要发誓),而"如果没有证词,当矛盾的一方出现时,当事人要么采取发誓以拒不承认的方式,要么……(此处残缺)"。②《格尔蒂法典》中还有一条颇为人性化的条款,也与誓言相关。根据该法律,即便有人要对另外的人,不管是自由民还是奴隶,提起诉讼,但在经过审判以前都不能把被告抓捕或拘禁起来,否则就是违法的行为。如果发生了司法程序之前的拘禁,法官自己在发出誓言后,就会命令拘禁者在规定的日子前释放被拘禁者。而如果当事人否认拘禁了另一个当事人,并且又找不到证人,那么,法官在发誓后必须作出判决(似乎法官在誓言的帮助下有一定自由裁量权,但这个裁量权其实很有限,详下)。③

控方会提出要求,让辩方发誓,在古希腊语中叫做 proklesis(通常译作 challenge,或 offer,proposal),对方一般不能拒绝,否则就会马

---

① J. W. Jones. *The Law and Legal Theory of The Greeks*. Oxford: Clarendon Press, 1956, p. 136.

② M. Guarducci (ed.). *Inscriptiones Creticae*, Roma, 1935—1950, V. 4, 72, Col. IX 43—53. 见 Ilias Arnaoutoglou. *Ancient Greek Laws: A Sourcebook*. London: Routledge, 1998, p. 38. 本书所引古希腊法律,均来自于此书。

③ Ilias Arnaoutoglou. *Ancient Greek Laws: A Sourcebook*, p. 29.

上败诉。有时(不管证据是否充分),法官(或充当法官的首领)也会让辩方发誓,而法官提出的誓言要求更为正式,也更具有法律效力。^①也就是说,在司法过程中,常常是辩方"发誓否认"(ἀπόμνυμι,其前缀就是"远离、否认"之意),以证明其清白,这种誓言叫做"洗罪誓"(purgatory oath),在早期日耳曼法律中叫做 Reinigungseid。发誓者无权自由选择发誓的形式,而必须按照案件所涉及的内容以适当的形式向某位(主管的)神明发誓,否则,誓言会被视为无效,甚至被看做是"伪誓"。比如在《伊里亚特》第 23 卷中,墨涅拉奥斯和安提诺科斯关于赛马的纠纷,就应该向主管牧马的大神波塞冬发誓。

在《格尔蒂法典》中,有这样一条关于离婚时财产纠纷的法律,如果妻子离开时,带走了丈夫的财产,就会有麻烦,而如果没有带走,则控告她的前夫也会受到惩罚:

> 如果妻子拿了本属于她丈夫的其他东西,她应该付 5 个斯塔特(Stater),以及她所拿走东西的价值;她还应该并归还她拿走的东西。如果她否认自己拿了更多的东西,就应该在阿米克洛斯神庙(Amykaion)中当着 Archeress 塑像以阿尔特弥斯之名发誓,她没有多拿东西;而如果任何人剥夺了她的东西,一旦她已经发了誓,这个人就必须付 5 个斯塔特,并归还[从她那里]拿走的东西。如果一个外人帮助她拿走了属于她丈夫的东西,这个人就应该付 10 个斯塔特,还要付法官发誓认为这个外人帮助她拿走东西所值的两倍价钱。^②

---

① M. Gagarin. Litigants' Oaths in Athenian Law. In *Horkos: The Oath in Greek Society*, pp. 39—47.

② Ilias Arnaoutoglou. *Ancient Greek Laws: A Sourcebook*, pp. 20—21. 希腊各地币制不统一,在格尔蒂,六个俄宝(Obol)等于一个德拉克马(Drachma),十二个俄宝等于一个斯塔特,那么,一个斯塔特就等于两个俄宝。古希腊普通人每天的收入一般是四个俄宝。

这条法律的措辞"应该"云云,与现代法律似乎不尽相同。法官在这里也需要发誓。妇女凭借阿尔特弥斯之名发誓,这也是固定的誓言内容,可能不(仅仅)因为阿尔特弥斯是妇女的保护者,因为在另一条法律中,也以阿尔特弥斯之名发誓。在小亚细亚的 Zelea,为了保护公有的土地不被任何私人侵占,城邦就会从那些并不拥有公家土地的人当中选出 9 位督察,"选出来的人应该向阿尔特弥斯发誓,他们将根据法规找出任何侵占公有土地的人,并且会根据他们自己的意见而根据其价值正确且公正地给予罚款"。①

在希腊本土卡迪斯(Kadys)执政时期,根据他制定的所谓"卡迪斯法律",原告的权力不仅仅限于要求被告发誓,甚至还可以强迫有关的机构(类似于议会)启动诉讼程序,让该机构指派法官并传唤证人前来发誓。该机构必须在一个月之内根据法律而安排好一切事情,否则该机构的每一个成员就要付五十德拉克马(这已经不是一笔小数目)。② 可见,证人有时也需要发誓(尽管这并不是必需的)。比如在通奸案中,捉奸者也就是证人,需要与其他四个证人一起发誓,每一个都要申明自己是在现场抓住的通奸者。如果捉奸者不是当地具有完全公民权的人,需要同其他两个人一起发誓,而如果捉奸者是奴隶,就需要同他的主人一起发誓。③ 此外,妇女可以把自己在证人面前把离婚后所生的孩子交给前夫,前夫如果拒绝,该妇女可以选择自己抚养,也可以选择遗弃孩子(但在此前遗弃孩子要遭到罚款,如果孩子是自由民,罚 50 个斯塔特,如果孩子是奴隶,罚 25 个斯塔特)。如果妇女选择了自己抚养,那么,妇女的监护人和证人就要起誓说她已带走了孩子。如果这个妇女是一名家奴,在一年之内与前

---

① Ilias Arnaoutoglou. *Ancient Greek Laws: A Sourcebook*, p. 108.

② Ibid, p. 47.

③ Ibid, p. 23. cf. R. Parker. Law and Religion. In M. Gagarin and David Cohen (eds.). *The Cambridge Companion to Ancient Greek Law*, p. 72.

夫复婚,那么孩子就归前夫的主人监管,而见证人也需要发誓证明此事。① 证人在这种情况下发誓,是为了加强证据的效力,以说明事实的确凿性,因为发誓就是要把证据托付给神明,从而让证据具有宗教的至高地位。而且证人在提交了证据之后,而不是此前,还需要发誓,这时的誓言不是为了确保他所提供证据的真实性以利于法官判案,而显然是把证据托付给宗教。②

除了被告需要发誓以外,原告偶尔也需要发誓,尤其是在强奸案中。据《格尔蒂法典》记载,如果一个人强奸了一名女家奴,那么这位女奴需要通过发誓来证明自己的确被强奸了。③ 这条规定的确有些奇怪,因为它没有规定一个身为自由民的妇女被强奸后,是否也需要通过誓言来证实那件事实。有学者认为这条法律颇有难度,受害者发什么誓? 发誓说她的确被强奸了? 发誓说她在被强奸时还是一个处女? 如此等等。④ 但正是因为检测手段和侦破技术不发达而无法确证强奸的事实,如果再加上没有目击证人的话,那么惟一可行的办法就只有交给誓言,也就是交给神明了:神明无所不知。这在无神论的时代的确有些难以理解,但在神明管理一切的时代,那是再正常不过了,而且也再神圣不过了。誓言不仅仅是一种义务,而且也是一种神圣的权利,有的人甚至不被允许发誓(比如大名鼎鼎的 Xeno-crates)。⑤

格尔蒂和雅典的发誓方法或形式有很大的差别,结果就导致了誓言在雅典的作用不断下降。在格尔蒂,只有"更有资格发誓"(more

① Ilias Arnaoutoglou. *Ancient Greek Laws: A Sourcebook*, p. 21.

② R. Parker. Law and Religion. In *The Cambridge Companion to Ancient Greek Law*, p. 72.

③ Ilias Arnaoutoglou. Ancient Greek Laws: A Sourcebook, p. 24.

④ R. Parker. Law and Religion. In *The Cambridge Companion to Ancient Greek Law*, p. 73.

⑤ W. L. Newman. *The Politcs of Aristotle*. Oxford: Clarendon Press, 1902, Vol. III, p. 274.

entitled to the oath，或 more oathworthy，也就是更需要发誓）的一方才发誓，当然，谁应该发誓、发什么样的誓、向谁发誓，应该由法官根据法律或习俗来决定。而在雅典，每一个案件中的双方都要发誓，这样就会出现两个完全不同甚至相互冲突的誓言，[①]法官根本就无法仅仅凭借矛盾的誓言来判案。一方发誓，则可以一誓而定；但双方都发誓，誓言就失去了司法意义。在雅典，双方的誓言已不再具有终审作用，甚至对审判没有多少具体价值，而仅仅不过是以一种方式进入司法程序而已："誓"与"言"已然分离，或者说，"誓"已蜕化为一种"言"，在修辞十分发达而近于"巧言令色"的民主社会中，誓言已枯萎成一种空洞的修辞。由此不难理解，后来在雅典的司法中，不仅誓言与誓言之间相互冲突，而且双方的誓言与证据之间也互相矛盾，这时，就只有严格意义上的或者现代意义上的司法审判才能解决问题了。

法官本人需要发誓，但他可以强迫也可以不要求当事人发誓，而一方当事人也可以要求对方发誓，并且还可以根据是否对自己有利而决定自己是否发誓。法官让当事人发誓，不过是在委决不下的情况下把"道德负担"转嫁给当事人而已。[②] 在誓言不再起重要作用、甚至不依靠誓言来判案的时代，当事人如果都拒绝发誓，那就进入调解、仲裁和审判的程序。在埃斯库洛斯的《报仇神》（即"奥瑞斯特亚"三部曲中的最后一部，音译作"欧墨尼得斯"）中，奥瑞斯特斯"不会接受誓言，也不会发誓"，那么，结果就只好把案件交给雅典娜来审判（428 以下）。[③] 也就是说，双方当事人可以私下通过誓言来解决纠纷，而如果都愿意发誓，那么就无法断定哪一方的誓言是真实的了，

---

① 参 R. Parker. Law and Religion. In *The Cambridge Companion to Ancient Greek Law*，p. 74。

② R. Parker. Law and Religion. In *The Cambridge Companion to Ancient Greek Law*，p. 73.

③ 《埃斯库洛斯悲剧》，王焕生译，南京：译林出版社 2007 年，第 477 页。另参陈中梅的译本，辽宁教育版 1999 年。后者根据 Eumenides 的本身意思而译作"善好者"。

则进入公开的司法程序——当然,在司法程序中也会有誓言,但那已经正式而且神圣得多了:誓言要在寺庙中的祭坛面前进行,而且还需要遵照特定的仪式。

2. 证据与誓言

与现代司法颇为不同的是,在神圣法律向世俗法律过度的时期,誓言也可以作为一种证据。古希腊的证据范围非常广泛,可谓无所不是。亚里士多德的《修辞学》第一卷讨论说服论证的技艺,其中法庭上的说服论证便是最常见也最实用因此也最重要的修辞,所以亚里士多德在《修辞学》第一卷第十五章中详细记载和讨论了几种说服论证的方法,我们关于古希腊司法实践的知识多半可以从这一章中而来。这五种"非技术性的"亦即不是靠天花乱坠的修辞技艺而进行的必然性论证方法,即不是靠技巧,而是靠广义的"事实"来论证,可以笼统地称为"证据"。这五种证据分别是:法律(1375a25-b25)、证言(1375b26-1376a32)、契约(1376a33-b30)、拷问(1376b31-1377a6)和誓言(1377a8-b11)。[①]

在古希腊,就连法律本身也是一种证据,这对现代人来说,的确有些奇怪。亚里士多德在《修辞学》中虽然是在讨论"我们在劝说或劝阻、控告或申辩时应该如何利用法律"(1375a25-27),但更多地是在讨论成文法与不成文法的界限,指明法律至高无上的地位以及法官或陪审员在利用法律时的自由度(也就是通常所说的"自由裁量"),而没有谈到法律也可以作为一种证据。在古希腊,可以找到一些以法律为证据的案例。如果当事人需要向公众法庭提起诉讼或要求仲裁,双方就会各自准备一个瓶子,其作用类同于现在的卷宗,不仅要用来装各自的证据,还要把自己认为适用的法律装在里面,然后

---

① 其中的"证言",本意是"见证",所以罗念生和颜一都作此译,但容易跟现代法律中的见证人(eye-witness)相混。

密封起来,交给法官。① 这时,法律就相当于一种证据。双方在法庭上,不仅要对事实、证据等问题展开辩论,还要对法律这种证据进行深入的讨论。因此,在古希腊的法庭中,经常就会出现对某一条法律的立法依据及其正当性进行辩论:事实辩论让位于或变成了法理辩论!②

证言不仅仅是指当事人所能找到的证人当庭说的话,甚至还包括古人的名言警句、格言谚语、神谕等等,这些都可以作为一种证据。据亚里士多德说,证言分为古代的和近代的证言。古代的证言往往出自诗人和名士,比如荷马或梭伦,而荷马史诗在古希腊本来既是宗教经典,也是法典:而"所谓的法律文本——法律(nomoi)、契约、判例和法庭讼词,丝毫不比史诗、抒情诗、悲剧或历史撰述更重要"。③ 古代的证言却最可信的,因为谁也没有办法收买古人。近人的证言就是指一些著名人物对某些问题的看法,这类证言效力有限,只能用来证明事实,而无关乎案件的性质,比如公正与否、有利与否等,而且这一类证言有风险,一旦被认为是伪证,举证者就会受到惩罚。当事人的证言当然也是十分重要的,因此古希腊的法庭对当事人的证言要求颇为严格,一般要求成文呈上,以示严肃和正式。

与今天一样,契约具有很高的效力,因为"如果契约失去了约束作用,人类的相互往来就将毁于一旦",而且"法律本身就是某种契约,故谁不遵守或破坏契约,谁就等于是在破坏法律"(1376b8—14,颜一译文)。但契约并不是判案的最可靠的依据,因为契约也可能是在欺诈和强迫中订立的,而且契约也可能与法律法规相违背,也可能

---

① J. W. Jones. *The Law and Legal Theory of The Greeks*, p. 125.

② 德默斯提尼在法庭中的辩论陈词,往往会上升到法理学的高度。或者说,他为了证明对方的谬误,常常向一般性的法理开战,比如他的《抗诉蒂默克拉底》(Against Timocrates)就是一个很好的例证,参 J. Ober. Law and Political Theory. In *The Cambridge Companion to Ancient Greek Law*, p. 408。

③ Gerhard Thuer. Oaths and Dispute Settlement in Ancient Greek Law. In *Greek Law in its Political Setting*, p. 57.

与其他契约相冲突。此外,当事人往往可以通过夸大或贬低契约的重要性,甚至怀疑契约的可信性来进行有利于自己的辩护。所以,"审判者的人物就是裁定什么是公正的,因而他不应纠缠于契约本身,而应考虑什么才是更加公正的。而且一个人不能用欺诈和强迫的手段去篡改正义(因为正义是植根于自然的)"(1376b19—22,颜一译文)。法律以正义为目标,在此前提下,法官似乎还是具有一定的自由裁量权。

在古希腊,拷问也是一种证据(见证),而且这种极端强制形式所提供的证言,还被认为更可信。当然,拷问仅仅针对奴隶而言,对自由民则不能通过这种方式来取证,这大概就是因为在古希腊法律中,奴隶不能出庭作证。奴隶的地位十分低下,往往人品也因此而似乎不高("一个人陷入奴籍,便会使他失去一半良好的德性",《奥德赛》17.322—323),这种看法在奴隶制尚存的时代,似乎不难理解,便需要通过拷打来获取真实的证言。这种取证的方式需要双方当事人、尤其是奴隶的主人同意。当然,亚里士多德也知道,拷问也不是万能的,有的人可能会受不了皮肉之苦而吐露真话,但也有老奸巨猾、厚颜无耻甚至心高气傲的奴隶,正好可以利用这个机会来泄愤,据说古希腊主奴关系大多不太好。所以,亚里士多德认为,拷问得来的口供并不可靠。

誓言是亚里士多德最后讨论的一种证据。据他记载,古希腊的誓言分为四种情形:提供并接受誓言,提供但不接受,不提供但接受,既不提供也不接受。不提供誓言,基本上等同于发伪誓,而如果不发誓,则会败诉。后来,誓言的作用越来越小,如果其中一方拒绝发誓,或者誓言有伪,那么就把纠纷交由法官来处理,这样,拒绝发誓的一方就是"甘冒由陪审员来审判的风险",而拒绝接受对方誓言的人觉得不相信对方的誓言时,自己也会冒着受审判的危险,因为对方的誓言有可能是真的。这时,大家不再靠誓言来解决争端,而是冒着由陪审员们来审判的风险,即便人判比神判更不那么可靠,但与极有可能发伪誓的对手相比较,陪审员总是更可信赖,因此人们不再相信神明的时候,就更愿意相信法官或陪审员,而不相信对方(《修辞学》1377a8—15)。这就是说,当人们不再相信神明的时候,誓言的作用自然而然也就越来越小(详下)。或者说,当启示阙失后,人们只能也必须依赖理性。亚里士多德可能没有意识到,誓言作为一种证据这种情况产生的原因或者它的内涵,大概就在于宗教神学在亚里士多德的逻辑学、形而上学和自然学中本来就没有占到多大的分量。

至少在《格尔蒂法典》中,"对誓言所提出的证据与作为证据的誓言相重叠",①也就说,誓言也是证据。

3. 誓言的种类和结构

誓言在古希腊可谓俯拾皆是,根据不同的性质,可分为宗教的(religious)、世俗的(secular)、市民的(civic)和司法的(judical)等四大类,其下还可以再进一步分类,而且各类之间多有交叉。

比如就司法誓言来说,有当事人的誓言(而当事人誓言从内容上看也可能是宗教性的或世俗性的)、陪审员的誓言,法官的誓言等等。除此之外,小亚细亚的埃瑞忒莱(Erythrai)为了保护民主制度不受颠覆,对执政官的权力进行限制,规定谁都可以指控执政官违法(类似于今天的"违宪"),如果属实,执政官就会被罚 10 个斯塔特,其中一半奖给指控者,另一半归城邦。而如果指控者撤诉,他就会同样被罚 5 个斯塔特。如果有人控告执政官违法,城邦就会组织专门的机构来处理此事,我们可以姑且称之为"宪法法庭"。该法庭由至少 61 人组成,也就是从每一个部族中选出 9 个家产高于 30 个斯塔特的人所组成。根据法律和法规,当选的成员发的誓言与议员(bouleutai)发的誓相同,②这种誓言既是政治誓言,也因与"宪法"相关,故也是司法

① J. Davies. The Gortyn Laws. In *The Cambridge Companion to Ancient Greek Law*, p. 313.

② Ilias Arnaoutoglou. *Ancient Greek Laws: A Sourcebook*, p. 83.

誓言（宪法本来就是政治与法律的结合点）。

雅典还有一条在立法和批准法律方面的规定，也与司法誓言相关。现存的法律要受到审察和批准，如果法律没有经过批准，那么任何雅典人就会提出一部新法，他会把新法写在一块白板上，陈列在广场中。城邦会选出一个由五个雅典人组成的委员会来对那些即将遭到废除的法律进行辩护。如果现存的法律被废止了，公民大会的主席就会提出一些关于立法者的会期和经费问题，也就是要指定立法者重新立法。"只有已经发过司法誓言的人，才能够被指定为立法者"（nomothetai）。① 这里所说的司法誓言内容不详，很可能与法官、陪审员所发的誓言相似。无论如何，这里明确提出了"司法誓言"一词。

在有些法律中，发誓者似乎可以选择其中的一种（尽管在宗教誓言中，谁该发誓、向谁发誓这是不可选择的，而是由法官决定，更多情况下是根据传统、习俗或惯例来决定）。比如，希腊塔索斯岛（Thasos）上有一条法律，保护告密者。谁揭发了叛国的阴谋，就会得到奖赏，而如果告密者本人就是阴谋的当事人，那么，他也可以拿到巨额的奖赏，并且只要他不是叛国事件的主谋，那么基于宗教的或世俗的誓言（religious or secular oath），那么告密者就不会遭到起诉（尽管他曾经是叛国集团的成员），也不会受到任何公开的诅咒。② 可见，诅咒也是对叛国者惩罚的重要内容。诅咒是一种宗教上的惩罚，也是伪誓所要遭到的报应，因此，告密者被免除了司法上的和宗教上的责任。这里不清楚的是，究竟谁来发这个"宗教的或世俗的誓言"，告密者还是法官（法官或其他负责处理叛国事件的委员会发誓保证告密者的安全）？照常理并根据上下文推断，应该是告密者发誓，然后就可以免责。

---

① Ilias Arnaoutoglou. *Ancient Greek Laws: A Sourcebook*, p. 88.
② Ibid, p. 87.

　　古希腊的这些誓言经常被现代人认为是公然的"伪誓",但这与古希腊人对神明的敬畏态度不相符合,这是因为现代人不太清楚(古希腊)誓言的结构,只有完整的结构才叫做誓言,否则仅仅是"邀誓"而已。在不完整的誓言中,发誓者可以说一些似是而非、模棱两可甚至完全不真实的话,这也不能叫做伪誓,因为它还不是严格意义上的誓言,它只是"未曾发出的誓言"(unsworn oath)。① 古希腊人很会钻誓言(法律)的这种空子,所以看起来到处都是伪誓,这也正是波斯人居鲁士瞧不起希腊人的原因(希罗多德《原史》1.153)。

　　前文所讨论的赫拉以自己的婚床向丈夫宙斯发的誓(《伊里亚特》15.36—40)以及偷牛者赫尔墨斯向牛的主人阿波罗所发的誓言(《赫尔墨斯颂》383以下),看起来都像是伪誓,但赫拉和赫尔墨斯实际上都没有发誓,而只是提出了类似于"我敢于以斯提克斯以及我们的婚床"来发誓的动议,或者表示自己敢于发誓的决心,而真正的誓言则在不了了之中尚付阙如。赫拉发誓说波塞冬帮助希腊人"并非按照我的意愿",这的确是事实,尽管波塞冬曾经同赫拉商量过帮助希腊人,但波塞冬并不需要服从赫拉的领导,而帮助希腊人本身也是波塞冬自己的意愿。赫拉曾请求睡眠神帮忙,睡眠神的作用一是催眠宙斯,二是去通知波塞冬,让他动手帮助希腊人。赫拉只是让睡眠神催眠宙斯,并没有让睡眠神去通知波塞冬,而是睡眠神自己的心领神会。② 所以,赫拉使用欺骗、诡诈等手段(包括欺骗了阿佛洛狄忒和宙斯),但并没有发伪誓。而赫尔墨斯直接用将来时(epidosomai),其意图仅仅在于表示"我将会发誓",或者"我可以发誓",但最终并没有发誓,所以更算不得伪誓。

　　完整的誓言由四部分组成:导言、要旨、执行和结论。"导言"通

---

① Cathy Callaway. Perjury and Unsworn Oath. *Transactions of American Philological Association*, Vol. 123 (1993), pp. 15—25.

② R. Janko. *The Iliad: A Commentary, Books 13 — 16*. Cambridge University Press, 1994, p. 232.

常是邀请或提供誓言的动议,而"要旨"则是发誓的大意,最后还要加上"执行"和"总结",誓言才算完成。我们来看荷马史诗中两个典型的誓言,并以此为依据来判断其他未发之誓。阿喀琉斯在《伊里亚特》第一卷遭到阿伽门农的羞辱后,如此发誓(1.233－246,罗念生译文):

> "我要对你说明,发出庄重的誓言: 　　　　　[导言]
> 我凭这根权杖起誓,这权杖从最初
> 在山上脱离树干依赖,不长枝叶,
> 也不会再现出鲜绿,因为铜刀已削去
> 它的叶子和树皮;现在阿开奥斯儿子们,
> 那些立法者,在宙斯面前捍卫法律的人,
> 手里掌握着这权杖;这是个庄重的誓言:
> 总有一天阿开奥斯儿子们会怀念阿喀琉斯, 　[要旨]
> 那时候许多人死亡,被杀人的赫克托尔杀死,
> 你会悲伤无力救他们;悔不该不尊重
> 阿开奥斯人中最英勇的人,你会在恼怒中
> 咬伤自己胸中一颗忧郁的心灵。"
> 佩琉斯的儿子这样说,他立刻就把那根 　　　[执行]
> 嵌着金钉的权杖扔在地上,坐下来。 　　　　[总结]

阿喀琉斯在"导言"中自己提出(offer)了发誓的请求(其特征就是使用了将来时,另参上述赫尔墨斯所发誓言的时态),而一般的誓言在"导言"部分则多是发出邀请(invitation, or the calling for an oath)。阿喀琉斯接下来提出了誓言的主要内容,并通过把权杖扔在地上表示执行了誓言(尽管不是十分正式),最后以"坐下来"结束。

《奥德赛》中也有一个完整的誓言场景,虽然只有短短的四句话,却正好包含了誓言的四个基本要素(10.343－346,王焕生译文),奥

德修斯叙述到,他害怕基尔克加害与他,于是对她说到:

> '神女啊,除非你现在对我起一个大誓,　　　［导言］
>
> 不再对我谋划任何其他的不幸。'　　　　　［要旨］
>
> 我这样说完,她立即按我的要求起誓。　　　［执行］
>
> 待她遵行如仪,起完庄重的誓言。　　　　　［总结］

　　第一句就是"邀誓",第二句是主要内容,第三句说明基尔克忠实地发了誓,最后奥德修斯才登上了她华丽无比的床榻。这里没有详细交代基尔克向谁发的誓(宙斯抑或斯提克斯),但已足以说明问题了。

　　基尔克发誓的过程中,有一个因素非常重要,那就是对方的接受。如果对方不接受另一方的誓言,那么,即便誓言再完整,也没有约束力,因此也就等于没有发誓。在《奥德赛》中,奥德修斯化妆成乞丐潜回伊塔卡后,分别向三个人发过誓:牧猪奴欧迈奥斯(14.151—172),王后佩涅诺佩(19.302—309),牧牛奴菲洛提奥斯(20.229—36),但分别被三人拒绝了,因此,奥德修斯还没有来得及执行和总结,对话就结束或者话题就转移了,这三次誓言都不是完整的,也是"未发的誓言"。① 这种情况在荷马史诗中的其他誓言场景中屡次出现,在古希腊正式或非正式的场合中也十分普遍。

　　誓言的第二个部分,即"要旨"中,通常包含一种明言的或未曾明言的诅咒,以保障誓言的真实可靠。为此,就需要邀请神明来见证这个誓言,保护这个誓言,并惩罚伪誓者。也就是说,誓言一般包含诅咒或赌咒在内,而誓言中请神明来见证、保护和处罚,就是一种赌咒或诅咒,如果誓言中没有这一条,也不完整,不是真正的誓言。我们

---

① Cathy Callaway. Odysseus' Unsworn Oaths. *The American Journal of Philology*, Vol. 119, No. 2 (Summer, 1998), pp. 159—170.

日常用语中的"赌咒发誓"其实是两个概念,即"赌咒"和"发誓"。这两个概念的关系就是:发誓包含赌咒,赌咒是发誓的一个组成部分。在十分简洁的语境中,发誓时会根据上下文而省略一些要件,结果只剩下赌咒,看起来赌咒好像就等于发誓了。但一般而言,离开誓言单独谈论赌咒,那是远远不够的。

诅咒针对他人,赌咒则针对发誓者自己以及自己的后代。前引赫西俄德《劳作与时日》对誓言的说法,其实就已经包含了一种诅咒:如果发伪誓,则子孙后代渐趋微贱(类似于我们所谓的"断子绝孙"),而如果发真誓,其后代则会兴旺发达。在神话时代,人们相信神明,发誓时只需要提到某位神明的名字,比如宙斯、斯提克斯、复仇女神等等,就代表着赌咒了,因为这些神明会给予伪誓者相应的惩罚。而在文明时代,就算人们相信神明,但也更愿意把咒赌得更加明确,在伊奥尼亚地区的特俄斯(Teos),人们为了保护城邦的纯洁、安定和经济上的利益,就会举行公开的诅咒:谁违反了这些规定,让城邦遭到污染,"就让他遭到毁灭,他自己和他的后代[也要遭到毁灭]"。[1] 这种为了保护城邦的福祉(well-being)的集体赌咒在很多希腊城邦中都发生过,而且一致持续到希腊化时代。有时,我们在古希腊的法律法规中会发现这样的条款,它对违犯者除了给予特定的惩罚(比如罚款甚至流放)外,还要对他进行诅咒。这种公开的赌咒或诅咒仪式,是对集体价值的强有力表达。[2] 如果誓言不包含诅咒或赌咒,那就不是誓言,而无非是一种更不具有约束力的承诺。

无独有偶,罗马法中也有相似的"宣誓决讼"(sacramentum),其意义、适用范围和具体程序都比古希腊法律的相关方面要明细得多,可以作为我们理解誓言在古希腊司法实践中的重要参照系,现抄录

---

[1] Ilias Arnaoutoglou. *Ancient Greek Laws: A Sourcebook*, p. 84.

[2] R. Parker. Law and Religion. In *The Cambridge Companion to Ancient Greek Law*, p. 77.

我国最杰出的罗马法专家周枏先生的《罗马法原论》中的一些结论，作为参考（另外亦可参前引格罗索的《罗马法史》）。

在罗马法中，宣誓决讼的方式最初仅用于解决所有权问题，后来随着土地私有，宣誓程序越来越普遍，加上币值大幅度下跌，誓金对一般人来说都不再成为沉重的负担时，宣誓便成为了一种普通的诉讼，"在法律未规定须以其他形式进行诉讼时人们采用誓金形式"，[1]或者换句话说，"凡权利不受特定诉权保护的，均可采取宣誓决讼以资救济"。[2]　双方应向神宣誓，而如果惧怕神明的惩罚，当然不敢起誓，便归还原物，息事宁人。在这个过程之中，偶尔还会掺杂着决斗，这也是神明审判的一种方式，亦是早期"无法有天"之时解决纠纷方式（即以武力为核心的私力救济）之余留。

与荷马史诗《伊里亚特》第十八卷所载阿喀琉斯盾牌上所记的那两塔兰同黄金一样，古罗马的宣誓决讼同样需要缴纳讼金或誓金。在古罗马王政时期，当事人在起誓时，视案件的大小轻重，各向祭司提供牛5头或羊5只。诉讼结束后，即将败诉一方的牛羊用以祭神，以赎其伪誓之罪。共和以后，政教分离，当事人提供的牛羊，不再用于祭神，而是作为罚款由国家没收：即所谓"上交国库"（in publicum cedebat）。[3]　而到了盖尤斯时代，誓物或誓金既不用于祭祀，也不上交国库，而是"由胜诉方获得赌誓（sponsionis）或者反赌誓（restipula-tionis）的罚金"。[4]《十二表法》第 2 表第 1 条规定：案件标的在 1000 阿司以上的，交誓金 500 阿司（这是一个相当高的款额），标的不足 1000 阿司的，交 50 阿司（区别极为悬殊，有"劫富止讼"的意味），据

---

[1]　盖尤斯：《盖尤斯法学阶梯》，黄风译，北京：中国政法大学出版社 2008 年，第 210 页。

[2]　周枏：《罗马法原论》，同前，第 941 页。

[3]　格罗索：《罗马法史》，同前，第 93 页。

[4]　盖尤斯：《盖尤斯法学阶梯》，同前，第 210 页。

说,也是为了不想加重诉讼者的负担。①

宣誓决讼的适用范围:既适用于物权,也适用于债权,前者叫做"对物的宣誓决讼"或"对物的誓金法律诉讼"(sacramentum in rem 或 legis actio sacramento in rem),后者叫做"对人的宣誓决讼"或"对人的誓金法律诉讼"(sacramentum in personam 或 legis actio sacramento in personam)。具体的方式以前者为例,当甲方向乙方争为某奴隶的主人,则由甲传唤乙至法官前(in ius),并要乙带着该奴隶一同前去(如果纠纷的标的不能移动,则带来它的一小部分)。双方用法定语言宣布自己的主张或权益,然后象征性地用木棒或棍子放在奴隶(或纠纷标的)上面。乙方也做相同的动作,模拟古人搏斗的情况(木棒即武器)。有些史料还提到双方当事人把手交叉在一起(manus conserere)。这是法官出面干预,命令道:"双方都放开奴隶"(mittite ambo hominem),制止私人搏斗,终止私力救济,该由国家接管,随即进入宣誓程序。甲问乙:"你有什么理由主张该奴隶为你所有?"乙答曰:"依罗马的法律(或早期罗马法called'奎里蒂法'),我发誓主张我的权利。"甲又问:"你敢用50阿司来决胜负吗?"如果乙有信心,就会回答说:"我当然敢。"于是双方即提供誓金或交保,然后法官开始为双方任命审判员(或仲裁人),如果是重大案件,则有可能交给十人法院或大审院审理。审理员的任务,主要就是判定双方誓言的真伪。②

第四节　誓言、法律与自由裁量

法官、陪审员以及其他行政官员上任时要宣誓,③这没有什么好

---

① 周枏:《罗马法原论》,同前,第 941—942 页。另参盖尤斯:《盖尤斯法学阶梯》,同前,第 210 页。

② 同上,第 942—943 页;另参格罗索:《罗马法史》,同前,第 93 页。

③ 在古代,行政官员往往就是法官,而法官与陪审员也并不像今天那样泾渭分明,而且法官和陪审员都可以出庭作证。

奇怪的,这种仪式在当今这个几乎无神的时代依然存在。希腊司法中,颇为奇特的是,法官在判案过程中,也会发誓,发过誓后,便似乎可以不按法律而是根据自己的观点来判案,显得颇为自由。那么,法官究竟在什么情况下发誓,又究竟有多大的自由裁量的权力?

据亚里士多德说,英雄史诗时代的君王身兼多职,战时充任最高统帅,平时则主持祭祀(那些需要专门祭司的宗教活动除外),他们还裁断讼案,也就是处理司法事务。他们断案有时不发誓,有时则起誓。发誓的时候,就举起权杖(直译为"誓言就是举起权杖")。这个仪式也许就表示国王—法官向权杖的来源——神明,宣誓忠诚,这时,国王不需要念念有词,也不会提到某位神明的名号(比如参《伊里亚特》1.234,7.412,10.328),这就与普通人在日常生活中的起誓仪式区别开来了。这里没有说明国王的誓言仅仅是一种一般性的外在仪式,还是判案的组成部分,即出于下文将要提到的原因,国王必须靠誓言断案。如果需要靠誓言才能断得了纠纷,大概就会说出"公正判案"或者"依法判案"之类的誓言。

亚里士多德提到了远古时代,法官可能不需要发誓。但我们不能由此而断言誓言在法官的工作中并不重要,据色诺芬记载,拉喀得蒙的国王每一个月都要向督察官(Ephor)宣誓,他们会依法统治(《斯巴达政制》15.7),他们很可能也经常需要依靠誓言来判案。现有的材料表明,甚至在证据充分的情况下,也就是在当事人提供证据和证词后,法官本人也会起誓,然后再根据情况进行宣判。[①] 当然,由于缺乏证据,法官才会依靠自己的(而不是当事人的)誓言来判案。除了缺乏证据之外,法官在其他几种情况下也会依靠自己的誓言来处理:某种法律与其他法律相冲突,现有的法律过时了或不合适,不利于维护社会的正义,不能帮助共同体实现幸福的目标。

一般说来,如果事实清楚、证据充分、适用法律明确,那么法官可

---

① Ilias Arnaoutoglou. *Ancient Greek Laws: A Sourcebook*, p. 13.

以不发誓(但往往也会发誓),也不会通过自己的誓言来判案。但如果证据不足,或者双方都有十分有利的证据,法官似乎别无他法,只能够先发誓按照自己的经验、见识或判断力来宣判。这时,法官的誓言就成了判案的(合法性)依据。在《格尔蒂》法典中,有这样一条规定:

> 如果在争一个奴隶,双方都说那个奴隶属于自己,如果有证据,法官就会根据证据来宣判;但如果证据对双方都有利或者对哪一方都不利,那么法官就应该在发过誓后进行裁决。①

在格尔蒂乃至在整个克里特,法官属于最高阶层的官员之列,但他们之所以能够如此自由裁量不是因为他们的身份地位,而是由于他们发了誓:他们的誓言与其说是向神明保证,不如说是"邀请"神明前来(共同)审判——在证据对双方都有利或都不利的情况下,甚至在没有证据可供判断时,把案件交给神明无疑是最明智的、最正义的(因为神明就是正义的)、最安全的。这种"安全"不是推脱责任,因为如果法官为虚假的证据所误导,或者自己发了伪誓,当然就会承担由于发誓所带来的宗教罪责。但无论如何,当依靠法官自己的誓言来判案时,"发誓与判案就不是两个程序,而是一个"。②

一、成文法与自然法

在古希腊的大量司法实践中,由于成文法总会存在这样那样的问题,法官就必须在宣誓后作出更有利于法律本身目标的裁断。这

---

① Ilias Arnaoutoglou. *Ancient Greek Laws: A Sourcebook*, p. 29. cf. Gerhard Thuer. Oaths and Dispute Settlement in Ancient Greek Law. In *Greek Law in its Political Setting*, p. 57; J. Davies. The Gortyn Laws. In *The Cambridge Companion to Ancient Greek Law*, p. 313.

② R. Parker. Law and Religion. In *The Cambridge Companion to Ancient Greek Law*, p. 73.

时的誓言就显得颇为重大了,因为它牵涉到法官的自由裁量权的问题了。但又该如何使用不成文法或自然法呢? 对于社会的安定团结和公正幸福来说,究竟是法官的理智更重要,还是法律的规范本身更需要不惜一切代价来维护? 法官的自由裁量如果过度了,就形成了"人治",它与"法治"当然针锋相对,它们各自或许都有自身的局限,那么,法官究竟应该怎么办呢? 亚里士多德在这方面的记述可谓经典和权威,但也透露出在"人"与"法"之间抉择时的犹豫、摇摆和困难,这或许本身就是一个永远没有最终答案而需要人们代代思索的问题。亚里士多德说:

> 如果成文法对讼事不利,便必须使用普通法和更公道的[法律],也就是更正义的[法律]。可以说,[审判员发誓要]按照自己的最好识见判决,意即不完全拘泥于成文法;公道[的法律]是永恒的、任何时候都不变的,普通法也是不变的(因为它依据的是自然的本性),而成文法则经常变。(《修辞学》1375a29—33)

由此看来,成文法似乎不是审判的最高标准和最终依据,而普通法(颜一译作"一切人共同接受的法律")高于成文法,因为它更为公道($\acute{\varepsilon}\pi\iota\varepsilon\iota\varkappa\varepsilon\sigma\tau\acute{\varepsilon}\varrho o\iota\varsigma$)①,也更正义,它"的确是依据 physis[自然]而来的"

---

① Loeb 丛书(和 Cope 编本)的希腊文本在此处与其他各种编本都不同,其他编本都有"更"(即比较级),而 Loeb 丛书用的是该词的原形。似有不妥。"更公道的[法律]"罗念生意译作"衡平法"(英译多作 equity),但"衡平法"一个后来才有的概念;而颜一则把它译作"酌情宽赦"或"酌情处理",似为意译。Cope 的注疏本又把另一个词 sympheron (1375b13)译作"equity"(衡平),似亦不妥,该词更准确的译法是"advantageous"(有利的)或"beneficent"(仁善的),参 W. M. A. Grimaldi. *Aritotle*, Rhetoric I: *A Commentary*. New York: Fordham University Press, 1980, p. 323. 本文采用廖申白的译法。另外,罗念生的译文与颜一的译文有很大的不同,罗念生的译文有很多句子都漏译了,比如"以得到更公正的处理",和"因为它依据的是自然的本性",1375b3—15 这一大段话也译掉了,这段话对于理解成文法和不成文法的关系,十分重要。

（*κατὰ φύσιν γάρ ἐστιν*），这种更高的更公道的法律，就是后世所谓的自然法（natural law），也就是下文的安提戈涅所说的"不成文法"（*ἄγραφον*）。如果我们把"公道"一词直译过来，就是"有利"，法律遵循的是"有利原则"。

为什么法官要发誓按照自己最好的识见来判案，而可以不拘泥于成文法呢？那是因为成文法本身有缺陷，至少因为它时常变更，"由此，索福克勒斯笔下的安提戈涅才会申辩说，埋葬［她的哥哥］虽违犯了克瑞翁的法律，但却没有违犯不成文法"（1375a33－35，另参1373b）。安提戈涅遵从的是永恒的法律，所以她不怕触怒任何人。安提戈涅遵守的是宙斯颁布的神法，而在她看来，任何凡人都不能废除诸神制定的永恒不变的不成文法（《安提戈涅》456－457）。神法高于人法，不成文法高于成文法。① 安提戈涅为自己申辩，而亚里士多德又是在为安提戈涅进行辩护。安提戈涅在这里实际上充当了一个"超级立法者"的角色，她以生命为手段，彻底揭露了成文法的不足（详下）。故而后世的审判员（包括法官和立法者）才会在誓言的掩护下享有一定的自由裁判权。

那么，如何区别和界定成文法、不成文法、自然法、普通法呢？亚里士多德在《修辞学》第一卷第十三中把法律分成了两大类，一是特别法，一是普通法。"普通法"，就是"依据自然"（*κατὰ φύσιν*）的法律，也就是"自然法"。而"特别法"是指每一个社会或城邦制定来约束自己人的法律，又可分为"成文法"和"不成文法"。不成文法又分为两类，一是类似于我们今天所说的"习惯法"，用来判定特别好的德性或邪恶，从而予以相应的赞颂、谴责、称誉或诋毁；第二种不成文法就是用来弥补成文法缺陷的法律，也就是上文所提到的公道，类同今人所谓衡平法，但比衡平法更为一般更为抽象。② 由于普通法、自然法、神

---

① 参伯纳德特：《神圣的罪业》，张新樟译，北京：华夏出版社 2005 年，第 74－76 页。
② 关于自然法与衡平法，参梅因：《古代法》，同前，第 26 页以下。

法、习惯法和衡平法大都不会以文字固定下来,因此,后世往往也把这几种法律(尤其是神法或自然法)都混称为"不成文法",从而赋予该词更丰富的含义,这样的方式就把法律简单分成了两种:成文法和不成文法,后者既然更丰富,当然也就更重要了。

回到主题,为什么成文法有所不足?因为法律的目标是公正、真理和有利,而所谓"有利",也就是要能产生"善"——亚里士多德接下来就谈到了法律乃是保护(每一个人的)善,否则,不运用法律,就等于没有制定法律一样。我们在这里已然可以看到亚里士多德在法律(尤其成文法)面前的犹豫和摇摆。不过,尽管成文的法律是保护善,但成文法却没有这个能力来实现真正的公正和有利,因为它无法实现法律的功能(ergon,或作"目标",1375b5)。所以,"更有才德之士更愿意利用和遵从不成文法,而不是成文法"。其具体的理由就在于,成文法与另外颇得好评的法律甚至与自身相抵触,这是很常见的情况;此外,成文法也会过时,法律所针对的事实已然不再存在,但相关法律却还在执行,就必然会产生不利的后果:苏格拉底受到不敬神或类似于无神论的指控,就是 Diopeithes 在公元前 443 年左右制定的一条已经过时的针对无神论的法律。①

成文法就算能够实现公正,但也还不是公道:公道高于公正。法律的公正以法律自身的同一性为目标,为了这个目标,也就是为了法律本身,往往会牺牲与它不相干甚至相冲突的东西,而与法律相冲突的东西未必就不是好的,它甚至可能是我们生活中更为亲近的因素。无论如何,法律有时过于简单,过于僵硬,显得冷冰冰,就需要纠正、补充和软化。但生活却非常复杂,远远不是法律所能囊括,因此,要过上幸福的生活,就必须诉求高于法律的东西,这就是不成文法、普通法、自然法,它们代表着公道。亚里士多德在《尼各马可伦理学》中专门论述了这种公道:

---

① 参 W. M. A. Grimaldi. *Aritotle*, Rhetoric I: *A Commentary*, p. 322。

一方面,公道优越于一种公正,本身就是公正;另一方面,公道又不是与公正根源上不同而比它更优越的另一类事物。所以公正和公道是一回事,两者都是善,公道更好些。困难的根源在于,公道虽然公正,却不属于法律的公正,而是对法律公正的一种纠正。这里的原因在于,法律是一般的陈述,但有些事情不可能只靠一般陈述解决问题。所以,在需要用普遍性的语言说话但是又不可能解决问题的地方,法律就要考虑通常的情况,尽管它不是意识不到可能发生的错误。……法律制定一条规则,就会有一种例外。当法律的规定过于简单而有缺陷和错误时,由例外来纠正这种缺陷和错误,来说出立法者自己如果身处其境会说出的东西,就是正确的。所以说,尽管公道是公正且优越于公正,它并不优越于总体的公正。它仅仅优越于公正由于其陈述的一般性而带来的错误。公道的性质就是这样,它是对法律由于其一般性而带来的缺陷的纠正。实际上,法律之所以没有对所有的事情都作出规定,就是因为有些事情不可能由法律来规定,还要判决来决定。(1137b8 以下)①

法律是一种规定,也就是对较为普遍发生的情况所做的处理要求,用语上是一种"一般的陈述",不是也不可能针对每一件具体的事情,而且法律总会有例外,也往往有自相矛盾、语意含混、过时等情况,因此不可能面面俱到,也就存在着自身无法克服的局限性,当然就需要一些手段来弥补。它的目标也不是终极的,也就是说,惩罚、

---

① 亚里士多德:《尼各马可伦理学》,廖申白译,北京:商务印书馆 2003 年,第 160—161 页。该书脚注引 Grant 的话说,epieikeia(公道)同 gnome(判断、意见、意愿)有密切的联系。在民法中,它一般是指利益上受损的当事人在自己的权利得到法律支持的情况下,体谅对方的情况而自愿放弃一部分应得的补偿权利的做法。所以它常常被看做对法律公正的必要补充。一些西方国家(例如英国)的法律体系中就有所谓的"衡平(即公道)法"。这也是罗念生直接把该词译作"衡平法"的原因吧。

强制和限定并不是最高目标,公道(或衡平)以及体现在公道中的不成文法或自然法,就能够起到纠正和补充的作用。

亚里士多德在《修辞学》第一卷第十三章,也就是在专门讨论法律的运用(第十五章)之前,谈到了"公道"的理由:公道是公正的,它是在成文法以外的公正做法。这种做法的产生,是由于立法者有意或无意的结果;无意是指疏忽了,有意是指来不及对这些问题作出规定,而是被迫泛泛一笔带过。立法者与任何法律一样,都不是万能的,实在难于对数不清的具体案例作出规定,要想一一细数它们,人的一生都是远远不够。这时就需要用上公道了,也就是宽恕一些可以谅解的事情(而对于不可谅解的,当然不能滥用公道),其目的就是要从整体从大局出发来维护社会的和谐与安康。亚里士多德由此得出结论:所谓"公道"(或衡平),公道就是对人的同情谅解。因此,执法者在判案时,

> 不要考虑法律而要考虑立法者,不要拘泥于[法律的]文字,而要考虑到立法者的用心(διάνοιαν)。(《修辞学》1374b11—13)

亚里士多德这里并没有交代什么是"立法者的用心",他在《政治学》中对此有明确的阐述:尽管立法者所制定的法律会根据环境、对象和时代而有所不同,但立法者有一个共同的目标,那就是任何城邦、个人或社会都必须过上有德的生活(ζωῆς ἀγαϑῆς),也就是获得幸福(εὐδαιμονίας,1325a7—10)。但法律显然还无法包办这一切(尽管法律也会为此贡献自己的力量),所以,由于成文法的不足,于是法官充分考虑到立法者的精神或理智(即上文的"用心")后,就可以按照自己最好的识见来判案。而"不要考虑法律"以及"不要拘泥于[法律的]文字",不是完全否认法律的存在意义,而是说,不要把它们当作最高的标准——立法精神才是最根本的,而立法精神当然就会把公道、公正(或正义)以及安定、幸福等因素包括在内。

这种公道所属的"不成文法"(也就是依于习俗而来的法律)就比成文法更有权威,所涉及的事情也更为重要(《政治学》1287b65—6)。亚里士多德的《政治学》在很宽泛的意义上使用"习俗"一词,就是"不成文法",指"那种伟大而根本的道德观念和道德责任",诸如礼敬神明、孝顺父母、对人友善、分享利益等等。

柏拉图在他的《治邦者》中,也批评过法律的不足。在柏拉图笔下的异方人看来,法律绝对没有能力恰切地同时把握最好的和最正义的东西(294a10—b1),这是因为人与人之间有差别,事物与事物之间也有很大的不同,而且一切都是在变化之中的,已经固定下来的法律不可能对所有东西以及在所有时代都作出简单的处理规则。法律是简单的,而生活是复杂的,简单的东西当然没有能力很好地把握住绝不简单的东西。法律不可能对每一个人和每一件事都详细了解,并为之量身定做一些规则,而只能作出一般性的规定(即亚里士多德所谓的"一般的陈述")。立法者虽然肩负着社会正义的监管之责,但他更多地是为集体或共同体负责,永远没有能力为每一个制定适合的规则。无论是成文法还是不成文法,都是多数人和社会整体服务的,对于个人来说,法律就显得很粗糙了(295a—b),因此,总体而言,"法律不是最正确的"(294d1)。① 柏拉图在《法义》中还提到说,"法律关注并留心于多数东西,却没有能力关注一切"(875d4—5)。②

自然正义高于实在法,而自然法的崇高地位既在于它的"自然",包括人的理性(即前文所说的立法者的"用心",更在于"神明"。西塞罗在这方面有进一步详细的阐述,值得花些笔墨照录如下:

确实,把所有基于人民的决议和法律的东西都视为是公正

---

① 参 S. Benardete. *The Being of the Beautiful: Plato's* Theaetetus, Sophist, *and* Statesman. Chicago: The University of Chicago Press, 1984, III, pp. 125 以下。另参拙著《宫墙之门——柏拉图政治哲学发凡》,同前,第 129—130 页。

② 参 Seth Benardete. *Plato's "Laws": the Discovery of Being*,同前,第 280 页。

的这种想法是非常愚蠢的。甚至也包括僭主颁布的法律？如果三十人执政委员会曾经希望把自己的法律施行于雅典人，或者所有雅典人曾经表示赞成三十人执政委员会的法律，难道那些法律从而便可以被认为是公正的？我认为，它们丝毫也不比我们的摄政颁布的法律更公正。那些法律是独裁者可以随心所欲地不经法庭审判，任意处死他想处死的公民。要知道，**只存在一种法，一种使人类联系起来，并由惟一一种法律规定的法，那法律是允行禁止的正确理性**。谁不知道那法律，谁就不是一个正义的人，无论那法律是已经在某个时候成文或从未成文。

要是正义在于服从成文法律和人民的决议，要是正如那些哲学家们断言的那样，一切都应该是否有利来衡量，那么这些法律便会遭到任何一个这样的人的蔑视和破坏，如果他认为那样对他有利，只要他可能做到。由此可以得出结论：**如果不存在自然（natura），便不可能存在任何正义**；任何被视为有利而确立的东西都会因为是对他人有利而遭废弃。如果法不是源于自然，……都将被废除。事实上，哪里还可能存在慷慨、爱国、虔敬和为他人服务或感激他人？所有这一切的产生都是由于我们按本性（natura）乐于敬爱他人，而这正是法的基础。不仅恭敬他人，而且对神的礼敬和虔诚都可能遭到废弃，而这些得以保留，在我看来不是靠恐惧，而是由于**人和神之间存在的紧密联系**。①

英国学者巴克对此曾做过类似的阐释，他认为，"自然法观念的起源，可以归诸人类心灵之一项古老而无法取消的活动（我们可以在希腊剧作家索福克勒斯的《安提戈涅》中找到这活动的踪迹），这活动促使心灵形成一个永恒不变的正义观念；这种正义，是人类的权威所加以表现或应加以表现的，却不是人类的权威所造成的；这种正义，

---

① 西塞罗：《论法律》，I. 42，王焕生译，上海：上海人民出版社 2006 年，第 57—59 页。

也是人类的权威可能未克加以表现的——如果它未克加以表现，它便得接受惩罚，因而缩小乃至丧失其命令的力量。这种正义被认为是更高的或终极的法律，出自宇宙指本性——出自上帝之存有以及人之理性。"①

早在理性进入人们的精神世界以前，信仰起着几乎是惟一至高无上的作用，在那个时候，神法、普通法、自然法、习惯法、不成文法、衡平法等等，完全是同一个东西。或者说，那个时候只有惟一的法律，那就是神法——安提戈涅所说的"不成文法"来自于宙斯，就是一种至高无上的神法。靠誓言判案的法官，就向这种神圣的法律负责，因为誓言背后的依据不是别的（理性崛起之后则是道德），就是神明。

二、自由裁量及其限度

任何技艺，包括法律，都不可能把自己领域内的所有通例精确而且毫无遗漏地囊括在内，这些必定以普遍词汇叙录的每一成规总不能完全概括人们千差万别的行为（亚里士多德《政治学》1269a9－12，另参1282b1－6,1287b19－23）。法律必难完备无遗，于是，适当的偏离法律，就显得合理"合法"（合乎法律精神）。当审判员"不要考虑法律而要考虑立法者，不要拘泥于[法律的]文字，而要考虑到立法者的用心"时，就已经具有相当大的自由了。在古希腊，法官的誓言一般是"按照法律并根据人民的法规来裁断"，②但在特殊情况下，法官的誓言会是"按照最好的识见来裁断"。

"按最好的识见"，是法官或陪审员发誓时的术语，因此，在亚里士多德上述文本中，本来就只有"按照自己的最好识见判决，意即不完全拘泥于成文法"一句，但很多译本都根据上下文和古希腊的司法实践

---

① 转引自登特列夫:《自然法:法律哲学导论》,李日章等译,北京:新星出版社 2008年,第3页。

② J. W. Jones. *The Law and Legal Theory of The Greeks*, p. 133.

而在该句前面加上了"审判员发誓要"一词,因为"按自己最好的识见(τὸ γνώμη τῇ ἀρίστη)"或"按最公正的识见"(τῇ δικαιοτάτη γνώμη)云云,就是司法誓言的主要内容,后者尤为常见。不过,颇为遗憾的是,古希腊的法官誓言没有完整地流传下来,但 Max Fraenkel 在 1878 年根据古代的残篇断章复原了的完整誓言,却得到了一致的认可,大致如下:

> 我将根据法律(κατὰ τοὺς νόμους)、雅典民众和五百人议会的选举结果进行投票,对于最公正的识见(γνώμη τῇ δικαιοτάτη)来说都没有法律可以适用的事务,既不偏私,也不仇视。我将根据所控告的事情本身来投票,我将听取控方和辩方的意见,对双方一视同仁。我就这些事情向宙斯、阿波罗和德墨特尔发誓,如果我发的是真誓(εὐορκοῦντι),就会得到很多好东西(πολλὰ καὶ ἀγαθά),但如果我发了伪誓(ἐπιορκοῦτι),我和我的家人后代都会由此而遭毁灭。[①]

所谓"选举结果",就是指公民大会颁布的各种政策法规,在雅典,这些政令法规就是法律,甚至比"法律"还具有约束力。所以,尽管审判员发誓要"依法判案",但更多的时候却更倾向于政令法规。尽管雅典也通过了诸如任何法规都不能超越于任何法律之上的正式法律条文,但在实际操作中,法规往往比法律更强大,法规虽然依赖于法律,但由于在民主社会中更符合民众的(临时)意愿,因此往往比法律存在的时间更长,而法律实际上则下降为法规了。[②] 这就是民主时代自由裁量的结果,从法律到法规再到以誓言来自由裁量,实则是

---

① D. Mirhady. The Dikasts' Oath and the Question of Fact. In *Horkos: The Oath in Greek Society*, p. 49.

② J. W. Jones. *The Law and Legal Theory of The Greeks*, p. 127.

一个不断下降的过程（详下）。

　　结合亚里士多德的记载，我们可以看出，审判员在以下五种情况下，可以充分自主地判案，也就是享有相当大的自由裁量权。

　　（一）无法可依时，裁判员只能靠经验或识见来裁断。这在成文法律并不发达的古希腊倒是很常见，即便在法律体系十分完备的今天，似乎也不鲜见。正如上文所说，法律是简单的，不可能对一切事情不分巨细都能够面面俱到。生活中无限丰富的可能性远远不是既成的法律所能涵盖，法律永远都有死角或盲区。这时，法官的自由裁量就显得颇有必要或必需。从这个意义上说，自由裁量是合理的，也是合法的，因为"法"的目的就是要解决不断出现的问题从而给生活带来安定、美好生活和幸福。（成文）法律永远都有不足，因此自由裁量就是永恒的。自由裁量既是对法律的补充，也是制定新法的一个准备性环节，它赋予法官一定权利，使之可以在有限的范围内，参照临近的法律，根据法律的基本精神（也就是上文所说的"用心"），利用自己的判断力或识见，对新的情况提出尝试性的解决方案，为法律的发展提供有效的研究对象。如果法官的自由裁量之结果能够逐渐为社会所接受，那么，这就会对法律的增补和修订起到关键的作用，从而推动法律不断向前发展。自由裁量无论是对于法律的运用、发展乃至法律的存在意义来说，具有相当积极的意义。这种自由裁量权如果使用得当，不仅不会偏离法律，而且还会加强和巩固法律的地位；不仅不会损害法律的权威，反而有助于提升人们对法律的尊重：自由裁量维护了法律的正义，当然也就捍卫了法律的权威和尊严，一言之，正确的自由裁量权既是合法性的法律，也维护了法律的合法性。

　　（二）当成文法与不成文法相冲突时，[①]法官必须也有权靠自己

---

① 　关于古希腊的成文法与不成文法的关系，以及成文法地位的逐渐上升与政治流变内在的深刻关联，参本章附释"古希腊的不成文法与成文法"。

的识见作出裁决。正如亚里士多德以安提戈涅为例说明成文法与不成文法的冲突时,法官需要考虑是真正的公正,而不是成文法。在这种情况下,法官可以根据自己所认为最公正的识见来判断。

（三）当成文法自相矛盾或与其他成文法相抵触时,以及（四）当对法律条文有争议时,那么,法官

> 就必须反复斟酌,看哪一种引申更符合公正或有利[的原则],然后运用之。(《修辞学》1375b11—13)。

法官的"引申"($\dot{\alpha}\gamma\omega\gamma\dot{\eta}\nu$),本意是"引导"、"指导",也就是对法律的"解释"(所以 Loeb 丛书的英译作 interpret),相当于拉丁语的 ductus literarum(字面引申或引导性阐释)。不过,不是人引导法律,而是法律引导人去进行恰当的处理。在法律的实际运用中,法官在对法律的选择、引申或解释上,为了公正或有利,自然享有一定的自由。

而如果（五）特定的法律过时了,也就是随着时代的迁移而失去了适用性,即"法律所针对的事实已经不复存在了,但法律本身还存在",法律没有随着时代的变化而变化,那么,法官就必须把它搞清楚,并且同这种过时的法律作斗争(《修辞学》1375b13—15)。

总之,当无法可依或者自相矛盾或者法律的意指并不清楚明确的时候,法官就必须自己反复思考,看哪一种法律以及如何引申或解释法律条文,也就是看怎样处理,才更符合公正有利的原则。在这个意义上说,具有超常识见的法官可以偶尔偏离成文法,而一旦离开成文法,法官就已升格为立法者了。正如雅典演说家吕库古(Lycurgus,与传说中斯巴达的立法者不是同一个人)在控诉勒奥克拉底(Leocrates)时所说,法官(包括陪审员)

> $\delta \epsilon \tilde{\iota} \ \gamma \epsilon \nu \dot{\epsilon} \sigma \vartheta \alpha \iota \ \mu \dot{\eta} \ \mu \acute{o} \nu o \nu \ \tau o \tilde{\upsilon} \ \nu \tilde{\upsilon} \nu \ \dot{\alpha} \delta \iota \kappa \acute{\eta} \mu \alpha \tau o \varsigma \ \delta \iota \kappa \alpha \sigma \tau \acute{\alpha} \varsigma, \ \dot{\alpha} \lambda \lambda \grave{\alpha} \ \kappa \alpha \grave{\iota} \ \nu o \mu o \vartheta \acute{\epsilon} \tau \alpha \varsigma.$

不应该仅仅成为眼下犯错的法官，而应该成为立法者。(*Against Leocrates*，9.6—9.7)①

法律总是有限的，正如吕库古所说，这并不是过去的立法者疏忽了，而是随着时代的变化，会有新情况出现。因此，完全拘泥于法律，就会犯错，也就是做出不正义之事来(ἀδικήματος)。审判员在特定的场合下，既是法官，也是立法者，也就是为生活共同体制定新法。

如此看来，以誓言为依托而"按照最好的识见"来裁断，表明古希腊法官享有巨大的自由裁量权。

但我们亦需要时时记住，法官仅仅在特殊情况下才享有或使用自由裁量权，也就是说，古希腊的自由裁量权也许不是我们想象的那样让人羡慕，而是非常有限。亚里士多德在《修辞学》和《政治学》中大谈自由裁量权时，马上就会对这种权利进行限制。换言之，亚里士多德是在"按照法律"或"法律至上"的前提下讨论自由裁量权的，他提到了法官的"引申"和与过时的法律作斗争后，紧接着就谈到了法官发誓的目的以及以誓言为基础的自由裁量权的有限性：

> 然而(δὲ)，如果成文法适用于案件(πρὸς τὸ πρᾶγμα)，那么，"根据最好的识见来裁断"[这一誓言]并不是为了违背法律来进行判决，而是当不清楚法律之所言时，免于伪誓[之罪]。(《修辞学》1375b16—18)

法官判案的前提是法律(或成文法)，这也是靠誓言来支撑的自由裁量的基础。如果成文法有利于事情(即"案件")的处理，那么，就

---

① 见 Loeb 丛书 1962 年版(J. O. Burtt 英译)。另参 W. M. A. Grimaldi, *Aritotle, Rhetoric I: A Commentary*, p. 322。这位吕库古担任过雅典的财税官，他先在柏拉图的学园求学，后来转到了演说家伊索克拉底门下。

只能利用成文法来进行判决。而"根据最好的誓言来裁断"这一誓言，并不是让审判者为所欲为地违背法律。该誓言只不过是在法官并不真正了解法律的含义时，具有一定的司法-宗教豁免权而已，表明法官不是有意"乱判葫芦案"，因为，法官与常人一样，都会选择对自己有利的善，而不会故意出卖法律同时也就是出卖自己。就此而言，法官的誓言与其说具有神圣的宗教意义（也就是为他的审判找到最高的依据），不如说具有十分世俗而功利的目的，直白地说，就是为了保护法官。① 反过来说，"誓言"或"自由裁量权"都不能用来作为违反法律而判决的借口。

法官虽然可以"不拘泥于法律"，并不等于不要法律。恰恰相反，不拘泥于法律必须以法律为前提，没有法律，根本就谈不上拘泥与否。法官尽管可以享有一定的自由，但其前提就是必须维护法律，其基本表现就是要使用法律，因为，

　　不使用法律就跟没有制定法律没有什么不同。（《修辞学》1375b20）②

法律的订立，是为了运用，使之能够规范公民的行为，以实现正义和幸福。如果有法不依，就如同没有订立法律，也就等于没有法律。任何人，包括法官，在法律面前，都不能卖弄自己的聪明，前文所谓"用心"或理智，也应当限制在一定的范围内。亚里士多德以医学这门技艺为例，援引古希腊的讽刺性谚语"比你的医生更聪明"来说明，只有那些一知半解的人才会自以为比拥有专业知识的人士更聪明。与医学一样，法律就是那些拥有高深专业知识、经验和技能的立法者所制定的。更不用说，古希腊人普遍认为法律是神明制定的，谁

---

① 　W. M. A. Grimaldi. *Aritotle*, Rhetoric I: *A Commentary*, p. 325.

② 　罗念生译作"不运用法律，就等于法律没有执行"，似不妥。

又能比全知全能的神明更聪明呢？古希腊的诸多悲剧正是在教导这样一条简单的"法律"，因为与神明比聪明的人，不管是阿伽门农（自以为比狩猎女神更聪明能干），还是尼奥柏（自夸比阿波罗的母亲勒托更能生育），最终都没有好下场。亚里士多德于是得出结论：

> 试图比法律还更聪明，这在任何广受赞誉的法律中都是严加禁止的。（《修辞学》1375b23—25）

正如柏拉图所说，没有谁比法律更聪明（《治邦者》299c6）。这不仅仅是因为法律是神明制定的，即便是人法（也就是凡夫俗子制定的法律），也是先辈圣贤们集思广益的结晶。修昔底德笔下的克里昂这位民众领袖出于自己的目的也谈到了法律的严肃性和神圣性：那些自以为比法律还聪明的人，其实往往给城邦带来毁灭性的灾难，保持法律的稳定和权威甚于法律本身，对于一个城邦来说，即便是一种不好的法律，但只要不随意改变它，也比那种丝毫不具有权威性的"好法"更好。[①] 有法律比没有法律要好，具有稳定性和权威性的的坏法律也是城邦不可或缺的支柱。

以誓言为基础的自由裁量，如果使用不当，或者过头了，那么，就是以人的识见代替了法律的规范，很可能就是一种"比法律还更聪明的企图"，甚至会藐视甚至撇开法律，必然会给城邦带来灾难。过分相信人的识见，最后可能会演变成人治，就会破坏法治，而法治有优于人治的。亚里士多德在讨论法官的自由裁量权时，恰恰是为了论证法治的优越性或法律的至上性：

---

① 修昔底德：《伯罗奔尼撒战争史》，3.37.3—4。另参 Simon Hornblower. *A Commentary on Thucydides*. Oxford: Clarendon Press, 1991, pp. 423—425；P. J. Rhodes. *Thucydides History III*. Wiltshire: Aris & Phillips Ltd., 1994, pp. 205—206；A. W. Gomme. *A Historical Commentary on Thucydides*. Oxford, 1956, V. 2, pp. 300—301。

诚然，法律也许会有很多地方无法决断，但要知道，[对于这些案子]人也同样无法决断。但法律却可以为此目的教育官员，让他们按照自己最公正的识见来裁决和管理[法律未能尽管的]其他事务。法律允许他们用自己的经验来补充现存的法律，使之变得更好。谁下令说让法律进行统治，谁就是在说，只有神明和理智才可以统治。然而，谁认为应该由人来统治，就等于说[在统治中]掺入了兽性的因素：因为[人天生的]欲望就是那样一种兽性，而血气（thumos）也会让统治者和最优秀人士[的心灵]变得扭曲。因此，法律就是一种不带有欲望的理智。（《政治学》1287a23—32）。

法律不是万能的，但人的有限理智更远非万能。法律之所不能者，人亦不能。法律能够有意识地教育执法者，而他们所谓"最公正的识见"，不过是法律教育的结果，完全处在法律的范围内——在古典法理学中，法律的功能主要不在于惩戒和吓阻，而在于教育（比如可参柏拉图《王制》第二和第三卷、《治邦者》、《法义》第七卷），因为古典政治理念的目标不是公平和正义，而是幸福和安康（well-being），公平正义不过是这个目标的手段，至多是该目标的初级阶段。具体的法律肯定会存在这样那样的不足，所以允许、也需要法官用他们"最公正的识见"和"比已制定的法律更好的经验"来补充完善，但法律本身却是无限的（就正如一个人的生命是有限的，但不能因此说人类的生命也是有限的），因为法治是神治（theocracy）和理治（noocracy），那么法律就等于神明和理智——柏拉图在《法义》中也把法律与理智相提并论（674b7）。人治之所以不如法治，就在于人天生就有许许多多的欲望，而欲望以及血气会让人失去理智。亚里士多德还以他所理解的具有崇高地位的"中道"来比附法律："寻求正义就是寻求中道。而法律就是中道。"（《政治学》1287b3—5）关于法律的地位，我们需要在下文中再作较为深入的探讨。

古希腊的法官究竟有多大的自由裁量权,至此已不难得出结论。最后还需要特别指出的是,古希腊法官誓言的意义和作用并不是我们想象的那样大,而后人根据古代的只言片语所组成的那种"法官的誓言"尽管优雅而庄重,显得法官因为手握巨大的自由裁量权而信心满满,但其作用亦非常有限。据考证,上述"法官的誓言"虽然也得到了很多学者的强力支持,但其本质却是一首复杂的"混成曲"(pastiche)。而且从根本上说,法官的誓言并不是要试图填平法律的空缺或沟壑,也不是可以据此对整个案件作出最后的裁决,而无非仅仅限于确认事实。①

第五节　法律至上主义

法官究竟是一种什么样的人?他是理性的化身,还是法律的代言人?在他的身份属性中,人的成分更多,还是法的色彩更重?如果在逻辑上把人和法简单对立起来,那么,人治还是法治的问题,似乎就是一个两难的选择。

以"自由裁量"为例,如果法官丝毫不能违背既定的法律,也就是没有任何自由裁量权,那么,法官就不仅仅是法律的奴隶,更是一种不会思考的法律机器。但如果"自由裁量"过度,就会滑向人治,法律就变成了一纸空文,形同虚设。即便像古希腊的司法实践常常见到的情形那样,"自由裁量"以誓言为基础,也就是要得到神明的首肯,但最终还是依靠法官"最公正的识见"或"最佳的识见"来裁断,也就是以法官的理性为基础,归根结底,还是以人(法官)为本,容易走向人治。尤其当成文法本身已足以解决问题时,法官还以誓言为掩护的"自由裁量"来对抗法律,那就非常危险。于是,便产生了这样的

---

① D. Mirhady. The Dikasts' Oath and the Question of Fact. In *Horkos: The Oath in Greek Society*, pp. 48ff.

问题：

> πότερον συμφέρει μᾶλλον ὑπὸ τοῦ ἀρίστου ἀνδρὸς ἄρχεσθαι ἢ ὑπὸ τῶν ἀρίστων νόμων.

由最好的人来统治还是由最好的法律来统治更为有利。
（《政治学》1286a8—9）

这里所说的"有利"，就是前面在讨论法官遇到法律自相矛盾时所遵循的原则（《修辞学》1375b11—13），这个原则是亚里士多德研究的出发点，而这个出发点公认来自于柏拉图（《治邦者》294—303）。究竟人治还是法治，这似乎已经成为了一个永恒的问题。

从表面上看，柏拉图本人两部最重要的著作就充分表现出了对这个永恒问题的艰难考量：《王制》中的哲人王理论——如果柏拉图是认真的话——似乎支持"人治"，而《法义》仅仅从书名来看即可知是赞同法治。处在这两部大作之间篇幅相对较小的《治邦者》看起来则像是一个过渡，它对人治和法治的集中讨论直接表达了作者的犹豫和无奈。后来，亚里士多德在这个大问题上，也似乎同样难以取舍。柏拉图和亚里士多德对这个问题都有清楚的论述，但似乎都没能真正最终解决这个本来就无法解决的问题，而最终都在实际的考量中，走向了法律至上主义。

"哲人王"虽然是天国的范式，与人世间的具体情况相距太远，似乎没有多少直接的意义，但"天"毕竟高于"地"，因而这种被后世误为"乌托邦"的理想因其崇高和神圣，实在是凡间政治的模板，现实政治虽不能至，亦必须向往之。即便在其思想过渡阶段的《治邦者》中，柏拉图在强调法治的重大作用时，也念念不忘理想君王（圣君、哲人王）的重要性：就连更接近于专门法律事务的立法技艺，其实也是君王的技艺，而最好的事情不是法律拥有强权，而是一个人，即明智的君王拥有权力（《治邦者》294a6—8）。柏拉图像其他希腊人那样，喜欢用

"放牧"来比附政治,他认为,放牧者必然高于牧群,因为放牧的时候不会用羊去放牧羊、牛去放牧牛,而是比牛羊更高明的人去放牧。此外,法律之所以不是最高、最佳、最理想和最公正的统治手段,就因为法律本身存在着各种各样的不足。而如果一个天纵之才能够莅临人间,他的统治当然会比死板的法律更好。

亚里士多德接过了柏拉图的话题,也接过了这个话题本身所包含的艰难。他首先考察了对立双方的意见。主张君王统治也就是人治更有利的人认为,法律只是一些普遍的一般性规定,无法切合于形形色色的具体情况。法律是死板的,因而"在任何一种技艺中,按照成文的通则办事,实为愚蠢透顶"(ἐν ὁποιαοῦν τέχνῃ τὸ κατὰ γράμματ' ἄρχειν ἠλίθιον,《政治学》1286a11—12)。亚里士多德以埃及的医学实践为例,如果医生按照成法开具处方,医治四天后(如果还不见效),就可以适当改变方剂(当然,在此之前的几天内,医生擅改汤头,就会冒一定的风险)。我国亦有郑人买履、刻舟求剑之类的说法。以此类推,"墨守成文通则和法律的政体不是最优秀的政体"(《政治学》1286a15)。此外,法律不是处处都能起作用,也不是对每一种情况都能作出最好的判断,这时,个人的主意也可能更加妥帖,那么,这种具有高明识见的人本身就应该是立法者兼统治者。

但反方即支持法治的人也同样振振有词:统治者总需要遵循一些定则,而且不管这样的统治者有多英明,终归是人,与生俱来的人的属性(比如欲望和感情)会影响和破坏他的判断,结果就会产生偏差——"人的灵魂必然会感情用事,而法律则不会"(《政治学》1286a18—20)。即便优秀的君王同时也是优秀的立法者,但他也必须遵守自己所制定的法律,一旦超过了一定的界限,法律就会失去其权威性。此外,法律往往是历代高士所制定的,出于众人的智慧,经受了时间的考验,总会比一时一地的一人更为高明和可靠。在"一"与"多"的关系中,民主和法治都更加青睐于"多"(尽管"多"也并非没有问题,比如更易产生纠纷和内讧)。

对于争论的双方,亚里士多德深知各自的利弊,最终也像柏拉图那样,更偏向于法治,但亚里士多德对于人治也充满了同情和幻想,或者说,他明智地选择了法治,但仍然在期待伟大而卓绝的不世英才。亚里士多德把这种德性卓著且富有政治才能而与众不同的人,叫做"人中之神"(θεὸν ἐν ἀνθρώποις,《政治学》1284a10—11,反观柏拉图《治邦者》303b4)。对于这样的人,法律可能就不起作用了,因为立法只是针对那些出身和才能都乏善可陈的普通人,而"没有任何法律能够适用于(或管束)这种人(即人中之神),他们本身就是法律。试图为他们立法,乃是荒唐可笑的事情"(《政治学》1284a13—15,另参《尼各马可伦理学》1128a32)。这种观念对后世的保罗产生了直接的影响。① 亚里士多德相信,在一个卓越的政体中,会出现这样一种极为优秀的人,这种人之所以优秀,既不靠政治上的权势,也不靠财富和交游,而是凭借他的德性。亚里士多德问道:当城邦中诞生了这种人,那该怎么办呢? 人们不会认为应该驱逐和流放这种人,也不会有人认为应该让这种人臣服于其他人之下——那就好比说应该对宙斯进行统治或专政。那么,惟一的办法就是让所有人心悦诚服地听从这种人,而这种人就应该成为城邦永恒的君王,这似乎才合于自然(《政治学》1284b25—34)。

但柏拉图和亚里士多德都深知,哲人王不常有,人中之神亦近乎梦想,只好退而求其次,诉诸法律了。就算有这样的哲人王(philosopher-king)或立法者-王(lawgiver-king)之类的人中之神,他也不可能老是守在每一个人的身边,告诉每一个人什么是该做的、什么是必须做的,或者什么是好的、什么是坏的。更何况一个城邦有了这样的人,他也未必能够起到什么作用,因为他太杰出,总会遭到普通人的嫉恨,从而失去权威甚至生命。柏拉图《王制》"洞穴喻"提到了这样

---

① F. Susemihl and R. D. Hicks. *The Politics of Aristotle*. London: MacMillan and Co., 1894, p. 414.

结局：一个逃出洞穴见到阳光（也就是受到了哲学"启蒙"）的人，如果再回到洞穴（城邦）中，不仅会遭到嘲笑，甚至有性命之忧（517a）。希腊最伟大的英雄赫拉克勒斯被阿尔戈斯船遗弃在荒岛上的故事，说明才能卓绝之士容易遭妒。亚里士多德借用希罗多德的材料也讲述了一个类似的故事，某国国君遣使问政于邻邦，邻邦国君不语，只是不停砍击庄稼，使之达到一样高度。使者不解，回报国君，国君明白，这是邻国国君教他剔除城邦中的杰出之士（《政治学》1284a22—33）。中古伊斯兰哲人从另外一个角度谈到了哲人王或"高尚之士"的悲惨境遇："如果高尚城邦不存在，那么高尚者在今生今世就是异方人（stranger），生活就会悲惨不幸；对他来说，死亡还比活着更好。"（《箴言选》93）①

无论如何，掌握了真正技艺的高人，为了对自己的同胞有益，让他们真正过上幸福的日子，就必须把一些通则写下来，以便让大家参考（参《治邦者》295b）。柏拉图还以医生或体育教练为例，说明成文的东西即便对于人治来说，也十分重要。如果医生或教练要离开病人或学徒，怕他们会忘记他的规定，就会把规定写下来以提醒他们（《治邦者》295c）。而柏拉图在此前所讲的神明离弃的故事，正与此相应：神明早晚要离弃的，我们必须按照他们所制定的规则来行事（《治邦者》272e 以下，另参《法义》713e—714a），于是便有了法律。

法律纵有许许多多的不足，比如"无教化、去仁爱，专任刑法而欲以致治，至于残害至亲，伤恩薄厚"（《汉书·艺文志》），比如它本身很难说是绝对公正，因为它既可以倾向寡头，又可以倾向于平民（亚里士多德《政治学》1281a36—38），自身也可能相互抵触，还会过时，但每一个社会都必须有法律。正如政体可能有好有坏、有正义和不正

---

① Alfarabi. *Alfarabi. The Political Writings: Selected Aphorisms and Other Texts.* translated by Charles E. Butterworth, Cornell University Press, 2001, pp. 60—61. 另参拙著《阿尔法拉比与柏拉图》，上海：华东师范大学出版社 2008 年，第77—78页。

义之分，但每一个政治共同体，都必须要有一个"政—体"，隶属于政治的任何法律也同样可能有好有坏、有正义和不义的情况一样，法律也是必需的(《政治学》1282b8—10)。而柏拉图在历数了法律的诸多不是之后，提出这样的问题：既然法律不是最正确的，为什么还必须要立法呢(《治邦者》294c10—d1)？那是因为立法者像医生和航海家一样，"拥有正确的技艺"(《治邦者》296b5—6)，这种技艺对被统治者有利，于是就把这种技艺提升为法律(297a2)。在后神明时代，我们能够依靠的，也许只有技艺以及拥有技艺的专家——尽管这些技艺和专家无可避免地存在诸多不足，但我们必须根据这些技艺制定规则，把祖先流传下来的未成文的习俗固定下来，严格遵守(298d—e)。

　　既然法律是必需的，那么，一旦制定成文，就具有至高无上的权威：统治者也需要时常接受法律的考察。柏拉图根据雅典当年的政治实践提出了这样的建议：每一年统治者的任期届满时，应该设立一个法庭，审察统治者的所作所为，尤其考察他们这一年来是否有违背成文法或祖传习俗的行为，如果情况属实而判他们有罪，就给统治者以惩罚(299a)！这似乎成为了一条法律："规定任何违背成文的规定按自己的意愿研究航海和医术的人，都不应该叫做一个船长或医生，而是一个把头脑放在云中的人($\mu\epsilon\tau\epsilon\omega\rho o\lambda\acute{o}\gamma o\varsigma$)，夸夸其谈的智者，他败坏年轻人，因为劝说他们以非法的方式航海或从事医术；这样一个人一定会被控有罪，因为他的行为违背法律与成文的法规，他将受到最严重的惩罚。"[1]在这条法律面前，人治与法治的关系已经发生了根本性的转变。

　　以理性或理智为基础的知识和技艺乃是包括政治在内的一切人类活动中的核心，而法律就是理智的体现和化身，它不仅集中了当代人的智慧，也集成了先辈的经验教训，甚至是神明的启示和恩典，(广

---

[1]　克莱因：《柏拉图的三部曲》，成官泯译，上海：华东师范大学出版社 2009 年，第230 页。

义的)法律可以说是生活的准则。柏拉图笔下的异方人总结说：

οὐδὲν γὰρ δεῖν τῶν νόμων εἶναι σοφώτερον.

绝没有人会比法律更聪明。(《治邦者》299c6)

成文法就算有自身的缺陷，但如果不遵守以及制定出来的法律，不管是出于私利或一时兴起有意地违背，还是因不熟悉成文法而无意地背离，都会对社会生活造成巨大的伤害，而这种危害本身比成文法因其自身的不足所带来的危害大得多(300a)。因此，制定规则禁止人们做违背法律或成文规则之事，就是政治领域的"第二次起航"(300c2)。要达成美好和真理的政体，就不能做任何有悖于成文规则和古代礼法的事情(301a，另参 301e))，否则就会让政体滑向僭政(301c)，也就是走向无序的人治(另参《尼各马可伦理学》1134a35—b1)。

为什么人治不可靠呢？这里所说的"人"当然不是指哲人王或立法者-王，而是指普通人，"人中之神"毕竟几不可得。柏拉图在《法义》中讲了一个神话故事，说克洛诺斯不让人来治理人类，而是让精灵(daimon)来管理凡人，好像我们不用牛来管理牛、羊来管理羊一样，就因为人的本性中存在着天然的缺陷：

人的天性(physis)根本就不足以管理属人的事务，当人拥有全然的自主权(autokrator)时，无法不变成肆心和不义的人。(713c6—8)

而比人类更高明的精灵来统治则能够免于凡人的缺陷或不足所带来的诸多不良后果，因为精灵们秉承大神克洛诺斯的意旨，不会狂妄自负，也不会陷入自私自利之类的不义之中，而是为人类带来和平、敬畏(aido)、良法(eunomia)和正义。当然，神明早迟会离去的，精

灵也会离开我们,于是我们能够做的就是模仿他们的统治,并把他们
的统治规则写下来,成为法律,否则就会堕落为野兽:

> 人类必须给自己制定法律,并按照法律来生活,否则就会在
> 各个方面与最野蛮的野兽毫无二致。其原因在于,没有哪一个
> 人的本性已成长到足以知道人类在政体方面的利益,以及知道
> 这一点后,还能够并且总是愿意做最好的事情。(874e8—
> 875a4)

古典思想家对人性并不乐观,亚里士多德也看到了人兽揖别的
界限,其实很小也很脆弱。荷马笔下的帕里斯—海伦、阿瑞斯—阿佛
洛狄忒、求婚人,乃至整个宏大的特洛亚战争,都指向了人性最黑暗
的一面。赫西俄德的潘多拉神话、五纪神话(尤其对黑铁时代的描
述)则表明了人性的丑陋以及人类不可逆转的堕落。柏拉图在《王
制》中借用了希罗多德著作中的古格斯戒指的故事,也说明人天生的
不义在条件许可的情况下,必定猖獗不已。

《法义》第四卷中的克洛诺斯故事给我们讲述的道理(logos)或给
我们带来的真理(aletheia)就在于:一个城邦如果不是神明统治,而是
某个有死者(即人)统治,那么,对他们来说,就会有无尽的痛苦(或邪
恶)和辛劳。所以,这个道理告诉我们,我们要千方百计模仿据说是
克洛诺斯时代的生活方式,也就是根据理性来分配一切,而这就叫做
法律。如果不遵从这一切,反而让灵魂依附于快乐和欲望,那么就会
出现病态的社会,邪恶就会遍地横行。这个故事给我们最终的教导
就是:

> 践踏法律,则无药可救矣。(714a6—8)

于是,柏拉图用了一个特别的术语来描述人治和法治的关系:统

治者无非是"法律的仆人"（ύπηρέτας τοῖς νόμοις，715c7；另参亚里士多德《政治学》1287a21）。① 但无论如何，统治者需要小心侍奉法律，否则，

> 在法律受到统治，抑或法律没有权威的地方，灭顶之灾就在眼前。但如果法律主宰着（despotes）统治者，而统治者又是法律的奴隶，那么，城邦就会获得安全，也会获得神明赐予的所有好东西。（715d3—6）

法律的重要性就在于城邦的"安全"，也就是"得救"，因为法律通神。从实际的功用来看，法律可以限制官员滥用权力：这是斯巴达、雅典和克里特都共同着眼的地方。既然统治者都成为了法律的奴隶，那么平民百姓也必然是法律的奴隶，一切就会在井然有序中进入良性循环，国泰民安便不是什么难事。而在人治的情况下，统治者会把包括法律在内的一切东西都视为自己的私有财产，进而在无限制之中为所欲为，结果必然走向毁灭。

俗话说，没有规矩，不成方圆。法律可以避免内乱，因为法律旨在分配，小而言之，分配财富；大而言之，分配正义。如果分配得当，那么，这个城邦都会受益——这就是梭伦立法的要旨。法治与人治的关系，就好比"身—心"和"理—欲"的关系，从根本上说，就是一种"主—奴"的关系。② 在柏拉图哲学中，灵魂是最神圣的、最本己也应该是最强大的东西，理所应当处于统治地位（726e1—6）。成为法律

---

① 这里所说的"仆人"，不是一般意义上的"奴隶"（有些英文本做 slave，Pangle 本译作 servant），而更多地是指"助手"。下文 715d5，则直接使用的 doulos，就是指"奴隶"。柏拉图在同等意义上使用这两个词。

② Z. Hitz. Plato on the Sovereignty of Law. In R. K. Balot (ed.). *A Companion to Greek and Roman Political Thought*. Blackwell Publishing Ltd., 2009, pp. 373—375.

的奴隶,实际上就是服从理性的安排,控制欲望的泛滥,这是人类几乎所有哲学流派的目标。

当亚里士多德说,法治就等于是神明的统治和理智的统治时(《政治学》1287a28—30),他脑子里很可能想到了柏拉图(《法义》713e—714a)的克洛诺斯神话。① 柏拉图在《治邦者》和《法义》中,都谈到了法律的神圣根源:法律是神明(克洛诺斯)离弃后的遗泽,同时也是神明对人类理性的开发和设定。"法治"(nomocracy)等于"神治"(theocracy)和"理治"(noocracy),是古人对法律本质的精当概括,从宗教的角度来说,这表明法律来自于宗教,甚至可说法律近神;从世俗(哲学)的角度来讲,法律就等于理智,也即亚里士多德所谓"法律是不带有欲望的理智"(1287a32),是特别可靠的向导。而理智与神,在古希腊人那里,本来就是二而一的合体:对于每一个人来说,我们的理智就是神(欧里庇得斯,残篇1007)。② 理性(或理智)是人类本性中最为神圣的部分。考虑到人变动不居的欲望和难以驾驭的激情,其必然的结论就是:

> 法律的统治比任何人的统治都更好。(1287a18—20)。

综合各方面的因素,法治优于人治,这在柏拉图和亚里士多德那里,似乎已成定论。但这个定论却来之不易,因为在他们的推导过程中,处处见得到"人—法"选择的困难。

换句话说,人治和法治的问题在柏拉图和亚里士多德那里,不是一个简单的两难选择,他们也并没有对这个问题进行简单化的处理。法治虽优于人治,但柏拉图和亚里士多德并没有贬低甚至放弃人的因素,恰恰相反,他们对优秀人士的统治总是抱有一定程度的"幻

---

① W. L. Newman. *The Politcs of Aristotle*, Vol. I, p. 297.

② Ibid, Vol. III, p. 295.

想",这种幻想既是人类自身应该不断加强自身修养以努力寻求的"理想",甚至也是法治的目标:法律的重要功能就在于教育,既教育统治者,也教育每一个公民:法律可以让人变好(《尼各马可伦理学》1180b25)),①因为法律的目的不是惩戒,而是与政治一样,旨在优良的生活与幸福(《政治学》1325a9—10)。

在这个意义上,人治和法治就需要通力合作,相互补充。一般而言,如果城邦中有这样一些人,天资聪慧,具有神样的命运,能够获得足够的知识和理智,那么这样的人就不需要什么法律来管束他,他本人也许就是法律(或法律的制定者):因为没有什么法律或规则会超过知识,而让理智处于从属地位甚或成为什么人的奴隶,那不合规矩(οὐδὲ θέμις ἐστίν)。如果理智天然就是真实和自由的,那么,它就应该是一切事物的统治者。但柏拉图亦清楚,这样的人或这样的理智,目前(或在现实中)极为罕见,几乎不可能。这就是为什么人们必须选择处在第二位的规则和法律的原因,法律或规则尽管不能关注到一切,但毕竟可以关注并照顾到大多数(《法义》875c3—d5)。柏拉图即便在讲哲人王统治的著作中,也没有忽略法律的作用:如果人们能够受到神明和审慎(或明智)的统治,当然更好,尤其自己身上拥有这些东西,则善之善者也。但如果不具备这些东西,那么就需要从外界引入规则(《王制》590d3—5),这种外界的强制手段,当然就是法律。既然哲人王不可得,那么法律在现实生活中就应该是至高无上的了,苏格拉底用自己的生命来证明和维护了这个道理。真所谓"圣人,吾不得而见之矣;得见君子者,斯可矣"(《论语•述而》):圣人,神明难测之号,不可得而见之,则退而求其次,我们这里所说的法律则大约可比附为"君子"。

亚里士多德在讨论"应该由最好的法律还是应该由最好的人来

---

① Z. Hitz. Plato on the Sovereignty of Law. In R. K. Balot (ed.). *A Companion to Greek and Roman Political Thought*, pp. 372—373.

统治"这个问题时,分别谈到了人治与法治各自的缺点,同时也认可了各自的合理性。与柏拉图一样,亚里士多德的基本原则还是认为法治优于人治,但同样也为人治留下了足够的地盘。既然法治优于人治,那么,即便有时人治更好,但那些治理者也不过是法律的"护卫者"和"奴仆"(《政治学》1287a20－22)。当然,法律也不可能是尽善尽美,谁也无法在立法时事无巨细地把人们所想的事情都包括在法律之中;另一方面,谁也无法否认,人的理智在法律所未能到达之处,仍然大有可为,只不过法律是众人的理智,显然优于个人的智慧(1287b22－25)。于是,人治与法治就得到了较为妥当的综合,或者说人治与法治达到了的"妥协":让最优秀的人来制定法律,让法律统治每一个人;或者换句话说,让最优秀的人按照法律来统治。①

　　自从民主政制成为雅典的骄傲后,雅典人普遍认为法治乃是民主的基本保证,甚至把法治等同于民主,而把君主制(一人之治)和寡头蔑视为人治。为了保护民主和法治,大约在公元前403年前后,雅典人制定了一条法律:

　　　　当局在任何情况下都不允许使用不成文法。议会或公民大会的任何政令(decree)都不能超越法律。不允许为个人制定法律,如果这条法律不延伸到所有雅典人身上并且如果不是由六千人通过秘密投票公决的话。②

　　这条法律是雅典在恢复到民主制度后的立法程序的基石,它涉及到了法律与法规(或政令)的区别:法律关系到城邦的所有公民。而法律之所以关涉到民主,就因为法律能够保护几乎所有人的利益:梭伦的立法,据他自己说,就是为了让弱者和富人都拥有同样的正义

① W. L. Newman. *The Politcs of Aristotle*, Vol. III, p. 280.
② Ilias Arnaoutoglou. *Ancient Greek Laws: A Sourcebook*, p. 91.

（残篇 36，另参《雅典政制》12.4，欧里彼得斯《乞援人》433 行）。

所谓的"自由裁量"，必须严格控制在法律（成文法）的范围内。亚里士多德批评斯巴达的官员按照自己的判断而不是依据成文法来裁决（《政治学》1270b28－31），并认为克里特的官员按照自己的识见来统治，这对城邦来说，乃是极不稳妥而且十分危险的（1272a36－39）。① 对我们今天的民主法治建设来说，这些批评仍可谓言犹在耳。

第六节 誓言的式微

誓言在古希腊社会生活中的举足轻重地位，但随着时间的推移以及思想观念的变化，它的作用越来越有限。早在荷马到赫西俄德这个短暂的时期内，我们已经能够感觉到誓言的作用日渐淡化了。在荷马史诗中，誓言是一种十分普遍的现象，而且大部分誓言都是用于解决个人之间、城邦之间的纠纷。但在赫西俄德那里，尽管他与兄长就遗产问题产生了纠葛，但赫西俄德并没有试图通过誓言来解决这场民事纠纷，而是最先选择了把案件交给并不那么公正的王爷，后来则寻求"私了"，干脆写了一部《劳作与时令》来劝说老兄不要太不正义，也就是动员兄长放弃不正当的诉求。誓言在赫西俄德的作品中虽得到了足够的强调，也无非是突出了誓言背后的正义的重要性：对于一个正义的人或社会来说，誓言乃是不得已而为之的事情。赫西俄德明确地把誓言归于可怕的夜神家族中一员，乃是不和女神的女儿。而正义则是至高无上的宙斯的女儿，其地位自不待言。②

而在雅典第一部成文法中，誓言似乎并没有起到相当大的作用，与此前神话时代的传说来说，其功用已下降了很多，而在梭伦时代，

---

① Rosalind Thomas. Written in Stone? Liberty, Equality, Orality and Codification of Law. In L. Foxhall and A. D. E. Lewis（eds.）. *Greek Law in its Political Setting*, p. 9.

② Friedrich Solmsen. *Hesiod and Aeschylus*, pp. 92－93.

则称得上急剧下降。这个过程与民主的进程正相重合,也就是说,法律的地位不断上升,民主由此得到不断的加强,而靠神明和个人道德来维系的誓言的地位则不断下降。但颇为吊诡的是,民主与誓言本身息息相关,正如古希腊演说家吕库古(Lycurgus,前 396－323)所说:誓言把民主连接在一起(79.2)。①

德拉科法典制定于公元前 621 年左右,是雅典第一部成文法,以严酷的惩罚著称(尤其针对杀人罪)。但在这部重要的法典中,杀人罪的裁决不是靠"免罪誓"(exculpatory oath),而是由特别刑事法庭的专门法官小组(Ephetai)通过投票来决定。②

大约在三十年后的梭伦时代,政教开始分离,宗教色彩急剧淡化,这种无罪辩护誓言只在极为罕见的情形下才会出现,也就是只有在没有任何其他证据的情况下,即迫不得已的时候,才会以誓言来判案。而这种情况与当时的"时代精神"可谓若合符节,实际上就是道德水准不断下降使然。"邪恶的想法十分盛行,作为一种高贵品质之标志的简朴则受到嘲笑和鄙视。到处是仇恨和坏的信仰;没有一句神圣的话是安全的,没有一个神圣的誓言得到尊重:自我的利益是惟一的当务之急;那些爬到高位的最坏的人,由于害怕他们可能在论辩或者阴谋中受到蒙骗,就会立即采取行动,在他们的更加通情达理的对手完全放松警惕的情况下去摧毁他们"。③《美狄亚》一剧中的合唱队对这样的情况发出了沉重的悲叹(439),那就是誓言已经失去所有的意义,羞耻之心不再驻足于希腊而是飞到九霄云外。当时还有很多这样的关于德性已经永远逝去的言论。④ 誓言已不在矣。

---

① W. Burkert. Greek Religion. Tr. by J. Raffan. Cambridge: Harvard University Press, 1985, p. 250.

② G. Thuer. The Role of the Witness in Athenian Law. In M. Gagarin and David Cohen (eds.). *The Cambridge Companion to Ancient Greek Law*, p. 165.

③ 布克哈特《希腊人和希腊文明》,王大庆译,上海:上海人民出版社 2008 年,第 352－353 页。

④ 同上,第 122－123 页。

　　宗教式微,道德下滑,世风日下,人心不古,一方当事人的誓言往往会与对方的誓言不一致,而且誓言也会与证据相冲突,誓言便渐渐地失去意义和效用。尽管司法实践中还存在着誓言,但其效用已经锐减,甚至当后来发现其中一方发了伪誓时,也仅仅重审了事。誓言的功能逐渐从“终审性”(conclusive)降格到“证据性”(evidentiary)再到“确认性”(confirmatory),①最后几乎不起什么作用了:所谓“确认”,甚至不是确认事实,而只是确认言辞,更有甚者,也不是确认话语的真实性,而仅仅表明当事人说了什么话而已。“后来,很多人把发誓仅仅当成了一种达到目的的手段,是一件随心所欲的事,尤其在政治交易中。……面对伯罗奔尼撒战争中希腊民族所表现出的道德全面衰退的症候,修昔底德(3.82)注意到了有关和解的誓言的毫无意义,他说这些誓言仅仅在不可避免的、只能如此的情况下才得到遵守。大约在同一时候,来山德说‘孩子们用投骰子来互相欺骗,而成年人则用誓言来互相欺骗’”。②

　　在古典时期修辞家的演说中,经常可以看到双方当事人的誓言。在杀人案以外的案例中,一方有权利要求对手发誓,或者自己率先发誓,而这样的誓言,尽管不具有终审性质,但却是一种证据的方式。在战神山(Areopagus)法庭成立之前,控方发誓说辩方实施了谋杀,而辩方则发誓否认。在杀人案之外几乎所有的案子中,双方都可能发誓,尽管这不是强制性的,而这种誓言的用途连证据的意义都没有,只不过是在确认自己所说的话而已。③ 正如欧里彼得斯的剧中人所说:“我的舌头立了誓,但心没有立誓。”(《希波吕托斯》612行,张竹民译文)对于如此堕落的情况,雄才大略的波斯领袖居鲁士如此轻蔑地批评过希腊人:“我从来没有害怕过这样一些人:他们在城市的中

①　J. W. Jones. *The Law and Legal Theory of The Greeks*, pp. 137—138.

②　布克哈特《希腊人和希腊文明》,同前,第122页。

③　J. W. Jones. *The Law and Legal Theory of The Greeks*, p. 138.

央设置一块地方,大家集合到这块地方来互相发誓,却有互相欺骗"(希罗多德《原史》1.153,王以铸译文),居鲁士接下来信心满满地预言:"如果我能健康地活着,那么,就不是谈的伊奥尼亚人的灾难,而是希腊人自家的灾难。"①尽管居鲁士英年早逝,但希腊人的灾难却真的被他不幸而言中了:发伪誓则不信神,互相欺骗则道德沦丧,这样的民族必然会遭到灭顶之灾,这本没有什么好奇怪的。

再后来的情况似乎更糟,公元前四世纪是一个政治上衰落的时代,"在所有地方,民主制度都滋生出了巨大的邪念。个人对政府和法律的真正权威充满蔑视;普遍的嘲讽(也通过喜剧来表达)与向公众提供的宴饮和狂乱的节庆活动结合在一起;一个真正有大众组成的暴民阶层形成了,这个非常不稳定的阶层的成员能够用各种不同的极端行为对整个城市造成威胁。……由于希腊人在那时已经成为可怕的情绪的牺牲品,这个时代的特征就是厚古薄今(laudatio tem-poris acti),它表现为对作为道德典范的祖先的持续不断的和充满夸张的赞美,还对父母、神灵和神庙的虔诚,这成为演说家的一个取之不尽的话题。在这个时期,人们再次不遗余力地去强调誓言的神圣性"。② 誓言的"回光返照"对"时代精神"来说,不啻一个巨大的讽刺。一个时代越是病态地拼命强调什么,越发暴露出这个时代在那方面的病症已入膏肓之地。

誓言不仅在司法上毫无意义,甚至在道德上反倒带来了巨大的灾难,对此,也就不难理解柏拉图强烈主张在司法中废除誓言的原因了。柏拉图通过一个神话来表明了誓言曾经的辉煌以及当今的没落。他说,"据说",拉达曼提斯(Rhadamanthus)的审判方式值得尊敬,就因为他看到那个时代的人普遍都相信神明显然存在而使用了誓言这种简单、快捷而且安全的方式来判案。拉达曼提斯本身是

---

① 王以铸此处似与希腊文原文有较大出入。
② 布克哈特《希腊人和希腊文明》,同前,第368—369页。

大神宙斯的儿子,《法义》开篇那个为克里特制定法律的神明米诺斯
的弟弟。拉达曼提斯为之制定法律的共同体也大多是由神明的子
嗣所组成,①这些神明的后裔当然尊奉神明(其实就是尊奉自己,谁
会跟自己过不去呢?),而且他那个时代的凡人也相信神明显然是存
在着的,难道这些凡人自己不明摆着就是神明的子嗣吗(施特劳斯
语)? 因此,拉达曼提斯的审判是完美的,就因为他能够利用誓言的
神圣性来判案,更何况他本身就是一位神明,因此,在他那个时代,
凭借誓言判案,就等于神明亲自来判案。② 也就是说,誓言必须以
神明为依托。

但在雅典异方人生活的时代,神明已然不是人们精神生活的最
后归依,誓言不再有多少积极作用,反倒带来了很多消极的后果。这
是一个理性不断上升的时期,理性逐渐取代信仰成为了价值判断的
指北针,于是雅典异方人主张在法律中废除誓言,以便为理性腾出地
盘。凭誓言判案,就是把判决交给神明。在这个高蹈的理论中,雅典
异方人已经暗示了凡人的局限,当他说"拉达曼提斯认为他不应该把
案件交给凡人法官,而应该交给神明"(948b7－8)时,誓言的式微已
不可避免,因为诸神离去后,法官一职必然由凡人来担任,凡人总会
因自身的有限性而堕落,则誓言亦不可行矣。拉达曼提斯为什么认
为不应该把案件交给凡人来审判呢? 大概就在于"不安全"
($\dot{\alpha}\sigma\varphi\alpha\lambda\tilde{\omega}\varsigma$,948c2),这种不安全就在于人天生的欲望。接下来的发展
历程,无非证明了拉达曼提斯的如炬法眼。

也许是哲学与宗教的永恒冲突一种必然表现,无神论随着哲学
的兴起而走向普遍。柏拉图在《法义》第十卷中批评了无神论的三种
表现,一是认为神明不存在,二是即便认为神明存在,神明也不关心
人类,三是即便神明存在且关心人类,但可以通过贿赂来收买神明

---

① 张智仁、何勤华的译本作"既然生活在那时的人们已经远离了诸神的系谱",误。
② E. B. England. *The Laws of Plato*. Manchester,1921,p. 585.

（888c）。柏拉图笔下的异方人告诉另外两位老人，这种对神明的亵渎乃是立法的大忌。后来在谈到誓言的问题时，雅典异方人便在无神论的前提下，无可奈何地提出，必须废除司法中的誓言：

> 但是，在当前，我们说，有一部分人根本不相信神明，而其他人则认为神明不关心我们，大多数人的意见最坏，居然说神明只要接受少量供品和奉承话，就会帮助我们盗窃大量金钱，并且让这些人免于各种各样的重罚：结果，拉达曼提斯的审判技艺，就不再适合用于今天的人的案子了。所以，既然人们对神的观念已经发生了变化，法律也应该［随之而相应地］改变。根据**理性**（μετὰ νοῦ）而制定的法律必须在司法程序中，把誓言从控辩双方那里剔除出去。某个对他人提起诉讼的人，应该写下他的控诉，而不是要发誓，而辩方也同样应该写出他的抗辩，并把它交给主审者，无需发誓。（《法义》948c2－d8）

三种无神论的观点一个比一个更坏，而最坏的居然是相信神明存在的无神论，这不仅让我们想起尼采的名言：教堂就是基督教的坟墓（《快乐的科学》125条）。这种有神的无神论破坏力最大，而不幸的是，这种最坏的意见来自于"大多数人"。对于这样的背景，其"结果"当然就是拉达曼提斯以誓言来判案的方法，不再适合"今天"了。雅典人这里所作出的礼崩乐坏的判断，就是建立他此前所说的"大洪水"（3.679b3－e5）基础之上：灭世洪水之后，神明离弃，人变得更加"人"化了，在没有神明关照的时代，人们也不再相信神明，人类依靠自己的理性来生活，必然就会像亚里士多德所说的那样，不可避免地要沾染上人与生俱来的"兽性"（《政治学》1287a30）。对于这样的巨变，法律必然也需要随之作出相应的变化，具体说来，就是把誓言从司法程序中剔除出去。

客观地说，宗教观念发生了变化，精神风貌出现了转折，与此相关的其他方面应该也必须作出相应的调整。因为在现实生活中，原先以誓言来判案的高古方法，已经为道德败坏的人提供了可乘之机，并且还会导致道德的进一步败坏：

> 而这是很可怕的，因为在城邦中有很多讼事中，可以肯定地知道，几乎近一半的当事人都曾错误地发誓，然而却公餐以及其他会议中，以及私人聚会上，若无其事地交往做人。（《法义》948d8—e4）

这的确是一副十分可怕的景象。为了杜绝伪誓在日常生活中泛滥成灾，尽管誓言很神圣，但也有必要忍痛割爱，对思想机体进行残酷而必要的手术。柏拉图（《法义》948b）提议法官应该废除法律中的誓言，不允许当事人为了一己私利而在胡乱发誓或发伪誓中进一步败坏堕落，就是这样一种外科手术。与此相应，基督教也有类似的规定："你们又听过有这样吩咐古人的话：'不可背约，向主许的愿都要偿还'。可是我告诉你们，总不可发誓，不可指着天发誓，因为天是神的宝座；不可指着地发誓，因为地是神的脚凳；不可指着耶路撒冷发誓，因为它是大君王的京城；也不可指着自己的头发誓，因为你不能使一根头发变白或变黑。你们的话，是就说'是'，不是就说'不是'；如果再多说，就是出于那恶者。"（《马太福音》5：33—37）

我们应该如何理解这种变化？

一般而言，这无疑是一种走向沉沦或堕落的过程：信仰的缺失似乎总会导致道德水准的下降。希腊化时代伟大的历史学家波利比乌斯（Polybius，约公元前 203—120 年）就把希腊人的普遍的道德沦丧，尤其是对誓言的不忠，归因于对神明和地下世界的信仰的衰落。亚里士多德借用无神论者克塞诺芬尼（Xenophanes）的话说：

> οὐκ ἴση πρόκλησις αὔτη τὰσεβεῖ πρὸς εὐσεβῆ.

　　要求一个虔诚的人［发誓］,跟要求一个不虔诚的人［发誓］,
不是一回事。(《修辞学》1377a19—20)①

　　亚里士多德紧接着对此评论道:就好像一个强者打弱者,或者强
者要求弱者挨他打。② 亚里士多德似乎接受了克塞诺芬尼的无神论
观点,把不信神的人视为"强者",而把信神的人称为"弱者",这似乎
已隐约可以感受到近代启蒙运动的来临。

　　西塞罗对他所崇敬的希腊人在这方面的不足也提出了中肯的批
评:"我对希腊民族的作家、艺术的财富、他们的修辞的微妙和力量,
以及其他的那些他们所声称的属于他们自己的东西基本上持肯定的
态度,但是在提出证据的过程中应有的审慎和真实却在他们的民族
性中从未培养起来,他们不能理解这些东西的重要性……一个心怀
鬼胎的希腊人完全没有顾及到誓词中的话,只是尽其所能地去迫害
他人。他所害怕的和感到羞耻的是被驳回或存疑,案子暂缓审判,除
此之外的任何事情他都不会放在心上……对这样的人来讲,誓言是
一个玩笑,作证则是一个游戏;你们(罗马人)的思维方式对于他们来
讲是十分陌生的;赞扬、奖励、好处以及随之而来的祝贺,所有这些都
依赖于无耻的谎言。"③希腊人在这方面的堕落让后人感叹不已,也为
灿烂的文明抹上了污黑的印记。

　　但施特劳斯并没有把诸神信仰的衰退视为一件坏事,他说:"要
记住这样的事实,即,我们有理由认为,从拉达曼提斯时代到雅典异
方人时代的转变,并不全然是向坏的方面转变,正是这种转变让哲学

---

① 罗念生和颜一都根据罗布丛书而把这句话译成:不敬神的人逼敬神的人发誓,是
　 一件不公正的事。笔者在此采用 W. M. A. Grimaldi 注疏本中的理解(同前,V.
　 1, p. 344)。
② 颜一把这句话译作:这无异于由一位强壮的人逼迫一位孱弱的人去打人或被打。
　 罗念生译掉了这一句。
③ 转引自布克哈特《希腊人和希腊文明》,同前,第 123 页。

得以可能并且因此变成必须。"①人总是要长大,要独立,人类也需要不断走向成熟。只是我们需要时刻记住,不能为成熟付出无法承受的代价。既然神明必然会离弃,既然人类从黄金时代、白银时代、青铜时代、英雄时代到黑铁时代的持续堕落因植根于人的本性故而无法避免,那么,我们必须面对这个基本的事实,让理性尽可能地随时都照看着极易飘逝的一切,而如果哲学和法律是理智的化身的话,那么,就让我们成为哲学和法律的"奴隶"吧。也许,这就是誓言的式微在不幸之中带给我们的积极意义。

第七节　小结

毕达哥拉斯说,说出真理和做好事(aletheuein kai euergetein)是众神赐予的最好的礼物,是与神靠得最近的行为。发真誓(而不是伪誓),也属于"说出真理"的范畴,当然是神明赐予的最好的礼物,与神明十分亲近。"提供誓言,我们可以说,愿意把事情交给神,是一个敬神的行为。"($εὐσεβὲς$,又作"虔诚",《修辞学》1377a25－26,罗念生译文)

曾几何时,誓言是神圣的,因此必须用在神圣的场合,而不能随随便便用于日常生活中,②否则,誓言的神圣性就会遭到破坏,誓言的作用和地位也就降格为一种不太靠谱的承诺,最多也只是一种相互欺骗因而可以随时撕毁的契约。司法审判、体育赛事、艺术审察等等,就是颇为正式和庄重的场合,应该辅之以誓言。誓言也就有了辉

---

① Leo Strauss. *The argument and the action of Plato's* Laws. The University of Chicago Press, 1975, p. 172(中文本见程志敏、方旭译《柏拉图"法义"的论辩与情节》,华夏出版社即出)。

② E. B. England. *The Laws of Plato*, p. 585.

煌的理由,它的辉煌不是因为古希腊法庭的执行能力很弱,[①]也不是像有的学者认为的那样,是无可奈何的选择:"当人们以错误方式确定的证据与固有的事实不相符时,就不得不求助于发誓、占卜和神裁法。因为他们认为神灵无所不知,知道事实的真相。如果显灵了,他们将会审理案件,神灵们也直接处罚或者叫他们在人世间的代理人去处罚罪犯。"[②]誓言的辉煌是因为那时的人们相信神明的存在,因此也注重礼义廉耻的修养。在古人看来,"诺言包含我们对神明承担的保证。至于说到对亵渎宗教的惩罚,不存在任何应有的异议"。[③] 人们毫不怀疑,"对背誓行为,神明惩罚是毁灭,人间惩罚是耻辱"。[④]

德国二十世纪著名的古典语文学家拉特(Kurt Latte,1891—1964)于 1920 年出版的著作《神圣的法律:希腊神圣法律形式的历史之研究》(*Heiliges Recht: Untersuchungen zur Geschichte der sakralen Rechtsformen in Griechenland*),开创了古希腊法律的先河,尤其在法律的起源及其与宗教的关系问题上,至今亦是一部极其重要的参考书。作者在书中也像梅因一样,坚定地认为法律起源于宗教,宗教是法律的母体,法律在一种相当神秘的过程中从宗教破茧而出。拉特研究了现存的神圣法律形式后,得出了这样的结论,宗教给予人们以力量,好为他们自己创造法律和国家。他特别强调了初民不可动摇且毫无疑义的宗教虔诚:人们在开始学会畏惧法律以前,似乎早就对神明充满了敬畏。[⑤] 在那样一个时代,誓言因与神明相关而具有一种高高在上的权威,这种权威是任何身为凡夫俗子的法官所无法企及的。这一结论也为德国另一个伟大的古典学家维拉莫维茨

---

① R. Parker. Law and Religion. In M. Gagarin and David Cohen (eds.). *The Cambridge Companion to Ancient Greek Law*, p. 75.

② 霍贝尔:《原始人的法》,同前,第 240 页。

③ 西塞罗:《论法律》,II. 41,王焕生译,同前,第 139 页。

④ 西塞罗:《论法律》,II. 22,王焕生译,同前,第 113 页。

⑤ Kurt Latte. *Heiliges Recht: Untersuchungen zur Geschichte der sakralen Rechtsformen in Griechenland*. Tübingen 1920, p. 4.

(Wilamowitz)所认同和接受。

誓言不是万能的,它在很多时候甚至是无能的,因而必须让位于法律。但誓言作为法律的时候的确是万能的,而作为个人道德修养的标志,对于整个社会生活来说,则具有无可比拟的重要性,因为"不遵守誓言的人破坏一切"(亚里士多德《修辞学》1377b8)。即便在古希腊"誓言从未被认为是完美的手段,但它也许是可用的最好的方法。人们不是在盲目的信仰中求助于誓言,而是在精明且审慎的协商后才求助于誓言"。① 不幸的是,这种审慎的协商似乎也变得极为罕见了。誓言的式微意味着利己主义和个人主义的疯狂膨胀,后人便有了这样的讥讽:"希腊人观念中还存在另外一个利己主义的重要特征,那就是'说谎的权力',这也就是罗马人谚语中所讲的'希腊式的忠诚'(Graeca fides)。"②的确,"在没有天堂之神的时代,得到一个可靠的誓言是很困难的,从一个没有良心的人那里得到可靠的誓言就更加不容易"。③

而到了启蒙运动的巅峰时期,康德则直接把"誓言"在法律中的作用等同于宗教,而在康德看来,宗教又是迷信,因此,誓言最多只是"出于法律权威的方便",并且这种方便法门在道德上是错误的,在实践上是有害的。首先,人们为什么要发誓呢? 康德认为,"只有一种理由,而根据这种理由人们可以主张:人们所受到的约束,在法律的关系与信仰和承认存在许多神或者一个上帝有关,这就是他们可能发誓的原因"。④ 在康德看来,人们发誓是因为"他们出于害怕那洞察一切的上帝(最高权力)的报复,所以,为了他们自己必须庄严地祈祷,如果他们的供词有假,他们便强迫自己忠于说过的话,并实现自

---

① R. Parker. Law and Religion. In M. Gagarin and David Cohen (eds.). *The Cambridge Companion to Ancient Greek Law*, p. 69.
② 布克哈特《希腊人和希腊文明》,同前,第 120 页。
③ 同上,第 122 页。
④ 康德:《法的形而上学原理》,沈叔平译,北京:商务印书馆 1991 年,第 130 页。

己的诺言"。① 康德的这种看法似乎有自相矛盾之嫌：如果人们害怕上帝或神明的报复，反而不敢发誓；而如果庄严的祈祷就能规避或免于上帝的惩处，那么，这样的上帝也就谈不上正义了。

康德进一步把这种誓言理解为迷信："如果仔细观察这种做法的过程，便可以发现人们发誓并不是出于道德的原因，而仅仅出于盲目的迷信。"②康德为什么把古人十分重视的"宣誓决讼"看作是盲目的迷信呢？这可能要在康德所处的那个时代极为光彩夺目乃至于有可能灼伤人的"理性"那里去寻找原因。在一个崇尚理性而蔑视信仰的年代（尽管康德自己一再声称扬弃知识是为了给信仰留地盘），只有理性能够带来确实性，而"很明显，这〔发誓〕意味着在法庭面前，一种单纯庄严的有关权利的声明，不能企望在这种声明中取得任何确实性"，因此，康德例举了一些原始土著居民的誓言情形之后，得出结论："出于一种看不见的力量——不管它是否由理解能力——通过那些天然具有神奇的力量，誓言就能够实现。这样的信仰——一般称之为宗教，但应该叫它迷信——确实和公正的执行不可分割的。因为，不加上这些做法，人们就不会说真话，公正的法庭就没有适当的手段去查明真相，并去决定权利的问题。所以规定一项由发誓责任的法令仅仅是出于法令权威的方便。"③

一方面，康德认为司法中的誓言是一种迷信，但又觉得这种迷信也有一些用处：誓言也许可以迫使人们说真话，以帮助法庭进行调查，因此，以发誓为基础的信仰、宗教抑或康德把它们理解成的"迷信"，不过都是法律的方便法门。康德接下来更为清楚说道：

在与公正法庭的关系上——一般地说，在文明状态中——

① 康德：《法的形而上学原理》，沈叔平译，北京：商务印书馆1991年，第130页。
② 同上。
③ 同上。

如果假定在某些情况下，没有比宣誓更好的办法去获得真情，那就必须采用这种办法。至于宗教，假定让人人都信仰，它可以作为必需的手段被利用，一边有利于公正法庭的合法程序。法庭利用这种精神强制形式作为一种手段，那时因为它符合人类迷信的倾向，为的是弄清楚被隐藏的东西，因此，法庭认为它这样做是正当的。可是，立法权力把这种迷信的威力引进司法的权力之中，是一种带根本性的错误，因为，即使在文明状态下，任何强制人们去发誓的做法都和人类不可剥夺的自由相冲突的。①

康德在这里虽然承认了宣誓在"获得真情"上的一些用处，但也把它打入迷信的深渊：他直接把宗教当做了一种手段，甚至把宗教等同于迷信——人人都信仰，人人都迷信，只有启蒙了哲人才具有清明的理性。而具有理性的人以"真理"为自己的使命，不惜利用人们"迷信"的根本倾向，来了解被隐藏的东西——我们在这里看到了海德格尔"去蔽"真理观的渊源，也感受到了康德—海德格尔思想中隐秘基础及其骇人听闻的亵渎论调。而尤为亵渎的，便是把人的"倾向"或"本性"即"人性"当做了手段，也就是把人本身当做了手段，而这与康德一贯主张的至高无上的绝对命令"你要这样行动，永远都把你的人格中的人性以及每个他人的人格中的人性同时用作目的，而决不只是用作手段"，②完全背道而驰。

如果以现代观念为出发点，尤其以所谓的"自由"为标准来衡量古人的风习和思想，那么，古人就像现代人眼中的原始土著居民那样未开化和未启蒙，尽管这些比"文明状态中"的现代人更依附或依恋于大地从而对自然与生命有着更为切近的感悟，但他们却被自命不凡的文明人视为野蛮、落后和蒙昧——而康德的启蒙，就是"人类脱

---

① 康德：《法的形而上学原理》，第 131 页。
② 康德：《道德形而上学原理》，苗力田译，上海：上海人民出版社 2002 年，第 47 页。

离自己所加之于自己的不成熟状态。不成熟状态就是不经别人引导，就对运用自己的理智无能为力"。① 宣誓、迷信和宗教大概就是康德那个时代的人刚刚费尽千辛万苦从中摆脱出来的中世纪以前所代表的"不成熟状态"，因此，从根本上说，康德和海德格尔都只不过证明了自己比古人更优秀，但正如康德刚才所说，我们却"需要弄清楚被隐藏的东西"，也就是说，"古"—"今"的实情未必如康德所说。

康德虽然认同了誓言或许有一点点效用，但从根本上说，这一丁点可怜的效用其实很靠不住，而且在道德上还是错误的。康德问到：我凭什么相信别人的誓言呢？既然我无法相信别人誓言的"有效性"，那么，我为什么还要在公正的法庭面前傻乎乎地接受别人的誓言呢？更有甚至，既然誓言如此不靠谱，为什么还要以它来作为结束一切争端的最终依据呢？康德说："换言之，什么东西能在法律上迫使我相信，另一个人所发的誓言具有任何宗教成分，于是我应该信服他的誓言，或者把我的权利取决于他的誓言？根据同样的理由，倒过来，我自己真的能够被约束去发誓吗？很明显，这两个问题都说明它的本身在道德上是错误的。"②康德似乎很难理解誓言在（古代社会）司法中的作用，究其原因，便在于对"宗教成分"的不信任，换言之，不相信誓言，也就是不相信宗教——这也许是以康德为代表直至现在的启蒙哲人最深刻的秘密，而不管他们自己口头上如何宣扬。

既然不承认"信仰"或"宗教成分"，对于誓言在司法中的中的作用，康德的结论似乎也就合情合理了："由于发誓是涉及信仰的实情，很明显，这样的誓言不能由法庭提出要求来。（1）首先，因为它自身包含着矛盾。这样的信仰，作为意见与知识的中间物，人们可以对它打赌而不能发誓；（2）其次，一位法官，为了弄清楚与他自己意图有关的

---

① 康德:《回答这个问题:"什么是启蒙运动?"》，见康德:《历史理性批判文集》，何兆武译，北京:商务印书馆1990年，第22页。

② 康德:《法的形而上学原理》，同前，第131页。

任何事情,或者甚至是与公共福利有关的事情,而强制别人作出一项迷信的誓言,他就犯了大错,因为这是要求发誓人违背本人的良心去发誓。这样做就涉及两方面:一方面它主张了人心的轻率;另一方面是良心的刺激,这使得一个人必定会感觉到,一个人,今天根据某种观点很重视某件事情,明天又根据另一种观点,很可能发现此事情是很不确实的。所以,任何人,他被迫去作一次这样的发誓,就要准备承受一次损害。"①康德不信任誓言以及它所代表的信仰的作用,就在于他把信仰看做虽高于大众的意见,但本身却不是知识,而是低于知识所代表的理性(这让他限制或扬弃知识以便为信仰保留地盘的意图以及信仰高于理性的主张,变成了自相矛盾的谎言,他根本就不曾像海涅所说的真正地让上帝复活了,或者如马克思、恩格斯所说,康德把上帝从前门赶走,又从后门请了回来)。结果,"誓言"就变成了迷信,而发誓在没有宗教信仰的前提,必然就成了"违背良心的时期",这样也就必定会导致人心的轻率,以及道德上的堕落。康德几乎不认同誓言在司法中的作用,这似乎与柏拉图在《法义》中禁止司法领域里当事人发誓有异曲同工之妙,但他们两人的出发点和最终目的却截然不同。

我们现在早已不靠誓言来解决问题,但我们在古希腊与誓言有关的事件中必然会学到很多有益的经验,同时也在鉴古比今中对希腊人的教训有所警惕:我们也许已经陷入古希腊人曾经陷入过的泥潭中了,希腊人因此而遭了灭顶之灾。那么,我们呢?如下的概述也许不是什么危言耸听,而很可能会成为"不幸而言中"的预言——历史总会不断重演,如果我们不吸取历史教训的话。这个教训就是:

> 当最终的崩溃已经临近的时候,誓言、忠诚和神灵都受到了公然的蔑视,与古代所谓的巨人族的脾气如出一辙;紧随其后的也是古人遭到的后果——一个绝对的苦难时代的到来。②

---

① 康德:《法的形而上学原理》,同前,第 132 页。
② 布克哈特《希腊人和希腊文明》,同前,第 357—358 页。

第四章　宗法

以誓言来判案的做法，就是诉诸于神法。我们所说的"神法"，不是《摩奴法典》或《汉谟拉比法典》中的"神判法"，即所谓以水火等方式来判案，凡入水不沉、遇火不伤者即为无罪。这里所说的"神法"（divine law）主要指法律的来源以及法律的依据都在于神，当然也包括与神明相关的一些活动，比如祭祀法（sacral law）等等。

正如许多学者所认识到的那样，古希腊没有今天意义上的"法律"（law），因为古希腊表示法律的词汇往往同时具有其他很多含义，很难说哪一个词与现代的 law 对等。在古风时期，希腊人用以表示"法律"的标准术语是 themis 以及它后来的衍生词 thesmos，后者主要指某一个权威人士制定的规则或作出的决定。与此相对，古典时期用以表达"法律"的词则变成了 nomos，这个词的含义主要不是指制定该法律权威人士来统治，而是说那些生活在该法律之下的人认可并接受这种法律，也就是说，themos 更强调个人因素，而 nomos 则强调社会对法律的尊重，更近于后世所谓的"法治"。① 另外的学者则看到，nomos 与 themis、rhetra 和 thesmos 的区别，就在于它是俗世和

---

① M. Ostwald. *Nomos and the Beginnings of Athenian Democracy*. Oxford, 1969, p. 55.

大众的。①

古希腊的法律思想经历了一个从 themis 到 thesmos 再到 nomos 不断世俗化的过程,于是,我们需要从源头处厘清古希腊所谓的"法律"的含义,因为,在当前的研究中,"凡是似乎可信的和内容丰富的、但却绝对未经证实的各种理论,像'自然法'(Law of Nature)或'社会契约'(Social Compact)之类,往往为一般人所爱好,很少有踏实地探究社会和法律的原始历史的;这些理论不但使注意力离开了可以发现真理的唯一出处,并且当它们一度被接受和相信了以后,就也可能使法律学以后各个阶段都受到其最真实和最大的影响,因而也就模糊了真理"。②

第一节　themis

最早表示具有强制力的社会共同规范思想的词汇是 themis,或者如梅因所说:"在荷马诗篇中曾经提到'地美士'(Themis)和'地美士第'(Themistes)的字眼,这是一些最早期的概念,它们和现在已经充分发达的法律观念和生活规律有着密切的关系。"③在古希腊的神话传统中,这个 themis 也被视为一个具有极高地位的神明。《荷马史诗》中,Themis 的作用十分活跃,含义也颇为丰富,这表明它已经存在了相当长一段时间。我们大略可以推想,既然人类社会需要规范,那么,明确的法律观念虽然后起,但规范思想却应当是与社会同时存在的。

从词源学的角度来看,themis 来自于动词 $\tau i \vartheta \eta \mu \iota$,意思是"设置、摆放",泛指已经"制定"下来的习俗、伦常和神义,它作为一种规范,

---

① D. Allen. Greek Tragedy and Law. In *The Cambridge Companion to Ancient Greek Law*, p. 390 n. 36.

② 梅因:《古代法》,同前,第 2 页。

③ 同上。

是生活共同体进入文明社会的标志。又由于 themis（忒弥斯）与神明密不可分（它与"神明"即 theos 一词具有相同的辞源，都来自于 tithe-mi），甚至它本身就是一位极为特殊的神明，[①]因此，themis 具有十分强烈的宗教色彩，[②]我们把它称作"宗法"，以便于同后世歧义较多的"神法"相区分，尽管这两者之间所具有的相似性远远大于它们的差异。

芬雷虽认为 themis 不可译，但他还是总结了 themis 的一些特征和含义。Themis 是神明的恩赐，是文明化生存的标志，有时指正确的习俗、恰当的程序，社会秩序，而有时则仅仅指神明的意志——比如可以通过誓言而感受到这种意志，几乎不具备权利的观念。芬雷主要把 themis 理解为 proper procedure（恰当的程序），在他看来，审理者手中所持的权杖，不仅仅是权威的象征，也是 themis 这种"有序的程序"（orderly procedure）。而且这种包括了习俗、传统、民间方式和 mores（道德）在内的 themis，也是对绝对王权的制约。[③]

在梅因看来，人类初生时代，人们只能把变幻莫测而且定期循环发生的活动归诸神明，而"把司法审判权交给国王或者上帝的神圣代理人，万王之中最伟大的国王，就是 themis"。[④] 梅因还从发生学的角度，把 themis 追溯到"习惯"之上。事情多有相同之点，其道理也必有相近之处，于是就会相互借鉴，从而形成一种习惯或惯例：忒弥斯正是这种惯例的固化。

这种较为世俗的看法也为赫丽生所接受："从语文学的角度看，希腊词'忒弥斯'（Themis）和英语'判决'（Doom）表达的是同一个意

---

① 可见"神明"（theos）的含义就是为天地"制定"规则（倒不一定是天地万物的创造者）。

② 见刘小枫编修：《凯若斯——古希腊语文教程》（上），上海：华东师范大学出版社 2005 年，第 467 页。

③ M. I. Finley. *The World of Odysseus*, pp. 109，101，78，82.

④ 梅因：《古代法》，同前，第 3 页。

思。值得注意的是,这两个词经历了同样的演变过程。'判决'是已经决定下来的东西,它始于惯例、公众舆论的压力,以根据法律作出的判决告终。个人的'判决'(决定)是自己的意见,但这是微弱、无效的。最后形成法律的是集体性的判决、观众的舆论,其目的是为了给大家提供便利。和'判决'一样,忒弥斯始于人间,终于天上。……从许多判决、许多公众舆论、许多审判当中诞生出一个女神的形象;从许多惯例(themistes)中诞生出忒弥斯这一形象。在希腊人看来,这些固定的惯例代表着一切他认为是文明的东西。它们同时还是他的王权和民主的基础。这些惯例是人们必须遵守的法令,是社会强迫人们遵守的规范;它们也是关于未来的预言,因为必须做的一定要做;它们还是国王的权利、仪式、特权,不管他或者任何官员生活在什么样的风俗当中。"①

　　从根本上说,忒弥斯最初是惯例,这些惯例经公民大会商讨而生效。当然,忒弥斯的效力范围刚开始很有限,仅仅限于部落内部,后来部落联合成为城邦后,它的地位才逐步上升到神圣的地位。赫丽生如是总结道:Themis"是维系人们团结的力量,是'群体本能'、集体意识、社会的约束因素。她是社会的规则。这种社会规则对一个原始群体来说是模糊的、不成熟的,然而它具有绝对的约束力。后来,这种规则变成了固定的惯例、部落的正式习俗;最后,到了城邦时代它就以法律和公正的形式出现。在众神各自形成自己的形象之前,忒弥斯就已经存在了;她不是宗教,但却是宗教得以形成的原材料。"②这是这位才华横溢的女学者对 themis 颇为现代的解释。

---

① 赫丽生:《古希腊宗教的社会起源》,谢世坚译,桂林:广西师范大学出版社 2004 年,第 478—479 页。这本书原名:*Themis: A Study of the Social Origins of Greek Religion* (Cambridge University Press, 1912)。关于 themis 和英语的 doom 之间的相似性,另参 J. W. Jones. *The Law and Legal Theory of The Greeks*, p. 28。

② 赫丽生:《古希腊宗教的社会起源》,同前,第 480 页。

"忒弥斯"最后固然是成人和市民的"惯例",这些惯例固然要经过市民会议商讨才能生效,而生效之后的"惯例"和"习俗"当然就是"规则",规则固定下来后就会变成以公正为核心的"法律"——但这样的情况已经是很后来的了。从后来已经变得很世俗的"人类学"或"社会学"的角度来看,法律的确是来自于惯例,但"从许多判决、许多公众舆论、许多审判当中诞生出一个女神的形象;从许多惯例(themistes)中诞生出忒弥斯这一形象"这样的说法,无论如何有些本末倒置了:这是站在今天的角度来推想思想的发生历程,难免会让事情变得过于简单。"忒弥斯"与"惯例"之间存在着深刻的关联,但它们并不完全相等,因为"忒弥斯"有着比"惯例"远为丰富的内涵,甚至比"规范"和"法律"还要复杂得多。尤其重要的是,"忒弥斯"在成为"惯例"以前,就已经是一位神明了,她那个时候还不是"惯例",而是组织人们过上社会生活的一种原则,她更多地具有神学政治的色彩,而仅凭这一点就可以知道,"忒弥斯"远比"惯例"和"规范"重要,尽管"忒弥斯"后来逐渐退出了历史舞台,让位于更抽象的"正义"等范畴,但它作为一个源始的观念,却是"惯例"、"规范"、"法律"和"正义"的源泉,而不是赫丽生所说的那种相反的情形。

如果说赫丽生对法律来源的看法过于"现代",那么,她对法律的本质或目标的看法则不仅现代,而且外行。[①] 她说"最后形成法律的是集体性的判决、观众的舆论,其目的是为了给大家提供便利",这种看法过于轻描淡写,不得要领,因为在古希腊思想家那里,法律是为了捍卫社会的"正义"(梭伦语,见《雅典政制》12.4),"强制人努力向善"(柏拉图《普罗泰戈拉》327d),"照料灵魂"并"使灵魂变好"(柏拉图《米诺斯》321d)。而在亚里士多德看来,依据本性(《修辞学》1373b6,1375a32;另参柏拉图《王制》456c1)的法律,还不仅仅是保证

---

① 赫丽生的著作的确有不凡的学养和见识,但对之批评或不敢苟同者亦有之,比如可参 Friedrich Solmsen. *Hesiod and Aeschylus*, p. 32n. 95。

人们互不伤害的契约(即便希腊智术师这种要不得的"契约论"也比赫丽生的"便利论"更深刻),因为法律的目标与政治的目标一样,在于"培养善好而正义的邦民"($\pi o\iota e\~i\nu$ $\dot{\alpha}\gamma\alpha\vartheta o\grave{\upsilon}\varsigma$ $\varkappa\alpha\grave{\iota}$ $\delta\iota\varkappa\alpha\acute{\iota}o\upsilon\varsigma$ $\tau o\grave{\upsilon}\varsigma$ $\pi o\lambda\acute{\iota}\tau\alpha\varsigma$,《政治学》1280b12),归根结底,是为了优良的生活(《政治学》1252b30,1280a32),也就是幸福与美好的生活($\tau\grave{o}$ $\zeta\~{\eta}\nu$ $e\dot{\upsilon}\delta\alpha\iota\mu\acute{o}\nu\omega\varsigma$ $\varkappa\alpha\grave{\iota}$ $\varkappa\alpha\lambda\~\omega\varsigma$,1281a2)。只有这样的法律,才称得上"忒弥斯",也只有"忒弥斯",才能够达到那样的目标。

在赫丽生的开创性研究中,她看到了 themis 一词的丰富内涵:文明的标志、王权和民主的基础、惯例和法令、社会规范、关于未来的预言,同时它还是王国的权利、仪式、特权,也是一种风俗习惯。但赫丽生似乎没有充分而详尽地认识到她所"开发"出来的这一系列含义的价值,尤其没有条分缕析地探究这些涵义内在的谱系结构和发展历程,所以才会出现上述"错误"或"不足"。如果我们以她广泛的研究为基础,进一步梳理 themis 的来龙去脉,就会更清楚地认识到西方规范思想的来源和演变,而赫丽生的成就已经为我们准备好了现成材料,也就是说,她已经触及到了 themis 的各个方面,只是没有从礼法的角度并根据古典学的方法把那些方面整理、加工和提炼出来而已,而她的错误便在于受当时极为流行的达尔文学说中毒太深,她自己则掉入了十分现代的"社会达尔文主义"。我们接下来还会不断借鉴她的成果。

第二节　神谕

古希腊文明在特洛亚战争(约公元前 12 世纪)后、荷马时代之前,经历了大约四个世纪的"黑暗时代",当"荷马"在小亚细亚开始西方文明史上第一次"文艺复兴"时,他只能凭借残缺不全的传说和历代口耳相授(却无文字记载)的吟唱,像他自己笔下那位暂时退隐的英雄阿喀琉斯一样,"歌颂英雄们的事迹"(《伊里亚特》9.189)。但由于迈锡尼文明与荷马时代之间存在着惊人的信息空白:既无文字记载(而此前原已有线形文字了),也几乎没有实物材料,于是到了荷马时期,古老的传说和新创造或引进的思想都同时兴盛于文明再次勃兴的初期,这即为辉煌的古希腊文明提供了肥沃的土壤,也为早期的思想世界带来了一定程度的混乱:从自然神到城邦神这个过程,当然是文明进步的标志,但它们之间的纠纷却并不因为所谓的"进步"就得到圆满的解决——自然神与城邦神的关系一直到柏拉图时代才得以初步理顺,而它的最后解决则要等到基督教的兴起——这是最初的"古今之争"。[①]

荷马是第一个试图"整理国故"、"为往圣继绝学"并以此来解决"文明冲突"的人,他的立场大概属于"今文派",[②]他只弘扬当今的既定文明形式,并对遥远的怪力乱神进行必要的"文明化"(civilising)处理,比如不讲"人牲"(huaman sacrifice),不提"虐俘"等等。但这样一来,在荷马的"书"和"隐"尤其是"隐"中,思想发展的历史脉络也就一并被隐去了,结果就出现了后来的作者所记载的思想反而更为古老的怪现象。以 themis 为例,即便从荷马史诗本身来看,我们也能觉察到 themis 非常古老,比荷马史诗本身还古老得多,但作为重要神明的 Themis(忒弥斯)在荷马之前究竟是什么样子,我们在荷马史诗中找不到现成的答案,不过,在后来的赫西俄德、品达和埃斯库罗斯等人那里,却能发现端倪。于是,从总体上说,古希腊文明早期的复杂和混乱,也就体现在当时的人对 themis 的记载上,而包括赫丽生在内的现代专家在 themis 的理解上多少也有些混乱,似乎也就不难理解了。

规范思想古已有之,但正式的法律观念,却来得很晚:themis 在《荷马史诗》中虽出现多次,并且也扮演着重要的角色,但它很难说就

---

① 或许与人们惯常的理解相反,这种"争论"的解决未必是一件好事,而保持一种合理而必要的张力,可能才是文明保持生机与活力的枢要。

② 借用国朝经学术语。不够恰切,庶几可比。

是后世认可的"法律"。即便如此，themis 仍然还有着比《荷马史诗》中所出现的含义更为古老的意思。正如英国古典学家格罗特所说："与人格无关的伟大权威——'法律'，含义各不相同，既是指导，又是处罚，而与宗教责任或私人同情有所不同：但对于这种具有区别性的实证法和实证道德的观念来说，只能在荷马史诗中找到其胚芽而已。从来就没有出现过恰当表示人法的希腊词汇。在一种极为靠不住的措辞中，我们首先可以从一位人格神忒弥斯这种原始观念中发现一种逐渐的变化。忒弥斯隶属于宙斯，宙斯的判决或命令就叫做themistes；其次就是更为遥远的向各种既定习俗的变迁，而宙斯的审判就被认为是让那种习俗变得神圣起来。宗教的权威和习俗的权威就合并成了一种不可分割的义务。"①

　　在荷马史诗中，宙斯已经成为了天上的主宰，他本人就是天地神人的法律（最早的"朕即法律"），而作为法律女神的忒弥斯，在宙斯的帝国里，不过是宙斯的传令官和会议召集人，尽管也颇为重要（详下），但其地位无论如何都不高：她甚至不在最重要的"奥林波斯十二主神"之列，连"灶神"都不如。而她的地位，曾经比宙斯都还要高，后来却被阿波罗所代替了。也就是说，在希腊神话中，有很多神在时间上比城邦神（也就是所谓的"政治神"）更为古老，在一般的谱系中，地母该娅最为古老，接下来是天空乌兰诺斯等等。但实际上，还有比地母该娅更为古老的神明，"命运女神"（Moira）就十分古老，②而忒弥斯（themis）也是使得神明（theoi）得以可能的因素：神明之为神明，首先或根本上说，就在于他们能够"忒弥斯"，也就是能够制定规则，而万事万物都必须在规则和界限之中。

　　用赫丽生的话说，忒弥斯"是每一个神祇都包含的基本因素，从

① George Grote. *A History of Greece*, v. 2, pp. 23—24.
② F. M. Cornford. *From Religion to Philosophy*. New York：Harper Torchbooks，1957，12，cf. p. 14.

某种意义上说,她既在每一个神祇之上又在每一个神祇之下,但她自己从来没有成为一个成熟的神"。① 借用佛教的说法,命运女神和忒弥斯是"过去佛",而从该娅到宙斯的谱系则是"现在佛"(古希腊似乎没有"未来佛"的观念,大约就因为他们在倒退的历史观中,更重视过去,不太在意无法在意的未来)。在一个更小的范围内,该娅—乌兰诺斯—克洛诺斯这个系列属于自然神,在宙斯造反成功后,已退出历史舞台,成了"过去佛",而当政的宙斯则是"现在佛"。"忒弥斯"则是极少数成功转型为"现在佛"的女神:她尽管没有位列十二主神之中,但她在"新朝"的重要性却不因此稍减,她作为宙斯的妻子、顾问、政治会议召集人,尤其是作为"秩序"或"法律"的化身,她在政治上甚至比赫拉、阿波罗和赫尔墨斯等主神,还重要得多——她在政治之中,又超越于具体的政治事务之上。

虽然 themis 非常古老,是其他神明得以可能的条件,但当 themis 后来被"人格化"而成为一个神时,她的地位就变得颇为模糊和尴尬了。既然大地(地母)和天空(乌兰诺斯)是人类生活最重要的因素,那么,忒弥斯就不能在地母之上,而忒弥斯的重要性也不容忍屈居其他神明之下,于是她最合理的站位就是在地母之后、其他神明之前,最后干脆就成了最重要的地母神的女儿,甚至成了该娅的"别称"或"替身"! 在赫西俄德为诸神编制的谱系——实际上是缪斯女神传授给他们的歌谣(《神谱》22-25)——中,忒弥斯是地母该娅与天空所生的众多提坦神之一(《神谱》135)。后来忒弥斯虽然嫁给了宙斯,在智慧女神墨提斯被宙斯吞掉后,在顺序上就成为了"第一夫人",尽管其地位还是不如本族女神赫拉这位"正宫娘娘"高,但她在政治生活中的作用却一直十分重要(比如在荷马史诗中)。

后来,在埃斯库罗斯那里以及在希腊历史中,忒弥斯甚至与地母该娅合而为一了。忒弥斯的儿子普罗米修斯说:"母亲忒弥斯,她

① 赫丽生:《古希腊宗教的社会起源》,同前,第481页。

又名该娅,因为她一身/兼有许多名号,曾经不止一次地/向我预言未来,事情会有怎样的结果。"①学者们对于第一句中的"忒弥斯,她又名该娅"(Θέμις καὶ Γαῖα,直译为"忒弥斯即该娅"),持不同的看法,但大都认为忒弥斯就是该娅的"别称",或者说,该娅就等于忒弥斯。② 正如几乎每一位神明都有自己独特的名号(诸如"提大盾的宙斯"、"牛眼睛的赫拉"等),该娅的别称就是"制定者",即"themis",于是该娅的全名就应该是"该娅·忒弥斯"。这种看法也为考古发现所证实:在狄俄尼索斯剧场中,就有雕塑把该娅和忒弥斯相提并论。③ "忒弥斯"最初作为"该娅"的别称(epithet)而出现,表述着该娅的根本特质,后来才慢慢独立而成为一位重要的神明。而忒弥斯的独立过程,就表明了"反向程序"的出现,④同时也表明文明的开始和社会结构的变迁:从地母该娅所代表的极度依附于土地的散居生活,向忒弥斯所代表的"秩序"为特征的城邦生活或社会生活过度,从该娅到忒弥斯,就是政治的发生过程,当然,也就是法律的产生过程。

不管"忒弥斯"是史前神明(借用后世形而上学术语,可称她为"元神"),还是万物万神之母该娅的女儿,总之,忒弥斯都算得非常古老。她进入神话历史之后,作为该娅的女儿,接过了该娅很多方面的属性。在众多功能中,忒弥斯继承了该娅的"预言"能力,而这种预言的能力,也在不断地传递着,普罗米修斯的预言能力就传自其母亲忒弥斯(与"预言"相关的 themis 作为一种规范,当然具有传承性,因此

---

① 埃斯库罗斯:《普罗米修斯》209—212,王焕生译,《古希腊悲剧喜剧全集》,南京:译林出版社 2007 年,第 1 卷,第 156 页。

② Friedrich Solmsen. *Hesiod and Aeschylus*, p. 126n. 10.

③ 赫丽生:《古希腊宗教的社会起源》,同前,第 476—477 页。

④ Emma J. Stafford. Themis: Religion and Order in the Archaic Polis. In Lynette G. Mitchell and P. J. Rhodes (eds). *The Development of the Polis in Archaic Greece*. London: Routledge, 1997.

有人把 Themis 就译作 Tradition)。① 在《欧墨尼德斯》开篇,后世的
女祭司如是排列了预言传承的谱系:"关于预言术,诸神中我首先敬
重/第一预言神该娅;然后是忒弥斯,/按照传闻,他在母亲的神托所/
占据第二席;按照女神的意愿,/非靠任何神强制,另一位提坦神/占
据第三位,大地的女儿福贝;女神把祭坛作为族礼赠给了/福波斯,由
福贝而有这一别称。"②福波斯即阿波罗,出典即在此,所以阿波罗的
全称应该是"福波斯·阿波罗",文学作品中往往以福波斯代指阿
波罗。

　　人们熟悉的预言神,一般是阿波罗(如《奥德赛》8.89—81),而不
大知道其根源在于忒弥斯:这也是自然神向城邦神过渡过程中的必
然结果。德尔斐是神谕颁布的场所,在苏格拉底前来求问的时代,德
尔斐的主人是女祭司皮提亚所侍奉的阿波罗(《苏格拉底的申辩》
21a),但这个神托所此前却一直是忒弥斯的"道场"。据归在荷马名
下的上古颂诗《阿波罗颂》载,忒弥斯自愿把这个神托所连同预言的
能力,交给了她的姐妹福柏,后者又在阿波罗出生前,作为礼物而把
德尔斐赠给了这位即将成为奥林波斯主神的孩子(45 行以下)。③ 这
种说法颇为和平喜乐,忒弥斯与阿波罗的关系就是养育和"传帮带":
阿波罗降生的时候,忒弥斯也在他母亲勒托身边(《阿波罗颂》94 行),
而且还是他的"保姆",阿波罗不是吃母亲勒托的乳汁长大的,而是靠
忒弥斯用琼浆玉液喂大的(《阿波罗颂》124—125)。这种传说,即已
表明了阿波罗预言能力的"统绪"。

① Aeschylus. *The Oresteia*. Tr. By R. Fagles. Penguin Books, 1977, p. 231, cf. p. 317.
② 埃斯库罗斯:《报仇神》,王焕生译,《古希腊悲剧喜剧全集》,同前,第 1 卷,第 451 页。这里需要说明的是,这出戏剧原名 Eumenides,王焕生根据它的内容而译作"报仇神",陈中梅则根据其字面意思译作"善好者"(因惧怕报仇神而不敢直呼其名,反而委婉地美其名曰"善好神")。我们则采取音译的办法。
③ M. L. West (tr.). *Homeric Hymns, Homeric Apocrypha, Lives of Homer*. Cambridge:Harvard University Press, 2003, pp. 75ff.

但在另外的文献中，阿波罗却是以暴力接过了神示的场所和预言的能力。据阿波罗多洛斯载，当阿波罗从"潘"（Pan）——宙斯与Thymbris 所生的儿子——那里学会预言术后（一说宙斯赐予阿波罗预言的能力，见《报仇神》第 17 行），来到了德尔斐，当时还是忒弥斯发布神谕（χρησμωδοúσης）的场所。忒弥斯的仆人皮托，试图阻止阿波罗靠近神坛时，被阿波罗所杀。然后，阿波罗就接管了"预言"（1. 22. 2—1. 23. 1）。① 后来，据欧里庇得斯说，地母该娅为了报复阿波罗夺去了她女儿忒弥斯的神圣宣谕所后，还用睡梦来向人们预言，让阿波罗的预言没有用处。阿波罗在宙斯的干预和帮助下，才停止了大地女神的忿怒和夜间的梦幻，剥夺了凡人梦中先知的能力，重新获得了预言的荣誉。②

总之，忒弥斯最早的功能与神谕有关，她能够预言未来，当然，她所"预"的"言"，不是她自己的话，而是"代天立言"——这里的"立言"，便与后世的"立法"庶几相近了。其中，忒弥斯最著名的那个预言，便与天上地下的命运息息相关——特提斯（Thetis）之所以下嫁凡人佩琉斯（Peleus），就是因为忒弥斯的预言：她说特提斯生的儿子将会比父亲强大，③本来还在与波塞冬一起追求特提斯的宙斯，不敢娶特提斯，以免自己遭到报应（宙斯自己就是推翻了父亲才登上宝座的），④这才有了阿喀琉斯，以及凡间所发生的一系列故事。

从另一个角度来说，"忒弥斯"与"预言"或"神谕"关系十分密切，甚至可以相互等同：themis 的动词形式 themisteuein，意思就是"预

---

① Apollodorus. *The Library of Greek Mythology*. Tr. R. Hard. Oxford University Press, 1998, p. 31.
② 欧里庇得斯：《伊菲革涅亚在陶里克人中》1259—1283，张竹民译，见《古希腊悲剧喜剧全集》，同前，第 3 卷，第 526—527 页。
③ 见 Apollodorus. *The Library of Greek Mythology*, p. 128。
④ 另参品达《伊斯忒墨赛会颂》8.26 以下，见 *The Odes of Pindar*. Tr. By J. Sandys. London: William Heinemann Ltd., 1937, pp. 501—503. 阿波罗多洛斯的记载，应该就是从这里得来的。

言”或“发布神谕”(issue oracle，如欧里庇得斯《伊昂》371—373 行)。在《阿波罗颂》第 253 行和 293 行中，阿波罗接管德尔斐后，就明确把那里当做了他 themisteuein（发布神谕）的场所了。阿波罗不是立法者，也不是法官，只是负责预言或发布天意的神明，因此，这时的themisteuein 更多地具有宗教色彩，而不像在荷马史诗中那样转变为一个政治和法律的词汇。也就是说，themisteuein 的含义越来越“退化”，竟至彻底消失：柏拉图和亚里士多德著作中各仅两次出现的themisteuein，都是引用荷马史诗《奥德赛》，也就是说，在柏拉图时代，该词已不流行了。而早在品达时代，作为名词的“忒弥斯”神依然十分强大，而《皮提亚赛会颂》4.54 中的 themis 也指“预言”，但动词themisteuein 却已退出了历史舞台（但却能够找到其形容词形式，如 θεμιστεῖον，《奥林匹亚颂》1.12）；在品达的作品中，themis 的另一个动词形式已不再表示发布神谕，而是指“统治”了（《皮提亚赛会颂》4.141，而其原形本为 θεμίζω）。而在荷马史诗中，该词虽也出现过两次，却都不再指“发布神谕”，而更多地具有政治和司法的含义了。这就是古人对法律起源的神话学阐释。

　　在古希腊神话中，即表示神明而且又可以稍加变化用做动词的词，极为罕见（“阿佛洛狄忒”似乎也只能做形容词），而在古老的神明中，“忒弥斯”可能是唯一的一个（dike 也可以做动词，“Dike”作为相当后起的神明，却是忒弥斯的女儿）。由此似亦可见其重要性。但我们会问，如果忒弥斯只是大地的化身，与地母该娅一样，只不过具有预言能力，又怎会有如此高的地位呢？ 那位因为这里所说的“预言”不是一般意义上对未来的预告，与后世所理解的“占卜”甚或“巫术”无关，正如赫丽生所说，

　　　　在某种意义上说，忒弥斯是预言的化身，但这里的“预言”是古老意义上的“预言”，意为“宣布、神的规条”，而不是后来所说的对未来的预言。仔细考察“忒弥斯”这个词及其同源词，我们

会发现它更侧重于表示"法令、规条",而它所包含的"宣布"的意思相对要弱一些。①

第三节 神法

在最初的社会生活中,准确地知道万事万物的来龙去脉——既了解何以如此,又清楚将要怎样,这不仅对于初民来说,便是对身处知识大爆炸漩涡中的我们来说,也至关重要。"预言"能够带来人类生活所急需的"确定性"——人世本无常,一切均晦暗,追求"确定性",便是凡夫俗子的首要任务。更何况,"预言",或准确地说,"神谕",不仅能够给我们漂浮不定的生活带来安定,它本身就是一种生活的指南:应该干什么、不应该干什么、什么是可做的、什么是禁止的、什么是高尚和神圣的、什么是低贱和忤逆的、什么是可期的、什么是遥不可及的,凡此种种,都在"神谕"中找得到明确的答案。神谕既是安慰,也是规范。

所谓"预言"($\chi\epsilon\eta\sigma\mu\dot{o}\varsigma$),在古希腊就是"神谕"或"神示",而作为"神的旨意"(埃斯库罗斯《普罗米修斯》873),当然也就是神的规制。而在欧里庇得斯那里,"忒弥斯"(themisteuonta)就等于"预言"(man-teuteon),但预言却不能与神明作对,不能违反神意,否则就是极大的愚蠢,②因而,themis 作为"神谕",传达出的"神意",便就是"神法"。

从 themis 的最根本的含义来说,它也是远远高于神明的天地大法:它的伟大和高明就在于它比神明还古老,它作为神明这种"tithemi"(制定者)得以可能的条件,它是神明的神明。如果神明是制定规则者,那么,忒弥斯这位"元神"就是更为根本的天地大法之化身:她才是

---

① 赫丽生:《古希腊宗教的社会起源》,同前,第 477 页。
② 欧里庇得斯:《伊昂》371—379,张竹民译,《古希腊悲剧喜剧全集》,同前,第 3 卷,第 347 页。

法律女神,而后世表示法律的 nomos 却从来都没有成为一位神明。

作为女神的忒弥斯非常古老,也极为崇高,即便她不是无冕之王,也必是王之干城,是王之为王、邦之为邦、国之为国因而也是民之为民的前提。"忒弥斯"既是可敬可畏的:她第一次在《神谱》中出现时,被诗人叫做"可敬的忒弥斯"(16 行);忒弥斯也是神圣的:她既是具体的神明,也是其他具体的神明赖以可能的条件,同时她还表示抽象的范畴——"秩序"和"法律"。① 而在品达的《涅墨亚赛会颂》中,"宙斯"变成了形容词,修饰"忒弥斯"(Διὸς θέμις,11.8;另参埃斯库罗斯《乞援人》361:Θέμις Διὸς)!② 在荷马史诗《奥德赛》中,"宙斯的忒弥斯"(Διὸς θέμιστες,16.403)中 themis 变成了复数,正如学者们普遍所认为的,它有"预言"的含义,而且这种"预言"本身就是宙斯的"判决"(如 Grote 所说),同时,这种判决最后会成为"惯例"(如梅因、赫丽生所说),但所有这些属性聚合起来,或者说让这些属性得以可能的,便是一种规范和秩序——宙斯的 themis,就是宙斯的意愿,也是宙斯的法律,也就是神法。这不是后世暴烈的"朕即法律",而是"法

---

① 品达《皮提亚赛会颂》11.9 的 θέμιν ἱερὰν(神圣的 themis)。当然,在权威的牛津希腊文本中,"themis"不是大写的,也就说,这里的 themis 不是神,而是表示一种"神圣的规范"。而且,这里的"神圣"一词也可能修饰后面一个词 Python(即阿波罗)。对于这两个疑问,即,themis 是否人格化了以及"神圣"一词究竟修饰哪一个词,P. J. Finglass 对此作了较为详细的梳理。他认为,"神圣"一词在古典希腊语中并不用来修饰神明,而只是用来修饰神明的属性。既然如此,则 themis 不是神,而"神圣"一词也只修饰后面那个"皮提亚"(Pindar: Pythian Eleven. Cambridge University Press, 2007, pp. 83—84)。不过,在 Loeb 本中,这里的 themis 却是大写的,其英译者也把它处理成"忒弥斯"神,与后面的"阿波罗"神相提并论,以表示这两位神明在预言方面的传承关系。R. A. Swanson 也把 themis 译成了神明(Pindar's Odes. The Bobbs-Merrill Company, Inc., 1974, p. 121)。另外,Verdenius 也指出,大多数学者都不将 themis 大写,虽然很有道理,也能得到上下文的支持,但却没有充分认识到 themis 这个词的含混性和复杂性:它既可以指代具体的神明,又是一个抽象的概念(另参 W. J. Verdenius. Commentaries on Pindar. Leiden: Brill, 1988, vol. 2, p. 99)。

② Loeb 本的希腊文却把"themis"首字大写,表示"忒弥斯"女神。

律近神"，或如柏拉图的说法，所有法律都来自于神明（《法义》624a）。

不管是大写还是小写，themis 都与"王"、"王权"及其象征"权杖"如影随形，足以说明 themis 就是神法。先考察《荷马史诗》中的"忒弥斯"女神与 themis，再来看赫西俄德《神谱》中"忒弥斯"与"正义"和"优良秩序"的关系。

"忒弥斯"在后来的文学作品中，尤其在《神谱》中，地位非常高，但在早先的《荷马史诗》中，看起来却并不是那么重要：忒弥斯仅仅是宙斯的传令官（伊里斯和赫尔墨斯也是宙斯的"神使"，各自的任务或使命不同），帮助宙斯通知其他神明，组织召开或遣散会议而已（《奥德赛》2.68，另参《伊利亚特》15.95，20.5 以下）。"集会"（agora）就是 themis (ἀγορή τε θέμις，《伊利亚特》11.807)，而"集会"所包含的三个要素，即，宗教祭祀、宗族政务、解决纠纷，就都包容进 themis 这个词中了。换言之，themis 在单纯的宗教预言之外，逐渐添加了政治和法律的内涵。

这时的忒弥斯还不是宙斯的妻子，否则，醋意深浓的天后赫拉不会对她有好脸色（《伊利亚特》15.87）。[①] 但召集甚至主持会议，就意味着 themis 的含义从宗教领域过渡政法世界了，而且，对于只能以"类"的形式存在的人们而言，召集会议就是进入政治，那么，还有什么比这更重要的呢？

在我们的一般观念中，忒弥斯乃是法律、公正和正义，怎么在《荷马史诗》中会变成一个召集会议的信使呢？ 一个如此重要的神明，怎么会降格为"相礼之儒"，而非"君子儒"呢？ 赫丽生说，这着实让人吃惊，因为，这种琐碎的小事，完全可以交给另外的神使如伊里斯或赫尔墨斯去做。为什么忒弥斯、也只有忒弥斯承担的偏偏是这个召集

---

① 罗、王译本把忒弥斯视为"宙斯的前妻"，也许没有注意到，忒弥斯的地位是不断提升的（比较孔子的地位），越到后来地位越高，而此前的诗人不知道忒弥斯后来崇高的地位，原本不足为奇。

众神会议的职责？此外,忒弥斯还负责主持诸神的宴会,但这能说明什么问题吗？"主持宴会也许是一件光荣的任务,但是,'走遍各个角落',把所有的神祇、半神请来,这并不意味着她具有至高无上的权力。这显然是个难题"。① 但我们仔细分析,就会发现,召集和主持会议,本身表明忒弥斯隐而不显的崇高地位,因而赫丽生所说的就算不上一个难题。

以《伊利亚特》第15卷那场神仙会为例,可见忒弥斯的作用。且不说忒弥斯的职责或任务让人吃惊,即便忒弥斯出现在诸神大会上,这本身就已经让人目瞪口呆了:须知,忒弥斯是上古的提坦女神,与奥林波斯神"不共戴天"。而且,在《伊利亚特》第四卷开篇的诸神第一次集会中,并没有忒弥斯的身影。为什么忒弥斯出现在了第十五卷那场诸神集会中？怒气勃勃的天后赫拉来到会场时,为什么单单接过了忒弥斯递过来的酒杯？忒弥斯马上就询问赫拉为何惊慌失措,而赫拉为什么毕恭毕敬回答了忒弥斯的"问询"？这些问题,已让我们感到忒弥斯的不同寻常。

在第四卷中,诸神对宙斯虽然心有怨怒,但还双方还不至于撕破脸(至少赫拉还比较平静,参4.23),大概不需要忒弥斯出场。而到了十五卷时,宙斯中了赫拉的美人计,受到欺骗,而他与众位神明的分歧已经让他无法收拾,众神的"怨怒"(101)、"愤怒"(103)以及"可怕的恼怨"(122),尤其是大神波塞冬不服管束,说什么"奥林波斯是大家的。……宙斯虽然强大,也应该安守自己的疆界"云云(194),已经让宙斯的统治岌岌可危(比较阿伽门农此前相似的窘况)。忒弥斯在这种场合下出现,本身就代表着权力、秩序和法律。② 而她对赫拉无声的"抚慰"和"弹压",还有赫拉的回答:"你(按指忒弥斯)自己也知道他的心(thumos),"以及赫拉请求忒弥斯带领众神开始宫宴(93—

---

① 赫丽生:《古希腊宗教的社会起源》,同前,第478页。
② R. Janko. *The Iliad: A Commentary, Books 13—16*, p. 238.

95），尤其最后赫拉乖乖地服从宙斯的命令，并公开向大家悔过，不该与宙斯对抗，劝大家忍受和服从（104－109），凡此种种，都表明忒弥斯的巨大权威。

赫拉说得很正确，忒弥斯之所以能够主持诸神的会议，就因为她懂得宙斯的心思（《伊利亚特》15.94－97）。甚至宙斯在很多方面，尤其是政务上，也要请教忒弥斯：她是最初的"帝王师"，差不多也就算得是最早的政治哲人。这时的忒弥斯，其作用亦近于品达笔下的"宙斯的顾问"。在这个时期，忒弥斯已经从"预言"或发布神谕，转变为直接参与到政治事务上来了，而忒弥斯的本质也正在于"εὔβουλος"（好顾问）。① 她的宝座就在宙斯的旁边，而帮助宙斯决断或审理案件，而那些事情本身往往就是难以平衡和把握，当然就应该得到比其他神明更多的敬畏或尊敬（品达《奥林匹亚赛会颂》8.22 以下）。宙斯放弃特提斯而把她下嫁给凡人佩琉斯，避免天庭再次发生政变，同时还为特洛亚战争准备好了足以改变凡间命运的英雄阿喀琉斯，这些事情如果还只是忒弥斯通过预言而间接干预的话，那么，特洛亚战争本身就是"忒弥斯"与"宙斯"的直接安排，准确地说，就是宙斯向忒弥斯"咨询"或"顾问"（βουλεύεται）的结果（《塞浦路亚》）。②

如果说"忒弥斯"女神在《荷马史诗》中的地位高而不显，远不如她在赫西俄德那里所具有的显赫声名，甚至很难为人认识和认同的话，那么小写的 themis 就充分表达了"忒弥斯"女神之为宇宙秩序和神法的本质：themis 既来自于宙斯，又受宙斯及其凡间代理人凭借颇

① 又作"深思熟虑"。英译多作 wise counsel 或 sound judgement，参品达《奥林匹亚赛会颂》13.8，另参《伊斯忒墨赛会颂》8.31。柏拉图《王制》也有涉及，参 348d2，428b4，b6，b13，d10（郭斌和、张竹民的译本作"好的谋划"）。M. Schofield 对《伊利亚特》中的 eubolia 有较为详尽的讨论，参氏著 *Saving the City: Philosopher-Kings and Other Classical Paradigms*. Lond: Routledge, 1999, pp. 3－27.

② M. L. West. *Greek Epic Fragments: From the Seventh to the Fifth Century BC*. Cambridge: Harvard University Press, 2003, p. 69. 中译本见崔嵬、程志敏译《英雄诗系笺释》，北京：华夏出版社 2010 年。

具象征意义的"王杖"所给予的保护。最能说明 themis 之为"(神)法"的，便是《伊利亚特》第一卷中的两行诗句：

ἐν παλάμῃς φορέουσι δικασπόλοι, οἵ τε θέμιστας πρὸς Διὸς εἰρύαται.

那些审判者，在宙斯面前捍卫**法律**的人（手里掌握着这权杖）。(1.238—239)

在古希腊的绘画中，忒弥斯手里不是拿的剑和天平，而是"权杖"。① 这在《伊利亚特》中是特别庄严的诗句，谈的当然也是至为严肃的事情。所谓"审判者"(δικα-σ-πόλοι)，②就是从事"正义"(dike)的人，他们在宙斯面前捍卫的 themistes（themis 的复数），实际上就是保卫从宙斯那里传下来的 themis。③ 这种源于宙斯的 themistes 就是（宙斯的）"法律"，④它当然就是神法。

---

① 目前常见的忒弥斯形象是蒙住了双眼、一手持剑、一手持天平（甚至还身怀六甲），但这显然是近代尤其是文艺复兴以后才有的形象，更多地是把古罗马的正义女神 Justitia 混同于忒弥斯了。实际上，与 Justitia 对应的古希腊神明不是忒弥斯，而是 Dike，后者在希腊神话中乃是忒弥斯的女儿。颇为奇怪的是，几乎所有重要的希腊神明，都有古罗马的翻版，唯独忒弥斯没有！忒弥斯是彻头彻尾的希腊神明——莫非拉丁语中也找不到一个单独的词汇能够囊括 themis 中如此复杂的内涵？在古希腊，忒弥斯不需要天平和剑（在荷马史诗中，天平只是用来称量两个人的命运，而"剑"则只见于战场上，而不见于司法实践中，"剑"在后世不过是司法执行的象征和保证），也不需要用什么东西蒙住自己的双眼，她本身就是公正公平的化身，她作为至尊的神明，本不会为其他感官视觉所左右。总之，忒弥斯有一根权杖，就足矣，或者说，一切都就有了。只有在神圣维度崩溃或缺失的情况下，才会有斤斤计较的天平和机关算尽的理性，也才会因为缺乏执行力而有"剑"所代表的暴力和血腥。
② 罗王本作"立法者"，似过了。陈中梅译本则漏掉了这个词。
③ M. Schofield. *Saving the City*, p. 8.
④ Ennis Rees 的译法与罗念生极为接近：uphold the laws of God；但 Lattimore 则译得更为转折：administer the justice of Zeus，他没有把 themistes 译作"法律"，而是译成了"正义"。Fitzgerald 则译作"the will of Zeus"（宙斯的意愿），似乎稍微远了一点。陈中梅把这里的 themis 译作"习俗规常"，可能比罗念生译的"法律"，更符合当时的情形。

审慎智慧的奥德修斯告诉大家,王权和宗法都来自于宙斯,①当然是神圣的。在荷马史诗中,君王被称为"持杖者"。② 但并不是人人都能当君王,很简单,那是因为"君权神授",而未得垂青者,就只能受治于人。君王自身的合法性,在于宙斯

ἀγκυλομήτεω σκῆπτρόν τ᾽ ἠδὲ θέμιστας, ἵνά σφισι βουλεύῃσι.

授予他王权和**宗法**,使他统治人民。(《伊利亚特》2. 203—206;另参 9. 99)

奥德修斯这位"聪明的顾问"(βουλάς, 2. 272)把"权杖"和"宗法"(themistes)相提并论,可见,"权杖"就代表着"宗法",而权杖和宗法都来自于宙斯,好让国王们凭借权杖和宗法来"统治"人民,这里所说的"统治",就是奥德修斯、忒弥斯所共有的美好名称"顾问"。在后世的作品如品达的《奥林匹亚赛会颂》中,权杖也与"法律"相提并论,颇为奇特的是,这里的"法律"作的形容词,修饰"权杖",即为"法律的权杖"(θεμιστεῖον σκᾶπτον, 1. 12)。而在荷马史诗中,传令官手握权杖,随时准备把权杖交给发言者,而如果发言人手里没有权杖,就不允许在政治集会上发表意见,否则就是违法的(比如忒尔西特斯)。权杖所代表的 themis 既是"权利",也是一种"成法"。如此,我们更能够理解"忒弥斯"女神这位最高职位的"传令官"所蕴涵的意思了。

神法的捍卫下移给了世俗的 basileus(君王),但这并非是君王的特权,毋宁是他们的责任和使命。希腊联军总军师涅斯托尔谆谆教诲滥用了国王的 themis 的阿伽门农:"宙斯把权杖和习惯法赐给你,使你能够为你的人民出谋划策。你应当比别人更能发言,听取意

---

① Alfred Heubeck and A. Hoekstra. *A Commentary on Homer's* Odyssey. Oxford:
Clarendon, 1989, Vol. 2, p. 196.

② σκηπτοῦχοι,《伊利亚特》1. 279, 2. 86, 14. 93;《奥德赛》2. 31, 4. 64, 5. 9, 8. 41, 8. 47。

见，使别人心里叫他说的于我们有益的话成为事实，别人开始说的要靠你实行。"(《伊利亚特》9. 98—102)①这里的"习惯法"就是上文的themistes，法律或宗法；"出谋划策"(bouleuestha)，即上文所说的"统治"。赫西俄德亦重复了君王所需的素质(《神谱》81—93)。

在远古生活共同体的规范或维系纽带方面，"审判"、"宗法"就与"统治"本即一体：天国或尘世的君王既是"审判者"，也是"宗法"的捍卫者，当然也就是"统治者"了。也就是说，themis 同时具有"审判"、"宗法"和"统治"的意思：宗法本来就是用于审判和统治的。这样一来，当它意为"审判"时，与 dike 相通(dike 的动词形式 dikazon，一般性地表示"审判"，后来才有了"正义"的含义)；当它意为"统治"时，与 boule 相近(boule 在后世意为"商议"，但在绝对王权的时代，boule 这种"商议"就是命令)。当然，themis 最核心的也是最狭义的意思还是指天地间根本的应然之法。所有这些含义综合起来，就是 themis 的丰富内涵，也就是我们借用中文"宗法"一词所要表达的意思。②

具体来看，themis 的意思已经发生了变化，当它做动词的时候，不再指"预言"或"发布神谕"，而是指"审判"和"统治"，它已与 dike 紧密地联系在了一起，并且为逐渐向 dike 这个更为抽象的概念转渡，在思想上和语词上做好了充分的准备。荷马史诗中有几句诗在表达神义论的同时，也把 themis"新"的政治法律内涵及其与 dike 的关系说的清清楚楚："宙斯将暴雨向大地倾泻，发泄对人类的深刻不满，因为人们在集会上靠武力(bia)不公正地裁断(themistas)，排斥公义

---

① 罗念生的译文有些不够统一，也有漏译的地方。Lattimore 的英译本作：Zeus has given into your hand the scepter and rights of judgement, to be king over the people. It is yours therefore to speak a word, yours also to listen, and grant the right to another also, when his spirit stirs him to speak for our good. All shall be yours when you lead the way。其中 themistes 译成了 rights of judgement。英译文与陈中梅的译本颇为接近。但似乎都比希腊文多出了很多内容。

② 虽然"宗法"一词在中国传统思想中有固定的含义，但我们没有找到一个更好的对应词可以同时表示 themis 如此多层次和维度的意思，故暂时借用之。

(dike),毫不顾忌神明的惩罚(opis)。"(《伊利亚特》16.385—388)这里的"裁断",是由一个词组,即"κρίνωσι ϑέμιστας",前面那个词本身就有"选择"、"评判"和"裁断"的意思,它与后面那个 themistes 意思完全一致,只不过前者表示动作,后者作宾语,表示结果。正如注疏家所说:"口传的惯例(oral precedents, themistes)为法官的决定提供了基础,法官的责任就是'选择'(krinein)正确的惯例并据以做出决定,因此,dikai 在《奥德赛》9.215 中就与 themistes 相等了。"①

让人感到特别惊奇的是,荷马史诗中的这个句式,几乎原封不动地出现在了赫西俄德的《劳作与时令》中(221 行),而且《神谱》第 85 行中 themis 与 dike 的对应关系,②亦完全等同于《奥德赛》的"鬼魂篇"中 themis 与 dike 的关系——当奥德修斯下降到冥府后,他看到了宙斯的儿子、冥王、地府判官米诺斯

> 手握黄金权杖,正在给亡灵们**宣判**,
> 他端坐,亡灵们在他周围等待他**判决**。(11.569—570)

这个场景与阿喀琉斯盾牌上那个著名的司法场景遥相呼应(另参柏拉图《高尔吉亚》526d)。权杖代表着神圣——因为它直接于宙斯(《伊利亚特》2.101 以下),既有政治的含义,也与法律相关。这里的"宣判"就是上文所引欧里庇得斯《伊昂》中的 themisteuonta,也就是 themis 作动词时的分词形式,"判决"原文为 dikas。此处的语意最清楚不过地说明了 themis 与 dike 的关系:themis 是宣判行为,而 dike 则是判决的结果。

君王的宣判或决定当然是最终的和至高无上的,不容许讨论,因为,如前所述,君王的话语实际上是神明的意愿,当然必须得到不折

---

① R. Janko. *The Iliad: A Commentary*, *Books 13—16*, p. 366.
② 详见本章第五节。

不扣的遵守和执行,容不得任何怀疑。君王秉承神意,因而具有智慧。正如梅因所说:"把司法审判权交给国王或上帝的神圣代理人,万王之中最伟大的国王,就是 themis。这个概念的特点,表现在这个字的复数用法。Themistes,Themises,是 themis 的复数,意指审判的本身,是由神授予法官的。"[1]君王的决定既然间接来自于神明,乃是 themistes Dios(宙斯的意愿或宙斯的决定),那么,也就是"预言"或"神谕"。也就是说,宙斯的 themis,就是宙斯的 boule(比如可参《奥德赛》14.327=19.296),两者都以宙斯的"神谕"形式出现,[2]这样一来,"判决"、"统治"就与"神谕"一脉相承了:[3]离开神明的政治和法律,在人类早期简直不可思议,而且也必定是亵渎和无效的。

而最能表明 themis 内涵丰富性的,则是诗人在《奥德赛》中对库克洛普斯人生活方式的描述,后世对此广为征引和讨论,这几行诗歌甚至成了我们理解荷马时代法律思想乃至西方法律思想起源的主要材料。尽管学者们在其中一些重要的具体概念的理解上存在不少争议,但这并不妨碍大家一致把它视为西方政治和法律的起源,而此前的柏拉图和亚里士多德在这方面已着先声。[4] 我们且看这段诗歌。

> 他们没有议事的集会,也没有**法律**(themistes)。
> 他们居住在挺拔险峻的山峰之巅,

---

[1] 梅因:《古代法》,同前,第 3 页。

[2] 关于 themis 与 boule 的关系,参 R. Hirzel. *Themis, Dike und Verwandtes: Ein Beitrag zur Geschichte der Rechtsidee bei den Griechen.* Hildesheim: Georg Olms Verlagsbuchhandlung, 1966, SS. 21, 38—39.

[3] 学者们各自强调了 themis 的不同内涵,参 Hugh Lloyd-Jones 书(*The Justice of Zeus.* Berkley: University of California Press, 1971, pp. 166—167)所引 R. Hirzel、V. Ehrenberg、R. Koestler、B. W. Leist、E. Weiss、L. R. Palmer、H. Frisk、K. Latte、Wilamowitz 等人的观点和著作。

[4] 柏拉图(《法义》680b—c)和亚里士多德(《政治学》1252b22—23)都把荷马史诗中的这段话,看成是对"君主制"起源的描述,因为 themisteuein 就意味着君主制(参 W. L. Newman. *The Politcs of Aristotle*, Vol. II, p. 117)。

或者阴森幽暗的山洞，个人**管束**（themisteuei）

自己的妻子儿女，不关心他人事情。（《奥德赛》9.112—115）

在诗人的笔下，库克洛普斯人最突出的特性是"无法无天"（ἀθεμίστων，9.106，另参9.189和9.428），之所以如此，便在于他们"既没有议事的集会，也没有法律"（οὔτ' ἀγοραὶ βουληφόροι οὔτε θέμιστες），还因为库克洛普斯人"不知正义和法规"（οὔτε δίκας εὖ εἰδότα οὔτε θέμιστας，9.215）。

库克洛普斯人既没有 themis，也不懂得（eidota）themis，当然就是"a-themis"，其中的否定前缀 a-已不单单是表示他们"没有"themis，而更多地表示由于没有 themis 所产生的结果！诗人后来描写无法无天的求婚人时，也是用这个否定性的 a-themistoi（20.287；另参17.363）。奥德修斯在教训安菲诺摩斯时说，人是大地上所有生灵中最为可怜的东西，因为凡人的一切都是神明赐予的，所以，人要知道自己的限度，不要僭越出自己应有的范围，不要 athemis 的人，也就是说，任何人都不能背离或无视那个对人来说至关重要的 themis（18.125以下，尤其18.141）——这大概就是后世所谓"认识你自己"最原初也最真切的表达。对于凡夫俗子来说，一旦被判定 a-themis（无—法），那么，同样也会"没有籍贯、没有炉灶"（《伊利亚特》9.65），无家可归，则非神即兽（亚里士多德《政治学》1253a4）。如果得不到 themis 的保护，脱离社会，根本就无法生存。

食人生番库克洛普斯人没有"议事的集会"，各自散居，还没有形成社会生活，处在前政治状态中——集会（agora）既是政治集会的场所（所谓"议事"，即 boule，既是"商议"、也是"统治"），也是司法审判的地方，库克洛普斯人没有集会，当然也就没有 themis。如果 themis 来自于宙斯的话，他们对 themis 会更加不屑一顾，因为他们并不惧怕宙斯（9.275—276），作为"化外之民"，也不受宙斯管束。既然他们不受其他更高权威的统治，自身也没有政治和法律，那么，他们就只好、也必须会为自己妻子儿女立法,颁布自己作为主人的意志(对比上文"宙斯的意愿"),①并以此来统治他们——这时"管束"(themisteuei)就同时具有"立法"和"统治"的含义了。这里的名词 themis 和动词 themisteuei 的关系,特别能够诠释荀子的话:"法者,治之端也。"(《荀子·君道》)

对于库克洛普斯人"没有议事的集会",拒绝社会生活,互不关心,不惧宙斯以及野蛮待人,如此等等,的确很难找到一个单一的词汇来表达,也许,只有借用 themis 丰富的内涵,在否定的意义上描述库克洛普斯人的本质,而他们对自己妻子儿女的包含立法在内的统治,也找不到比 themisteuei 更好的词来表达了。② 正如伯纳德特所说:"库克洛普斯人有一个共同的生活方式,那就是没有什么东西是共用的。奥德修斯刚开始的时候说他们'没有法律'(athemistoi),我们认为奥德修斯的意思是说库克洛普斯人是违犯法律的人(另参 17.363),而奥德修斯的意思也的确如此。奥德修斯接着说他们既没有议事的机关,也没有法律(themistes),但他们为妻子儿女制订了规矩(themisteuei),而且互相之间各不关心。奥德修斯遇到了一种前政治状态(prepolitical)的生活方式,这种方式不适合用政治语汇,或否定性的政治化语汇来描述。"③

库克洛普斯人各自"统帅"自己的子女,这里的"统帅"就是"立法":为他人制定规矩和法律,当然就是对他人的统帅。"统帅"和"立法"这两种不同而相互关联的含义就集中在 themistes 一个词当中了。④ 在政教合一而且三权尚未分离的时代,themis 既涵盖宗教方面的事务,也指尘世的俗务,而在尘世的事务中,它同时指代着行政、立

---

① R. Hirzel. *Themis, Dike und Verwandtes*, SS. 28—30.

② J. W. Jones. *The Law and Legal Theory of The Greeks*, p. 30.

③ 伯纳德特:《弓弦与竖琴》,同前,第 81 页。

④ M. West 就把《阿波罗颂》第 394 行中的 themistas(即 themis 的变形)译作"rulings"(统治、规则)。《皮提亚赛会颂》4.141 中的那个 themis,希腊语作θεμίζω。

法和司法。正如罗马人后来发明的 iuris prudentia（Jurisprudence，法理学）乃是"神事和人事"的知识一样（iuris prudentia est divinarum atque humanarum rerum notitia），themis 也是"神事和人事"的根本原则，是神和人都必须遵守的规范，因此，themis 不仅相当于 jurisprudence，它也高于后者，因为它不仅仅是一种知识，而且它也是法理知识得以可能的源泉。简单地说，themis 既是法律，也是法理，更是"元法理"（meta-jurisprudence）。

"忒弥斯"是法律女神，那么，小写的 themis 当然主要指法律，但既然与神明相关，它的含义也就显得神圣而复杂：它作为一种规范，本身就来自于神明，是一种"神明指定的规条"（divinely appointed ordinance），①同时，如前所述，它还指（神明的）"意志"和"统治"。君王手中握着权杖，接收来自于 themistes 的知识，因此这种 themistes 就是一种"超自然的原则"，也只有这种神圣的法规，才能够摆平所有的困难，也才能够为社会带来公平、正义、和平、安宁和幸福。舍此，则绝不可能。② 那么，themis 既是天上的法律，也是人间的法律。它首先是神明的意志和规章（goettlicher Satzung），是天国的法律（himmlische Recht），③不仅仅如索福克勒斯所说的忒弥斯乃是"天上的"（ourania）；④其次，这种"天法"或"天条"当然适用于神明统管下的尘世，所以，themis 是天地神人都要奉守的神法（heiliges Gesetz）。⑤

---

① Alfred Heubeck, Stephanie West and J. B. Hainsworth. *A Commentary of Homer's* Odyssey, vol. 1, p. 21.

② 参 G. Glotz. *The Greek City and its Institutions*, p. 41。

③ Hugh Lloyd-Jones. *The Justice of Zeus*, p. 167.

④ 在索福克勒斯的《埃勒克特拉》1064 行中，该词作为形容词修饰 Themis 神，当然不能简单地把它理解为"天上的"，它还有"至高无上"的含义在内——中译本就把 ouranios Themis 译作"无上的正义女神"（《古希腊悲剧喜剧全集》，同前，第 492 页）。Themis 是天法或天条（himmlishen Satzungen），另参 R. Hirzel. *Themis, Dike und Verwandtes*, S. 153。

⑤ R. Hirzel. *Themis, Dike und Verwandtes*, S. 38。另参柏拉图《高尔吉亚》497c4。接下来谈论 dike 与 themis 的关系时，还要涉及到 themis 之为"神法"的问题。

第四节　秩序

　　"忒弥斯"女神在《神谱》中的地位得到了大幅度的提高,而 the-mis 的内涵也由此而变得愈加清晰起来:themis 与 dike（正义）比它们在荷马史诗中的关系更为紧密,尤其重要的是,从 themis 这个母体中逐渐诞生出了 eunomia（优良秩序）的观念,为后世更为运用更为广泛且内涵更加明晰的 nomos 奠定了基础。

　　女神忒弥斯虽然出现在了荷马史诗中,似乎也有较为明确的工作,但严格说来,就史诗明确表达的意思来看,她的地位似乎并不高,而且她的身份也十分模糊:荷马只知道忒弥斯是宙斯的传令官,尽管这位传令官可能十分特殊,但荷马并没有告诉我们,忒弥斯究竟有怎样大的杀伐决断大权。可以肯定的是,在荷马史诗中,忒弥斯与宙斯的关系不是非常明朗——史诗并没有交代这两位非常重要的神明究竟是什么样的亲戚关系,甚至丝毫没有提到他们之间年龄和辈分上的巨大差异。忒弥斯在荷马史诗中,只出现过很少的几次,除去被间接提到的情况之外,真正出场的情况只有一次,也就是在诸神内讧严重到不可开交的时候（《伊利亚特》第十五卷）。

　　就在那个危机四伏的场合中,忒弥斯的身份仍然让人不明了:她第一个跑向纠纷一方的领头者天后赫拉,递给赫拉一杯酒,赫拉只接过了"美颊的忒弥斯"的杯子,这时忒弥斯询问了赫拉几句:"赫拉,你为什么来这里,好像很慌张? 克洛诺斯之子、你的丈夫使你惊慌。"（《伊利亚特》15.90—91）忒弥斯的问话成了她在荷马史诗中唯一的话语,这寥寥的两句话尽管很可能就是法官质询纠纷起因的用语,当然,也可以理解为拉家常之类的简单问候语。赫拉的回答似乎仍然带有很强的情绪,"这些你本用不着来问我,你自己也知道他的心如何严峻和暴戾"（同上,15.93—94）。接下来,赫拉似乎在命令忒弥斯:"现在请带领众神开始平等的宫宴"（15.95）——"宫宴"意味着

"秩序","忒弥斯"与"秩序"如影随形。如果不深入分析,我们实在无法判定这位"出场一次,说话两句"的忒弥斯究竟有多重要。我们只知道,忒弥斯可能不是宙斯的妻子,否则嫉妒心极强的赫拉绝不可能对她这么客气。①

荷马史诗并没有交代忒弥斯的来历——她究竟是谁的女儿,与谁是近亲——也就是站在哪个阵营中;也没有交代忒弥斯的子嗣,这不是中国式的"母以子贵",而是说,从她的子女亦可判断她的性质。在荷马史诗中,我们并不知道忒弥斯的母亲是谁,也不知道她与谁生养了什么样的子嗣,甚至我们连忒弥斯本人是谁,都缺乏直接的认识。忒弥斯在荷马史诗中,就是这样一个让人捉摸不透的模糊形象。

但在赫西俄德这里,情况发生彻底而根本性的改变。赫西俄德在《神谱》开头的"序曲"中,按照古时惯例向神明歌颂和祈祷,就提到了忒弥斯(第16行)。与荷马史诗不同,忒弥斯一开始就出现在了最为重要的神明序列中了——尽管这些重要的神祇并非都是"正派人物"(比如"夜神"),但忒弥斯的地位无疑陡然上升了许多。而且在诗人向之吁求的神明名单中,忒弥斯的位置也相当靠前,位列宙斯、赫拉、雅典娜、阿波罗、阿尔忒弥斯和波塞冬之后,这即便不能说明多大的问题,但要知道,前面六位神明都是新朝重臣显贵,而她作为一位甚至可能比生养了一切的地母该娅还古老的(前朝)神祇,居然紧紧跟在宙斯新王朝最重要的神明之后,并且在诗人提到名字的19位神祇中,排名第7,超过了勒托等提坦神,排在了前朝国君克洛诺斯之前,甚至把阿佛洛狄忒也甩在了后面。无论如何,忒弥斯在很重要的开篇中出现在了很重要的神明中间,她的重要性也就自不待言了。而尤为重要的是,忒弥斯这位古老的神祇进入了新王朝的秩序中,这已经意味着忒弥斯的本质和地位在天翻地覆的新时代已经有了天翻地覆的变化。

在这些变化中,与忒弥斯在荷马史诗中"孤悬"状态有所不同,赫

---

① Friedrich Solmsen. *Hesiod and Aeschylus*, p. 14.

西俄德还为忒弥斯找到了"源头"或"娘家",忒弥斯便有了明确的身份位置,从此进入了古希腊神话这个大家庭。荷马史诗并没有交代忒弥斯从何而来,是谁的子嗣,如果没有父母,那么又是怎么产生的——这对于理解忒弥斯的地位以及由此而来的承袭关系,不可或缺,这些不可或缺的外在因素就是其内在本质的外化。

在赫西俄德为诸神编排的谱系中,忒弥斯这位极其古老而重要的神明被放在万物之母该娅的后代,成为该娅与天空之神乌兰诺斯所生的十二个提坦神(六男六女)之一(《神谱》135)。在赫西俄德的新谱系中,既然该娅是第一位神祇,忒弥斯当然无法超愈地母,因而她最恰当的位置,无疑就是万物之母最直接的女儿——这对于《神谱》的作者来说,忒弥斯这位甚至可能比该娅还古老的女神,已经被排在了尽可能靠前的位置,如果再往前,《神谱》的体系就不能成立了。忒弥斯是《神谱》中的第二代神明,而从他们逐渐开始从第一代神明的"自然"特质(如"天"与"地")中开始蜕变来看,忒弥斯所在的这一代神明才是真正意义上的神明——忒弥斯等六位女神几乎都不具有"自然神"的特点。

对于忒弥斯来说,不管《神谱》作者为了尽可能符合古老神话而照顾她的地位,抑或是要让忒弥斯接过地母该娅的预言能力,并代替地母该娅掌控天地大法,以及可能作为地母的"特使"帮助宙斯管理新王朝(宙斯在奥林波斯的统治,也是该娅的安排,见《神谱》883—885),总之,忒弥斯与地母联系上了,后来甚至成了地母的化身。

当然,赫西俄德为忒弥斯地位的上升所做的工作不仅是为她找到了"娘家",而且还为她找到了"夫家",同时还为忒弥斯配备了象征她身份地位的子女——有了这些要素,忒弥斯的形象就极为完整了。

提坦女神忒弥斯可能没有参加宙斯推翻提坦神的战斗,①但最终

---

①　忒弥斯很可能没有"反戈一击"参加宙斯推翻自己所在的提坦家族,但在宙斯的革命中,最为古老的天界誓言女神斯提克斯却第一个站出来支持宙斯,而斯提克斯所代表的誓言,其最早的见证者就是地母该娅,而该娅恰是忒弥斯的母亲。

还是脱离了提坦家族而入主奥林波斯殿堂,成为了宙斯的妻子,这样一来,忒弥斯的地位得到了大幅度提高——忒弥斯的政治和法律功能开始明晰起来,最终在她与天父宙斯所生的孩子中得到绝佳体现,并逐渐移交给了"正义",换言之,"正义"继承并集成了忒弥斯的所有特质:明确的"正义"规范代替了复杂而含混的 themis。

赫西俄德没有交代忒弥斯在宙斯顺天应人的"革命"中所起到的作用,但忒弥斯定然不会全然无所作为——当然,忒弥斯的"不作为"其实就已经帮了宙斯的大忙。至于革命已经成功,忒弥斯这位可能在战斗没有多大作用的女神,在"治世"时就显得异常重要了:忒弥斯不是革命的力量(法律亦颇忌讳变革),但无疑是强大的规范力量,她在治理上的作用自不待言,因为她作为规范,就是"秩序"的化身。忒弥斯在荷马史诗尤其《伊利亚特》第十五卷中隐约而模糊的"秩序"内涵,在赫西俄德这里变得显明而突出起来——正如沃格林所说,"赫西俄德出于明朗化进程的开端"。[①] 政治当然需要秩序,新政权建立之初,尤其需要秩序。而忒弥斯的加入,也通过她所生的女儿 Eunomia(秩序)、Dike(正义)、Eirene(和平)和"命运三女神"为宙斯的世界带来了新秩序。

我们从当上王的宙斯娶妻的顺序来看,亦不难理解忒弥斯作为"秩序"在新王朝中的巨大作用。宙斯最先娶智慧女神墨提斯为妻,这不过是宙斯作为新君最需要的品质,而宙斯把墨提斯吞进肚中,一方面是怕她再生一位强大的儿子来推翻他(这也是地母和乌兰诺斯的建议),当然,更重要的是为了表明:宙斯有智慧,而政治最重要的基础当然也是智慧(在柏拉图的"四主德"中,"智慧"总是格外引人注目)。忒弥斯是第二位妻子,但在第一位妻子墨提斯永远消失后,实际上就成了第一夫人:新政权的当务之急无疑就是包括法律和政令在内种种规范。

---

① 沃格林:《城邦的世界》,同前,第 197 页。

在宙斯的七位妻子中，只有两位才是地母该娅所生的第二代神明（而忒弥斯的姐妹瑞亚则成了宙斯的母亲），除忒弥斯之外，另一位就是让人颇为费解的"记忆女神"谟涅摩绪涅（Mnemosyne，后世作Memory）。因为谟涅摩绪涅与忒弥斯极为相近且相似，甚至常常混同，我们先分析谟涅摩绪涅的寓意，亦有助于对忒弥斯的理解。

与阿波罗、雅典娜等城邦神有所不同，谟涅摩绪涅作为"记忆"，更多地是一种精神性的存在，她与自己所处的自然神阵营更是相去甚远。那么，为什么"记忆"会成为宙斯的妻子？这个问题的答案，也许同样适用于：忒弥斯为什么会成为宙斯的妻子。忒弥斯和谟涅摩绪涅成为宙斯的妻子，这意味着什么？

最简单也最直接的理解，就是把宙斯娶忒弥斯和谟涅摩绪涅，看成是宙斯接续传统的举措：宙斯历尽艰辛，追求革命，同样，赫西俄德刻意改造以荷马为代表的传统，但宙斯和赫西俄德都对传统表示了足够的敬意，都在革命和创新之中保持了与传统的深刻关联。新秩序的建立，必须以传统为基础。而宙斯娶了两位古老的提坦神，就表明他虽然成功地推翻了提坦家族的统治，但仍然吸收了旧传统中的优秀因素，不至于让传统断裂。

宙斯与她们所生的那些新事物和新秩序，并没有彻底把旧传统剔除出去，恰恰相反，作者正是通过让宙斯与旧势力的联姻（宙斯的妻子中，只有赫拉才是胜利者家族的新贵），才产生了诸如"秩序"、"正义"、"缪斯"、"命运"和优雅的"美惠三女神"——美好的"新政"和"新生活"，正是从看似陈腐落后的"旧传统"中孕育诞生的。通过这场婚姻，旧传统仍然起着很大的作用，依然可以"为我所用"，而尤其重要的，旧传统在势力的掌控之中。旧思想在新社会中得到了极大的改造——这就是"谟涅摩绪涅"最原始和最神秘的内涵，传统不仅没有被抛弃，而且通过改造、复兴和赋新而得以完成。

所谓"完成"，不是海德格尔式的"终结"。宙斯建国大业的"完成"（ἐξετέλεσσαν，881），不仅仅是打败提坦神，推翻旧制度，用武力从权利的旧主中把荣誉争夺过来。只有等接下来复杂的婚姻以及由之而诞生的子女同样成为天地的主宰,宙斯的"重任"(πόνον),才算真正得以"完成"——打破旧体系只是"从中—完成"的一部分,而且很可能是不太重要的一部分,新制度的建立,也就是"很好地"为奥林波斯众神分配荣誉,并以婚姻为隐喻而让"秩序"、"正义"、"智慧"、"礼教"(缪斯)这些"子女"全面帮助掌控局势,"重任"才真正得以"完成",由此"完成"才名副其实。在赫西俄德这里,"完成"不是一般意义上的 τελέω,而是一个复合词έκ-τελέω,其前缀即表示"从……而来",也就是说,"完成"不是结束或到达终点,而是"实现",是"终点"和"目标"的"绽出",有如"存在"(existence)之花的"绽放"(ex-)。要实现旧的理想,就需要从传统中汲取养分,同时,"实现"亦是新路程的起点。新起点必须"从……中"而来,从传统中来。①

由此不难理解,"记忆"是对什么的记忆,新政权为什么需要记忆。简单地说,"记忆"就是对传统的记忆,而忒弥斯,如前所述,就是"传—统"。"记忆"就是对"忒弥斯"的记忆,所以,两位神明时常被视为一体。这种"记忆"是对过去得以承认的一些重要因素的回复,而在接收往昔庄严和神圣因素的同时,"记忆"者也就获得了相应的合法性,大统也才得以延续。② 在这个复杂而艰辛的任务中——它比推翻旧制度更为艰辛,新旧因素的协调与取舍就显得尤为重要了。

宙斯的新朝建设是成功的,因为他并没有简单抛弃传统,也没有与传统决裂。为了统治的稳固,宙斯把旧神吸纳进了新体制中,由此产生了非常优秀的新秩序,也带来了和谐而美好的生活。当然,这也就是赫西俄德对待传统的态度,"从根本上说,赫西俄德发现自己无法与过去决裂。赫西俄德不是激进分子。一种深刻的历史直觉,一

---

① 赫西俄德的"完成",比海德格尔以"完成"(Vollendung)为核心的"终结论",更为积极而合理。关于海德格尔别出心裁的"完成—终结"说,参见氏著《面向思的事情》,陈小文、孙周兴译,北京:商务印书馆 1996 年,第 59 页以下。

② Friedrich Solmsen. *Hesiod and Aeschylus*, p. 68.

种崇敬的情感,让他没有把古旧的东西都扔进塔尔塔罗斯的深渊中去。他在自己所处的那个世界中,看到很多古旧却仍有价值的东西让他感动;他看到新旧要素交缠在一起,于是他相信,这些同质的东西能够很好地相处。新的世界秩序通过吸收过往岁月那些值得留存的现实而获得力量,因为那些东西会丰富和装点新的文明"。①

具体到谟涅摩绪涅来说,她是赫西俄德天才的创造——荷马史诗中没有这位神明,而且甚至还没有任何作为精神力量化身的神明。② 这位记忆女神与宙斯的联姻,不仅仅是宙斯固守大统的结果,也是宙斯(赫西俄德)追求"真理"、教导政治人的重要举措。在古希腊神话中,"记忆"表示新生,表示一种"转变"和"成长",③以对抗"遗忘"和"毁灭",最终就是要寻求"真理"——在古希腊语中,真理(a-le-theia)就是对"遗忘"(lethe)的反抗。而这种追求真理过程中的转变,不是单纯的否定过去,因此,不能"遗忘"过去,而只有在与遗忘这种毁灭性的力量进行搏斗的过程中,我们才能知道未来的道路该如何走,也才会熔铸出新的秩序。这也是柏拉图接受下来的看法:"在《蒂迈欧》中,记忆返身聆听宇宙,去打探真实的秩序,这将克服时代的无序。"④在文明断裂甚或丧失的情况下,人们只能靠记忆来追溯"大洪水"之前的各种措施,俾使生活得以继续可能,而接下来的"美好生活",似乎更要依赖于"记忆"。在《治邦者》的灭世神话中,人们在诸神离弃后极为混乱和无序的日子里,靠的就是"回忆","尽最大可能

①　Friedrich Solmsen. *Hesiod and Aeschylus*, p. 75.

②　Ibid, pp. 42—43, 70.

③　赫丽生:《古希腊宗教的社会起源》,同前,第 508 页。

④　沃格林:《城邦的世界》,同前,第 202 页。而沃格林在这句引文前所说的"当宙斯忘却(lesmosyne)丑恶,从自己桀骜不驯的永生中抽身而出,他就跟谟涅摩绪涅生下了她们(按指缪斯女神)。因此,宙斯自己也需要心灵的宁静,他在宇宙的回忆中寻找到宁静,就像凡人在神话的回忆中寻找到宁静一样"(同前),则有些想当然,也过于偏重于心理学和宗教教学——秩序不等于宁静。另参《蒂迈欧》20e, 23 a—b。

回忆(ἀπομνημονεύων)造物主和天父的教导"(273b1－2),在根本的问题上"记住并遵从"宇宙—秩序(274d6－7)——我把它叫做"政治的创世纪。"①

谟涅摩绪涅的作用还体现在她与宙斯所生的女儿身上。这九位缪斯女神(仅仅这个数字"九",就已经够神秘的了),她们的作用不仅在于战后休养生息时抚慰疲惫的心灵(另参阿咯琉斯"歌唱"的治疗功能,《伊利亚特》9.189),也不仅在于为新政权歌功颂德、粉饰太平,她们也同样追求"真理"(第 28 行),而尤为重要的是,她们所代表的"文教"就是为了教化民人与政治家(第 75 行以下),甚至包括戎马半生的宙斯自己。缪斯能够让君王恰当地修辞,而修辞就是最重要的政治手段,同时还能让君王具有智慧,那是因为她们凭借"记忆"而歌唱往昔的岁月时,就是在向政治家传授"资治通鉴",因此,"缪斯是宙斯的女儿,是宇宙的秩序化力量。她们将朱庇特秩序传给了国王和歌者,进一步传给人民以及与世隔绝的人。国王和歌者的缪斯真理具有这种净化效果,它可不是什么真实的信息,而毋宁说是秩序的本质,与社会和人的激情所造成的无秩序截然对立"。② 缪斯与忒弥斯一样,代表着秩序,因为她们所歌唱的正是"万物的法则和不朽众神的美好生活方式"(πάντων τε νόμους καὶ ἤθεα κεδνὰ ἀθανάτων,66－67),这里的"生活方式"就是"习俗"(ethos),而"法则",就是后来专指法律的 nomos:缪斯与法律息息相关(尽管这一点不为人所重视)。

至于忒弥斯之所以成为宙斯的妻子,就更加顺理成章了。如前文所述,忒弥斯不管作为"预言"还是"统治"抑或"神法",都是宙斯不可或缺的统治要素。仅仅从忒弥斯所具有的宗教因素来看,已足以说明她成为宙斯首席夫人的必然性和必要性:"忒弥斯在宗教中起到一种支配作用,因而有着不可或缺的地位。……忒弥斯就是宗教原

---

① 参拙著:《宫墙之门——柏拉图政治哲学发凡》,同前,第 115 页以下。
② 沃格林:《城邦的世界》,同前,第 201 页。

则的化身。……她是该娅的女儿,也是该娅的替身。她发布的是福柏和福玻斯的神谕和规条,而不是我们通常所说的预言。最后,她终于登上了天堂,成了宙斯的妻子和顾问。"[1]

忒弥斯之为宙斯最重要的夫人,最重要的原因还在于她与宙斯所生的六个女儿——无论我们从结果或目的论的角度把忒弥斯的崇高地位归结为这六个女儿,还是从发生学的角度把这六个对新政权来说至关重要的女儿看做是"政治"(宙斯)与"神法"美妙婚姻的必然结晶,忒弥斯的作用都体现或分散在了这六个女儿身上,反过来借用宋明理学"理一分殊"的道理,这六个女儿就是忒弥斯的分殊,而她们的特质凝合起来,才是忒弥斯完整的结构和内涵。至于后来忒弥斯逐渐为自己最为重要的女儿"狄克"或"正义"所取代,似乎也是思想发展的必然结果。

忒弥斯与宙斯共生了两组女儿,每组各三位。第一组是"荷赖"(Horae),第二组是"命运",这两组相互支持,同时还与欧律诺墨(Eurynome)和宙斯所生的"美惠三女神"联系紧密,而欧律诺墨据说是克洛诺斯之前诸神的统治者(母权时代)。[2] 忒弥斯生育了"秩序"、"正义"与"和平",这本身就意味着,如果尊奉忒弥斯,城邦(以及个人)就会获得秩序、正义与和平。忒弥斯还生育了"命运女神"——这是否在劝喻世人,尊奉忒弥斯,即便还不能等同于把命运掌握在自己手中,用古朴的思维方式来说,至少也会让命运女神高兴,从而受到她们的垂青呢? 更何况,在古希腊的经典中,命运女神曾极为恰当地出现在了"法律"的语境中(参柏拉图《法义》960c—d)。所谓"祸福由己",这可能就是赫西俄德把命运女神从黑暗而恐怖的夜神的女儿(《神谱》217),变为光明的忒弥斯与宙斯之女(《神谱》904)的原因。

"荷赖"在荷马史诗中,仅为时光女神(或季节女神),负责"看

---

① 赫丽生:《古希腊宗教的社会起源》,同前,第 384 页。
② M. L. West. *Hesiod: Theogony*, p. 267.

管"或开关天上的大门(《伊利亚特》5. 749,8. 393),地位卑微,身份模糊,不知所自。① 但赫西俄德从词源学上对"荷赖"这个词的含义做了进一步的扩张和推进,他说,忒弥斯与宙斯所生的三位"荷赖"是要"照顾终有一死的凡夫俗子的劳作"(*αἵ τ' ἔργ' ὠρεύουσι καταϑνητοῖσι βροτοῖσι*,《神谱》903)。正如赫西俄德接下来在《劳作与时令》这部进一步阐释《神谱》中的正义论的著作所揭示的那样,凡夫俗子的特质就在于"劳作","劳作"必须依于"时令",而在古希腊语中,"时令"就是"荷赖"最初的意思。天上的大门随季节而开合,这种开合从根本上说,也许就是为了照顾凡人的春耕秋收,因此,赫西俄德把"时序"理解为动词"照顾"。在古希腊语中,这两个词本来就极为形近,时序或季节是*ὥρα*(复数为*ὧραι*),而照顾则是*ὠρεύω*。

赫西俄德通过词源学上的扩张,大胆地确定了荷马史诗中天门神的数目,并把她们变成了"保护"或"照看"凡人和平劳作的神明,把她们命名为 Eunomia(秩序)、Dike(正义)和 Eirene(和平)。她们也只有在照顾凡人生活的情况下,才具有(比看大门)更重要的地位,她们只有为人间带来秩序、正义与和平,才配当宙斯的女儿。② 荷赖就是人间社会生活的看护者,古典语文学家 M. L. West 也把"荷赖"译作了 Watchers(看护者),他的理由是:"赫西俄德已赋予 Horae 以新的词源学意义和身份,她们通常表示季节性的成熟和生长。"③在阿提卡地区,人们敬拜的荷赖女神只有两位,Thallo(茂盛)和 Karpo

---

① 参 G. S. Kirk. *The Ilad: A Commentary Volume II: books 5－8*. Cambridge University Press, 1990, p. 136。

② Friedrich Solmsen. *Hesiod and Aeschylus*, p. 34. 有人把"荷赖"与后面三位女神并列,认为荷赖作为季节女神,与 Eunomia、Dike 和 Eirene 乃是姐妹关系,而不是后面三者的统称。这种观点逐渐为学界所抛弃。

③ Hesiod. *Theogony, Works and Days*. Tran. by M. L. West. Oxford University Press, 1988, p. 71. 但他认为 Solmsen 把"荷赖"理解为"保护"的这种解读虽然有一定的道理,不过,"荷赖"同样可以指"季节",而不必为"荷赖"赋予新的身份(M. L. West. *Hesiod: Theogony*, p. 406.)。

（成熟、结果、收获），她们在农业时代对凡人的生活来说，当然可谓生死攸关了。反过来说，也只有公正与和平（的管理和裁断），才能够有丰收，否则，正如荷马所说"宙斯将暴雨向大地倾泻，发泄对人类的深刻不满，因为人们在集会上靠武力不公正地裁断（themistas），排斥公义（dike），毫不顾忌神明的惩罚"。（《伊利亚特》16.385—388；另参《奥德赛》19.109—114）

这种"天人合一"的思想，在古代可谓十分普遍（在中国尤其如此）。赫西俄德本人也在《劳作与时令》中详细地阐述了尊奉正义、神法与和平，这与季节或时光一样，本身就可以带来繁荣与丰收，如果相反，也就是不守法、不行正义，那么，自然要受到自然界的惩罚，因为自然界本身就在神明的控制之下。赫西俄德如是劝诫他的兄弟佩耳塞斯，因为佩耳塞斯试图通过贿赂法官（王爷）、扭曲法律、违背正义而获利：

佩耳塞斯，你要倾听正义，不要希求暴力，因为暴力无益于贫穷者，甚至家财万贯的富人也不容易承受暴力，一旦碰上厄运，就永远翻不了身。反之，追求正义是明智之举，因为正义最终要战胜强暴。然而，愚人只有在受到痛苦时才能领会这个道理，因为霍尔卡斯（按即誓言女神）紧随错误的审判。贪图贿赂、用欺骗的审判裁决案件的人，无论在哪儿强拉正义女神，都能听到争吵声。正义女神身披云雾跟到城市和人多的地方哭泣，给人类带来灾祸，甚至给那些把她赶到对她说假话的地方的人们带来灾祸。

相反，人们如果对任何外来人和本城邦人都予以公证审判，丝毫不背离正义，他们的城市就繁荣，人们就富庶，他们的城邦就会呈现出一派爱护儿童、安居乐业的和平（eirene）景象。无所不见的宙斯也从不唆使对他们发动残酷的战争。饥荒从不侵袭审判公正的人，厄运也是如此。他们快乐地做自己想干的活计，

　　土地为他们产出丰足的食物。山上橡树的枝头长出橡实,蜜蜂
盘旋采蜜于橡树之中;绵羊身上长出厚厚的绒毛;妇女生养很多
外貌酷似父母的婴儿。他们源源不断地拥有许多好东西,他们
不需要驾船出海,因为丰产的土地为他们产出果实。

　　　　但是,无论谁强暴行凶,克洛诺斯之子、千里眼宙斯都将予
以惩罚。往往有甚至因一个坏人作恶和犯罪而使整个城市遭受
惩罚的,克洛诺斯之子把巨大的苦恼——饥荒和瘟疫一同带给
他们。因此,他们渐渐灭绝,妻子不生育孩子,房屋被奥林波斯
山上的宙斯毁坏而变少。宙斯接着又消灭他们庞大的军队,毁
坏他们的城墙,沉没他们海上的舰船。(213—247,张竹民　蒋平
译文)

　　赫西俄德这三段劝喻兄弟的话中(接下来的一段话则是在劝诫
审理案件的王爷们要尊奉正义,因为"举头三尺有神灵"。此后,又接
着劝导自己的兄弟),第一段和最后一段都在讲不义的坏处,中间那
段才讲正义的好处。第三段所谓"强暴行凶",原文是三宗罪,
ὕβρις τε μέμηλε κακὴ καὶ σχέτλια ἔργα(238 行),即"肆心"、"作恶"、"干
残忍的事情",其中尤以"肆心"为 themis 首先要消除的"恶"。

　　相反,尊奉正义所带来的"繁荣"(tethele),就是阿提卡所崇拜的
Thallo,同时,人们不必到海上去冒险,"生产谷物的大地"会赐予人们
果实(其中的"生产"就是"赐予"),人们还会免于饥馑和战乱,就会获
得十分宝贵的和平:"和平女神"的别号即是"繁荣"(902 行)①——虽
然"生生之谓易",但"天地之大德曰生"(《周易·系辞》)这个道理还是

---

① 新译本据 M. L. West 的英译本而把该词译作"妙龄",似不妥,对 West 的注疏也
　理解有误(赫西俄德:《神谱》,王绍辉译、张强校,上海:上海人民出版社 2010 年,
　第 75、94 页。最新的英译本作 blooming,合于本意(Hesiod: *Theogony, Works
　and Days, Testimonia.* Trans. By G. W. Most. Cambridge: Harvard University
　Press, 2006, p. 75)。

有条件的,即必须以人的奉法守义为前提。或者说,虽然"天行有常,不为尧存,不为桀亡",但"应之以治则吉,应之以乱则凶"(《荀子·天论》),荀子所说的"治"便是 themis 的一个义项,而"乱"则是与 themis 及其所属的 horae(包括 eunomia、dike 和 eirene)相对立的无"法"无"天"、胆大"妄"为。所有这一切美好的事务以及一切罪恶,都是"季节"或"荷赖三女神"的恩赐和惩罚,当然,也都是忒弥斯的必然结果。

后来,品达等人亦接受了赫西俄德的改革,并且明确指出了 Eunomia、Dike 与 Eirene 这三位荷赖女神作为忒弥斯的女儿对城邦的作用或意义——城邦里

> 住着 Eunomia,和她的姐妹,城邦的稳固基础,
> Dike 和一母同胞 Eirene,凡人财富的分配者,
> 她们都是深思熟虑的 Themis 黄金般的孩子:
> 她们想要抵抗
> Hybris,这位莽撞大胆的 Koros 之母。(《奥林匹亚颂》13.6—10)

品达说得很清楚,Eunomia(很多译本都翻作"法律",不够)和 Dike 以及 Eirene,她们作为忒弥斯这位"好顾问"(即"深思熟虑者")的女儿,她们的目标就是要提抗或阻挡 Hybris(刘小枫先生译作"肆心")在财富分配上的贪婪和不公。Hybris 是 Koros 之母,后者意为"过量"和"自傲",而她的别号"莽撞大胆"(thrasy-mythos),就是"肆心"贪得无厌的自私自利的写照。如果彻底克服了人欲的横流和不知天高地厚的狂妄(而 themis 作为天地大法,正是天高地厚的评判依据和法则),这本身是不可能的"妄想",至少要对有意识地抵挡"肆心"的疯狂侵袭,城邦才有公正与和平可言(在希腊语中,这里的"抵抗"就是"拯救"),所以,Themis 及其女儿 Eunomia、Dike 和 Eirene,乃**是城邦稳固的基础**,或从根本上说,乃城邦秩序之所系。大哉,斯论!

诚哉,斯言。

柏拉图在一个"神学"的——或更确切地说,在一个"神学政治论"的语境中,引申和发挥了赫西俄德—梭伦—品达所坚持的法律观。雅典异方人提出了"人的天性根本就不足以管理属人的事务,当人拥有全然的自主权时,无法不变成肆心和不义的人"(《法义》713c6—8)这个著名的论断后,以此为前提,进一步讲述前朝天父克洛诺斯治下黄金时代的政法措施,就好像我们不是用牛羊去管理牛羊,而会派出更高级的存在物去管理它们一样,"这位眷爱凡人(philanthropos,即后世所谓博爱)的神明(按指克洛诺斯)也同样如此:他给我们派来了比我们更高级的精灵(daimon),精灵们在监管我们时,对他们和对我们来说,都很轻松。他们提供了和平(eirene)、敬畏(aido, awe)、良法(eunomia,或秩序)和丰富的正义,好让凡人这个种类没有内战,而是很幸福。"(《法义》713d6—e3)三位"荷赖"女神在柏拉图的新神话中再次联手,再加上一个常常与虔敬(eusebia)相伴的"敬畏"(aidos),[①]她们共同关注着人类,让人类远离内讧,从而获得幸福——这是古典法哲学和政治哲学的根本目标之一,[②]因为这个道理(ho logos)本身就是实实在在的最高真理(aletheia,《法义》713e4)。

即便去掉神义论色彩,柏拉图借雅典人之口所说的道理,在任

---

① 如果没有虔敬与敬畏,人类就缺少了"做人"最为基本的要素,由此而陷入灾难便不足为奇矣。赫西俄德换了一种方式教导说,"羞耻和敬畏(Aidos kai Nemesis,当作敬畏和义愤)两女神以白色长袍裹着绰约多姿的体形,将离开道路宽广的大地去奥林波斯山,抛弃人类加入永生神灵的行列。人类将陷入深重的悲哀之中,面对罪恶无处求助"(《劳作与时令》197—201,张竹民、蒋平译文)。《伊利亚特》也把这两个词并置(13.121,罗念生、王焕生译本作"惭愧和羞耻",另参11.649;亚里士多德《尼各马可伦理学》1108a32)。Aidos 和 Nemesis 都是抑制邪恶的有生力量,前者从个体内部"攻心",后者在社会生活中"抑恶"(参 M. L. West. *Hesiod: Works and Days*. Oxford: Clarendon Press, 1978, p. 294)。

② 在古典学家看来,柏拉图这一段中,有两个词最为重要,即 eunomia(良法)和 astasiasta(无内战),因为它们各自代表着了我们不断面临的研究所属的两个分支,即,立法(nomothesia)和政体(E. B. England. *The Laws of Plato*, p. 441)。

何世俗社会依然有效——哪怕其中的"敬畏"已然消失,但其他三个要素,和平、良法(或秩序)与正义,却无疑仍然是人们所要努力追求的目标。须知,柏拉图恰恰就是在一个缺乏信仰的时代,也就是克洛诺斯一去不复返的"黑铁时代"谈到了"良法"至关重要的道理。没有了神明,也没有了克洛诺斯派来管理我们的精灵,我们只能依靠自己的理智自力更生了,而良法就是理智的化身或外化,尽管这并不能最终解决问题,但在人力所及的范围内,良法无疑是最好的办法,①也是人类最后的救命稻草了。这也是法律最高可能性的基础:法治就是神治,②而两者兼有的 themis 无疑就成了我们最高的理想。

高蹈的理想也必须有坚实的基础,eunomia 就是 themis 分化后为自身设立的基础。在忒弥斯的荷赖女儿中,eunomia 尽管并不仅仅指"良法",但在 themis 的"法律"内涵方面,eunomia 肯定是最接近 themis 的:在赫西俄德的诸神谱系中,Eunomia 是作者最先提到的"忒弥斯"的女儿,可说就是"长女";而且在古希腊文献中,eunomia 也是一个很早就已出现的概念。eunomia 作为"良法",最接近 themis 的本质,而它作为"秩序",则最能体现 themis 的目的。

在荷马史诗中,eunomia(欧诺弥娅)虽出现过一次(《伊利亚特》15.487),但它只是一个一般的词汇,并不表示某种神明,当然也与看守天门的时光女神或季节女神毫无关系,不是她们中的一员,也就更与通知和主持会议的忒弥斯无关。在《伊利亚特》中,eunomia 与 hybris(肆心)相对,它们的裁判就是神明:"神明们常常化成各种外乡来客,装扮成各种模样,巡游许多城市,探查哪些人狂妄,哪些人遵守

---

① Pangle 的译本把 eunomia 译作 good law,他对法律与理智关系的解读,见氏著,*The Laws of Plato*,p. 443。

② Leo Strauss. *The argument and the action of Plato's* Laws,p. 58。施特劳斯把 eunomia 解作 good order。

法度。"(15.485—487)①"狂妄"(hybris)是古希腊人的重罪,②而"法度",即 eunomia,则是优秀(eu-)的法则(-nomia),当然会得到神明的眷顾和恩宠。赫西俄德在《神谱》中,也把 hybris(胆大妄为)与 a-nomos(无法无天、不知道法度)相提并论,说它们都是"可怕的"(《神谱》307),而这个带有否定前缀的 a-nomos,与《奥德赛》中用来形容库克洛普斯人的 a-themistes 同义,而与 eu-nomia 相对。

在赫西俄德那里,与秩序女神或良法女神(Eunomia,良法不仅仅能够带来秩序,它本身就等于秩序)直接对立的女神,乃是违法女神或无序女神(Dysnomia),后者与 Ate(祸害女神)往往牵手同行(另参《伊利亚特》19.91—94)。"无序女神"一词的前缀 dys-,不同于一般、简单而静止的否定性前缀 a-,而具有了动态的"针对"和"故意"的内涵,而所谓"违—法",就不是"无—法"那么被动和无辜了。也就是说,当 eunomia 表示一种品质时,它与 hybris 和 anomos 相对,而当 eunomia 表示一种秩序时,它的对立面就是 dysnomia。

梭伦继承了赫西俄德的这种思想,并予以发扬光大,尽管两人的区别亦丝毫不可小觑。③ 梭伦的一首诉歌专门讲述 eunomia 在社会

---

① 另参赫西俄德:"永生的神灵就在人类中间,且时刻注意那些不考虑诸神的愤怒而以欺骗的判决压迫别人的人们。须知,宽广的大地上宙斯有三万个神灵。这些凡人的守护神,他们身披云雾漫游在整个大地上,监视着人间的审判和邪恶行为。其中有正义女神——宙斯的女儿,她和奥林波斯诸神一起受到人们的敬畏"(《劳作与时令》249—257,张竹民、蒋平译文)。神灵照管凡人,另参柏拉图《法义》713 d—e。

② N. R. E. Fisher. *Hybris: A Study in the Values of Honor and Shame in Ancient Greece*. Aris & Phillips, 1981, pp. 185ff.

③ 关于梭伦与赫西俄德的关系,参 M. Ostwald. *Nomos and the Beginnings of Athenian Democracy*, pp. 64—75;另参 E. Irwen. *Solon and Early Greek Poetry: The Politics of Exhortaion*. Cambridge University Press, 2005, pp. 155ff.;另参 Joseph A. Almeida. *Justice as an Aspect of the Polis Idea in Solon's Political Poems*. Leiden: Brill, 2003, pp. 72—115。

生活中的巨大作用,而这首诉歌也被后人起名为 Eunomia（即辑语第四）。① 梭伦在其中这样唱道：

> 我心要我告诫雅典人如是——
> Dysnomia 给城邦带来无尽的恶,
> Eunomia 却让一切都变得有序而恰当,
> 还常常为不义戴上脚镣:
> 她磨平粗暴、终止过度、削弱肆心,
> 让生长着的灾祸之花枯萎,
> 纠正不公的判决,缓和傲慢的行径——
> 停止不和的行为,
> 平息可怕的怒气,在她[引领]之下,
> 凡人的一切都恰当而谨如。（辑语 4,第 30—39 行）②

　　这是伟大的思想家（而不仅仅是政治家、立法者）梭伦的警世恒言。"违法乱纪"（dysnomia）肯定会给城邦带来无穷无尽的邪恶,只有 eunomia 才能改变它,从而让一切变得有序。这里所说的"有序"（eu-kosma）,就是良好的宇宙秩序（kosmos 兼有"宇宙"和"秩序"的含义）。为什么 eunomia 会给我们带来如此美好的境界呢？那是因为 eunomia 给不义（a-dikois）戴上脚镣,让不义无法危害世间。具体

---

① 另据亚里士多德说,雅典诗人提尔泰俄斯曾写过一部书（或一首诗?）,题目就叫 Eunomia（《政治学》1307a1）。

② 笔者据希腊文译出。古典与文学家 M. L. West 译作"This lesson I desire to teach the Athenians:/Lawlessness brings the city countless ills,/while Lawfulness sets all in order as is due;/many a criminal it puts in irons./It makes the rough smooth, curbs excess, effaces wrong,/and shrivels up the budding flowers of sin;/it straightens out distorted judgements, pacifies/the violent, brings discord to an end,/brings to an end ill-tempered quarrelling. It makes/all men's affairs correct and rational"（*Greek Lyric Poetry*. Oxford: Clarendon Press, 1993, p. 75）。另参 E. Irwen. *Solon and Early Greek Poetry*, pp. 183—184。

地说,eunomia 抵挡甚至消除了不义的方方面面:粗暴、过度(koros,
就是上引《奥林匹亚颂》13.10 中的自傲)、肆心(hybris)、灾祸、不和、
傲慢和怒气等等,尤其重要的是,她能够纠正不公的判决(dikas)——
要知道,这种排斥公义的不公正的判决(themistas),正是人间暴雨洪
水等灾害的缘由(《伊利亚特》16.385—388)。这里的 dikas 等于
themistes,也就是说,在梭伦这里,dike 取代了 themis。总而言之,有
了 eunomia,凡人的一切就都能恰如其分,凡人在谨如之中,也会变得
理性起来。① 难怪品达把忒弥斯和她的女儿 Eunomia 都叫做"拯救
者"或"守护神"(σώτειρα,《奥林匹亚赛会颂》9.15—16),对于人类社
会的日常生活来说,如果没有神明,那么良法以及它所带来的良序无
疑就是凡人的"救世主"(σωτήρ,即σώτειρα的阳性)。

　　Eunomia 之所以成为了凡人的守护神,即在于她绝佳地继承并
集成了其母亲忒弥斯众多属性中与人类生活最为相关的两个方面:
法律与秩序,或者守法与有序。如果我们非要在这本不可分割的两
方面分出个高低来,就像学术研究常见的路数一样,那么,这种分别
可能有利于我们清晰地认识到这两方面虽彼此依存,却也有"因果"
在焉。这个问题或者可以化约为:究竟如何理解 eunomia 的本质,而
如此一来,这个问题就再次变成了对 themis 本质的探讨。

　　据学者考证,作为 themis 变体的 thesmos 到了公元前 464/463 年
才具有法律—政治的含义,而在此之前,也找不到 nomos 表示"法律"

---

① 最后一个词 pinyta,本意为聪明、谨慎,West 把它译作 rational (理性)。近世对梭
伦的 eunomia 研究得颇为深入,参 W. Jaeger. Solon's Eunomia. In *Five Essays*.
Montreal, 1966, pp. 75—99; W. Jaeger. *Paideia: The Ideals of Greek Culture*.
Trans. by Gilbert Highet, Oxford University Press, 1945, p. 141;另参 F.
Blaise. Poetics and Politics: Tradition re-worked in Solon's 'Eunomia' 以及 K. A.
Raaflaub. Athenian and Spartan eunomia, or: What to do with Solon's timocracy?
两文都收录于 J. H. Block and A. Lardinois (eds.). *Solon of Athens: New His-
torical and Philological Approches*. Leiden: Brill, 2006。该书其他文章也对此
多有讨论。

的例证——尽管此前数百年间人们一直都在使用 nomos 一词。具体到我们这里所探究的内容来看,只有当 nomos 在[伪]色诺芬的《雅典政制》中表示"法令"后,与之相关的 eunomia 似乎才具有"法律"方面的含义,从而才可以被理解为"良法"。也就是说,荷马史诗《奥德赛》、赫西俄德《神谱》、梭伦的政治诗歌以及品达的赛会颂诗中的 eunomia,似乎都与 nomos 无关,而且据说这已经是学界的共识。在公元前六世纪之前,eunomia 要么指①个人行为的品质,它在这个意义上说近于 nomos 中表示个人常规而恰当的行为之意,要么指②秩序井然的社会状态,即秩序。有学者甚至郑重其事地指出:"要试图理解 eunomia 这个概念的含义,就千万不要在实证法的技术意义上来思考 nomos。"①而且即便在 nomos 专指"法律"后,eunomia 也具有了"良法"的含义,但仍然无法把"秩序"或"良序"的含义从该词中排除出去。

即以梭伦的 eunomia 诗歌为例。梭伦面对国家因阶级对抗而至矛盾日益尖锐竟有分崩离析的混乱局面时,他所追求的 eunomia 不过是希望襄助"正义"女神重新回到正轨上来,重新受到宙斯和雅典娜的保护,如此一来,"eunomia 并不表示梭伦试图推行的某种特殊的立法,而是指他希望以自己的立法为手段所要创造出的那种事态(the state of affairs)。……对梭伦来说,eunomia 不过就是雅典的'法律与秩序'(law-and-order)的状态,在这样的状态中,可望消除或至少压制住道歉的 dysnomia(无法、坏法),以便可以重建城邦的统一与和谐,城邦在宙斯和雅典娜的指导下方能幸存"。②

但正如 nomos 的含义一直都非常复杂而含混一样,③eunomia 的

---

①　Friedrich Solmsen. *Hesiod and Aeschylus*, p. 98n. 92, cf. p. 62, cf. p. vii.

②　Ibid, pp. 68—69.

③　E. M. Harris 的文章 Antigone the Lawyer, or the Ambiguities of *Nomos* 对 nomos 的含混性有非常深入而精到的分析,该文收入氏著 *Democracy and the Rule of Law in Classical Athens: Essays on Law, Society, and Politics*. Cambridge University Press, 2006, p. 80,亦收入 E. M. Harris and L. Rubinstein (eds.). *The Law and the Courts in Ancient Greece*, pp. 19—56。

含义同样如此。我们同样可以反过来说，在人们铁定 eunomia 表示
"秩序"的地方，如果理解为"法律"或"良法"，似乎也没有什么问
题——这两个词本来就很难截然区分。大体上说，eunomia 一开始当
然指个人的品质，然后指社会秩序，但如果没有一种规范来界定和衡
量，这种品质和社会秩序也就没有根基。所以，到了后来，Eunomia
（Rechtlichkeit）即可表示"优良的法律"或"法律的优秀品质"，可以表
示"优秀地服从法律"（另参柏拉图《王制》425a3，《法义》960d3），①既
可以表示"良法"（吴寿彭）和"优良法制"（颜一），（同时）也可以表示
这种良法所带来的结果。这方面最具代表性的便是亚里士多德的一
段话：

> δοκεῖ δ' εἶναι τῶν ἀδυνάτων τὸ εὐνομεῖσθαι τὴν μὴ ἀριστοκρα
> τουμένην πόλιν ἀλλὰ πονηροκρατουμένην, ὁμοίως δὲ καὶ
> ἀριστοκρατεῖσθαι τὴν μὴ εὐνομουμένην. οὐκ ἔστι δὲ εὐνομία τὸ εὖ
> κεῖσθαι τοὺς νόμους, μὴ πείθεσθαι δέ. διὸ μίαν μὲν εὐνομίαν
> ὑποληπτέον εἶναι τὸ πείθεσθαι τοῖς κειμένοις νόμοις, ἑτέραν δὲ τὸ
> καλῶς κεῖσθαι τοὺς νόμους οἷς ἐμμένουσιν (ἔστι γὰρ πείθεσθαι καὶ
> κακῶς κειμένοις).

　　如果说一个不是由最优秀之人而是由穷困潦倒之人来执掌
的城邦就不可能建立起优良的法制，同样就应承认由最优秀之
人当政的城邦不可能不实施优良的法制。不过即使制订了优良
的法律，却得不到人们心甘情愿的遵守，也不能说是建立了优良
的法制。因此，优良法制的一层含义是公民恪守业已颁订的法

---

① Platon. *Nomoi（Gesetze）：Buch IV-VII*. Uebersetung und Kommentar von Klaus
Schoepsdau. Goettingen：Vandenhoeck & Ruprecht，2003，S. 190. 廖申白把《尼
各马可伦理学》1112b14 中的 eunomia 译作"法律和秩序"（第 68 页）。Eunomia 的
英译多作 good order，good law，偶尔也有人把它翻译成 law and order 或 law-and-
order。

律,另一层含义是公民们所遵从的法律是制订得优良得体的法律,因为人们也可能情愿遵从坏的法律。(《政治学》1293b42—1294a7,颜一译文)

在这段话中,εὐνομεῖσθαι(建立起优良的法制)和εὐνομουμένην(实施优良的法制)的词头 eu-与 eunomia 的词头一样,表示"优秀",而主干部分则表示"制订"、"立法"或"实施",①如是,就与后面的"制订"、"遵守"相呼应。但这两个表示"建立优良的法制"的词,仍然可以表示"建立良好的社会秩序"。因此,这个语境中的 eunomia 是否就可以理解为"优良的法制",同样还是值得考虑的问题。不过,在亚里士多德的命题中,"即使制订了优良的法律,却得不到人们心甘情愿的遵守,也不能说是建立了优良的法制"(1294a3—4),去掉两个否定词,从肯定的角度来说,这个命题可简化为:"优秀地(eu)遵守法律(nomos),即是 eunomia,"这看起来似乎是一个简单的加法运算过程,但无疑已经把 eunomia 与 nomos 紧密联系了起来:eunomia 就是很好地遵守法律所产生的一种状态,这种状态可以据其来源说是"良法"或"优秀的法制",也可以根据它的结果而称其为"良序"。

同时,亚里士多德的命题也充分告诉我们 eunomia 与 nomos 的巨大差异:即便有了 nomos,甚至是优秀的 nomos,也不等于 eunomia,即,eu+nomos≠eunomia(亚里士多德的命题当译作"优秀地制定 nomos,也不是 eunomia,如果 nomos 得不到遵守的话")。可见,eunomia 的内涵远远大于 nomos,或者说,eunomia 不仅仅指"良法",它更多地指良法所产生的结果。也就是说,eunomia 在《奥德赛》中还仅仅表示个人谦和以及恪守本分"不逾矩"(不 hybris)的品质,而后来赫西俄德则进一步把 eunomia 上升为一种宇宙秩序(cosmic or-

---

① 包括 Loeb 本在内的很多英译文在这两个词的翻译上都不尽人意,E. Barker 的翻译在这一点上似乎也不如颜一的中译处理得那么恰当。

der),尽管这种秩序必然以某种实在的规范为支撑。作为忒弥斯女儿的人格化的 Eunomia,代表着整个社会的秩序,这种秩序甚至可以与宇宙相连,就像上文所谓 eukomos 一样。从根本上说,"eunomia 是在城邦中履行自己的工作,这种工作远远大于建立'良好的法律',这乃是显而易见的。"①

总之,"themis"(忒弥斯)及其所辖的 eunomia 既有"法律"的含义,又有"秩序"的意蕴,这本身都属于法律和秩序各自的开放意域,因为法律与秩序本身就互为因果、密不可分,正如亚里士多德所说:

> 法律就是秩序(taxis),eunomia(良法)必定就是良好的秩序。但如果事物数量超过限度,就无法分享秩序。让万物都有秩序,这乃是神明才有能力做到的事情。都说美产生于数量和大小,那就可以说,按照大小[有度的原则]建立起来的城邦,就必然就是最美的。(《政治学》1326a29—35)②

"法律就是秩序(taxis),良好的法律就是良好的秩序",这是一个简单的等式:因为 nomos=taxis(秩序),所以,eu+nomia=eu+taxis(良法即良序)。而大小有度既是"秩序","秩序"便是"美","良序"自然便"最美"——良法和良序中的 eu(良)即 kalos(美)。亚里士多德在这里虽然用 nomos 来指"法律",但在一个已经不再通行 themis 的时代,或者更准确地说,themis 已演变为 nomos 的时代,亚里士多德的这段话不妨理解为,themis 就是秩序,她的根本特征(也就是忒弥斯女神的女儿)即是 eunomia,也就是良好的秩序。亚里士多德接下

---

① Friedrich Solmsen. *Hesiod and Aeschylus*, p. 64.

② "分享",吴寿彭译作"制定",颜一译作"保持"。"让万物都有秩序,这乃是神明才有能力做到的事情"一句,与吴、颜译本有较大差异。关于秩序就是美,参《形而上学》1078a36,《论诗术》1450b34,《尼各马可伦理学》1123b6,见吴寿彭译本第 354 页注释 1。

来虽然在讲城邦的规模,但这种规模本身与 nomos 和 eunomia 所追求的目标是一致的,即,"秩序",因此,亚里士多德进一步把秩序引申为一种"美":法律就是秩序,秩序就是美,也就是"高贵"。①

第五节 正义

忒弥斯的本质在于 eunomia,既表示一种高贵而美好的"秩序",也指称优秀的法律以及对优秀法律的优秀尊奉,而这种"良序"或"良法",本身又以"正义"为特征,并且与"正义"互为因果:良法可以带来正义,而良序自然需要正义的强势干预。凡是有序的,都是合乎规法的,同时又必然都是正义的。反过来说,凡是正义的,必然都是合法的,也必将产生出良好的秩序。

于是,正义就成了 themis 众多面相中最为重要的一个维度,其重要性逐渐升级,不仅可与 themis 同义,最后竟替代 themis,成了社会生活的规范和标准。虽说"荷赖"三女神各个都大名鼎鼎,却以"狄克"(Dike,正义)为最,在赫西俄德的作品中已大有取代母亲重要地位的趋势。而这个趋势在宙斯娶忒弥斯为妻的时候,似乎就已经开始了。据说,"这是一种最为深刻的思想,即,宙斯与永恒权利和习俗(the eternal right and custom)的结合,就是为了生下 Dike(正义),Dike 现在统治着或者应该统治凡人。Eirene(和平)与 Eunomia(良法、良序)也应该统治凡人,以保护或保证人类努力所取得的成功"。②可见,"正义"在荷赖三女神中,应当是最核心也最重要的一种规范性力量,是人类社会存在质量的保证,甚至就是人类社会存在本身的根基。

下面我们拟从三个渐进的角度来探讨 themis 与 dike 的关系:

---

① 在古希腊语中,"美"就是"高尚"和"高贵"。
② Friedrich Solmsen. *Hesiod and Aeschylus*, p. 35.

themis 与 dike 不可分割的关联；themis 与 dike 的混同；dike 的含义以及由此而取代 themis。然后我们再分析 dike 取代 themis 后所具有的内涵，而这些内涵也当然就是 themis 本身的意蕴：它们既有区别，也有交叉重合之处。

一、themis 与 dike 的联系

荷马史诗中，Themis 虽然是位女神，其地位却并不十分突出和清晰，而 dike 则尚未成为具有人格力量的女神，但这并不说明 themis 和 dike 之间在荷马那里就没有丝毫关系，毕竟，史诗中多处出现 themis 与 dike 同在的情况，即可说明它们之间既有联系、又有区别的关系。在《伊利亚特》开头处，便出现了这样颇具暗示性的话语："那些审判者($\delta\iota\varkappa\alpha\sigma\pi\acute{o}\lambda o\iota$)，在宙斯面前捍卫法律($\vartheta\acute{\epsilon}\mu\iota\sigma\tau\alpha\varsigma$)的人，"(1.238—239)那些法官，即执行 dika-的人，也就是保护 themis 的人。① 在这里，dike 是一种行动，旨在保护 themis：dike 是手段，themis 是目标。

而在另一个著名的神义论告白中，它们的关系似乎刚好颠倒了过来："宙斯将暴雨向大地倾泻，发泄对人类的深刻不满，因为人们在集会上靠武力不公正地裁断(themistas)，排斥公义(dike)，毫不顾忌神明的惩罚。"(《伊利亚特》16.385—388)themis 在这里作动词，指"审判"，dike 作名词，指"正义"——themis 是手段，而 dike 则成了目标：公正地裁断不是为了单个案件的公正，而是为了神圣的正义。在这两处文献中，themis 和 dike 都可以做动词，表示审判和裁断；同时也都可以做名词，表示公正审判的得体结果。奥德修斯下降到冥府后，看见米诺斯"手握黄金权杖，正在给亡灵们宣判($\vartheta\epsilon\mu\iota\sigma\tau\epsilon\acute{\nu}o\nu\tau\alpha$)，/他端坐，亡灵们在他周围等待他判决($\delta\acute{\iota}\varkappa\alpha\varsigma$)"(《奥德赛》11.569—570)。如前所述，themis 是宣判行为，而 dike 则是判决结果。

天不怕地不怕的库克洛普斯人没有议事的集会，也没有 themis，

----

① "捍卫法律"(陈中梅译作"维护习俗常规")，在希腊语中，应为"遵守 themis"之意。

他们自己就是各人妻子儿女的 themis（《奥德赛》9. 112—115），这里的 themis 就是神明指定的规条（divinely appointed ordinance），当然就是神法——但颇具讽刺意味的是，这群丝毫不懂得 themis 的人，却手握自己的 themis 来管束着他人。① 从世俗的角度来看，所谓 themis，就是"法律的判例"（precedents of law），也就是前后相续的法官根据经验制定（tithemi）的判案原则，在一个更为普通的意义上来说，单数的 themis 表示"惯例"（判例）和"习俗"（与后来更为抽象的 nomos 较为接近了）。②

简言之，如果 themis 表示法律，那么，库克洛普斯人就是最早主张并实现"朕即法律"的人（只有巨人才能够做到这一点？）。既然库克洛普斯人"没有法律"（athemis）、甚至就是"无法无天"，那么，他们当然也就不知道 dike 为何物，所以才有"既不知正义、也不知法规"（οὔτε δίκας εὖ εἰδότα οὔτε θέμιστας，9. 215）。如果说这时的 dike 还不完全等同于正义，那么至少也可以说，库克洛普斯人"既不很好地懂得正道，也不能很好地明白神法的含义"。在这个句子中，作者并没有交代 dike 和 themis 的关系，没有告诉我们库克洛普斯人是因为不懂得 dike 而导致不懂得 themis，抑或相反。但从这个"既不……也不……"的递进句式可以肯定，这两者的关系肯定不一般，甚至已然有相互包容、相互涵盖甚至相互替代的趋势。

这种 themis 与 dike 相提并论的情况在后来的作家那里也很常见。赫西俄德在《神谱》第 85—86 行中也谈到了君王执行和维护 themis 的职责：διακρίνοντα θέμιστας ἰθείῃσι δίκῃσιν，意为在公正的 dike

---

① Alfred Heubeck and A. Hoekstra. *A Commentary on Homer's* Odyssey, V. 2, p. 21.

② W. B. Stanford. *Homer: The Odyssey, Books I-XII*. London：Bristol Classical Press，1996，pp. 352—353。另参梅因：《古代法》，同前，第 3 页以下。

（审判）中裁断（判决出哪一方符合 themis）。① 远古时代，人们有了争议便会去 basileus（君王或王爷）那里，由他来挑选、分开或裁决（διακρίνω）哪一方有道理，这个过程就是 dike，而王爷据以 dike 的标准就是 themis，即，王爷根据道理（或因有道理而沉积为惯例的法规）来判案。

后来赫西俄德自己也遇上了官司，在劝诫兄弟不可行不义的作品中，首先向主持正义的宙斯发出吁求：δίκη δ' ἴθυνε θέμιστας（用正义来让判决［法律］变得正直，《劳作与时令》9）。② 在这里，themis 和 dike 都是实词，而且并不表示神明，但这三者在这里的遇合即已表明《神谱》中宙斯、忒弥斯与狄克（正义）的关系了。

祈求完宙斯之后，赫西俄德直接对胞弟说，既然我们已经分割了遗产，而且你还拿到了较大的一份，但你因不事稼穑、坐吃山空并挥霍完遗产之后，现在又通过贿赂那些热衷于这类案件并可以从中捞到好处的王爷们，对我赫西俄德提起了诉讼。好吧，那么就"让我们用来自宙斯的、也是最完美的公正审判来解决我们之间的这个争端吧"（ἀλλ' αὖθι διακρινώμεθα νεῖκος ἰθείῃσι δίκης, αἵ τ' ἐκ Διός εἰσιν ἄρισται，《劳作与时令》35—36）。与《神谱》85 行一样，这里也用到了"裁决"一词，而且赫西俄德在这里明确地说"公正的 dike（审判）"是解决争端（neikos）的手段，由此，dike 的功能和目标已变得十分清晰了。而这里与《神谱》不同之处，在于没有 themis！不过，这里虽然没有出现 themis，但"从宙斯而来的最好的（dike）"其实就是荷马史诗中反复强调的 themis，因为 themis 就是来自于宙斯（参《伊利亚特》2. 203，《奥德赛》16. 403 等），themis 隐含在这里的语境中，或者以 dike 的面目而出现。进言之，在荷马史诗那里，themis 来自于宙斯，而在赫西俄德这里，dike

---

① 张竹民、蒋平译为："公正地审理争端"，王绍辉译为"公正地裁决诸多争端"，G. W. Most 译为 decides disputes with straight judgments.

② 张竹民、蒋平译为："伸张正义，使得判断公正"。G. W. Most 译为 straighten the verdicts with justice，他把 themis 译为 verdict，似有不妥。

来自于宙斯——dike 似乎已然取代了 themis，至少，dike＝themis。

在接下来的劝诫中，赫西俄德的用语又发生了一些变化，其中不曾变化的便是 themis 与 dike 的关联。赫西俄德警告王爷—法官不要"σκολιῆς δὲ δίκης κρίνωσι θέμιστας"（《劳作与时令》，221。直译为"用不公正的审判来裁决法律"）。[1] 这个句子与《神谱》第 85 行中的句式一样，唯一不同的是以"不公正"（或"弯曲"）取代了"公正"（或"正直"）。与《神谱》一样，动词"裁决"与它的宾语 themis 之间似乎也有同语反复的味道，κρίνωσι θέμιστας 这个词组仅仅表示"审判"，而非"裁决法律"（krino 类似于德语中的"功能动词"），因为 themis 在作动词时本身也可以表示"裁决"。下文还会详细讨论这个问题，这里只需要指出，dike 再次与 themis 携手，只不过 dike 是手段，而 themis 是行为、过程和目的。

受赫西俄德影响甚巨的埃斯库罗斯有几句台词，也把 dike 和 themis 摆到了一起，它们的关系也由此变得愈加明朗："锋利的正义之剑会直逼／他的胸膛，猛烈地刺穿，／凡有人破坏神圣的法规，／把它们扔到地上践踏，／蔑视对宙斯的各种敬畏，／超越合法允许的界限。"（《奠酒人》639－645）[2]如果有人破坏"神圣的法规"（θέμις），或者"超越合法允许的界限"（παρεκβάντας οὐ θεμιστῶς），也就是"越过了 themis 的界限"（最后一个词 themistos，由 themis 变来，意为"合乎正义、合乎天理、合乎法律"），那么，正义（dike）女神就会持利剑惩罚这种人，对这种不虔敬的背叛宙斯的 themis 的人，施以极刑。可见，dike 是对至高无上的 themis 所给予的保证。

所谓"正义之剑"，在希腊文中是由一个短语"通过正义的剑"来表达的，而"通过正义"（διαὶ Δίκας）的那个介词"通过"（διά），与"刺

---

① 张竹民、蒋平译为"用欺骗的审判裁决案件"，不妥，因为 skolies 不是"欺骗"，而是"弯曲"，引申为"不公正"。G. W. Most 译为 pronounce verdicts with crooked judgments。
② 王焕生译文，参《古希腊悲剧喜剧全集》，同前，卷一，页 418。

穿"(διανταίαν)在词形上和内容上都有很深的牵连,甚至可以说"通过"就是"穿过"。而它们又与"宙斯"这个词的变格形式Διός有着显明的亲缘关系,据古典语文学家考证,"这次,διανταίαν—διαὶ Δίκας—Διός的文字游戏,也许不仅仅是游戏而已。后来的廊下派(Stoics,或译斯多阿)很严肃地认为宙斯的名字就是来自于διά。柏拉图《克拉底鲁》396a—b中也会发现这一点,也许赫西俄德《劳作与时令》2—4中也已发端"。① 与赫西俄德一样,埃斯库罗斯也赋予正义以极高的地位:"宙斯的女儿,正义女神/凡间人们享受命定的/幸福份额,这样称呼她,/仇敌覆灭于她的怒火。"(《奠酒人》949—952)谁要是对宙斯不虔诚(σέβας,即中译文的"敬畏"),实际上就是不遵守宙斯的 themis(Θέμις Διός,《乞援人》361),宙斯(与忒弥斯)的女儿当然不会放过他。

后来,在品达那里,也有 themis 与 dike 并列的情况,但其内涵已发生了微妙的变化。在品达《伊斯墨涅赛会颂》的残篇中,有这样一句诗:οὐ θέμιν οὐδὲ δίκαν ξείνων ὑπερβαίνοντες(I. 9.5),中文应为"既不僭越 themis,也不违犯待客之道"。② 这个句子与奥德修斯形容库克洛普斯人很接近,都是在"既不……也不……"的句式中加入了 themis 和 dike,只不过两处的动词意思正好相反,句子的意思便正好相对:库克洛普斯人既不懂得 dike,也不懂得 themis,也就是没有遵守 themis 和 dike,而多里斯人则既没有违反 themis,也没有违反 dike。这里的 themis 与 dike 的差异已十分模糊:themis 是正确的习俗和惯例,而友善待客的 dike 也是一种恰当的方式(详下)。

---

① Aeschylus. *Choephori*. Commented by A. F. Garvie. Oxford: Clarendon Press, 1986, p. 220.

② Loeb 丛书为 never trangress right, nor yet the justice due to strangers (同前,页513),Swanson 译作 abuse neither justice nor stanger's right (同前,页208),Farnell 译作 never transgressing Justice or violating the stranger's right (同前,页290)。

　　无论如何,当赫西俄德在《神谱》中把 Dike (正义)提升为 Themis (神法)的女儿时,她们之间的关系注定会发生顺理成章的变化。或者换句话说,themis 本来就包含 dike 在内,其内涵中的 dike 因素总会慢慢显露出来,最后成为清晰而可尊奉的社会生活原则。

二、审判

　　本意为"神法"的 themis 变形为动词时,指"发布神谕"、"统治"和"审判",因此,themis 的众多含义中,必也表示"神谕"以及统治和审判所依据的更高原则。在荷马史诗中,themis 总是与 agora (广场)相连,因为 agora 的功能便与 themis 的含义直接相关,agora 乃是宗教祭祀、政治集会和解决纠纷的场合,而这些工作就是 themis 的任务,甚至可以说,"离开 agora,themis 简直就不可想象,正如反之没有 themis 就无法想象 agora 一样"。[①] 仅仅从我们这里讨论的主旨来说,agora 就是 themis 的地方,也就是"审判"的地方。就在 themis 最后这个义项,即"审判"上,themis 便与 dike 合流了。我们大致可以说,themis 把自身所蕴含的"审判"之意(参《伊利亚特》16.387,《劳作与时令》221)专门交给 dike,自己便不再表示"审判",或者说 themis 的"审判"意味逐渐淡化而至消失,最后专门表示(审判所依据的)"规范",而 dike 在"审判"方面的含义则逐步得到加强。

　　在希腊古风时期 dike 专门指"审判",后来在古典时期,dike 进一步吸收了"审判"过程中必有的"公正"之意,逐渐从"公正的审判"演化为这种公正审判的抽象原则,即"正义"。当然,themis 本身也包含"正确"、"公正"和"正义"的意思,但这些含意却相当模糊,后来 dike 便取代 themis 而成为了社会生活的根本原则。就在这个从 themis

---

① V. Ehrenberg. *Die Rechtsidee im fruehen Griechentum*. Leipzig, 1921, S. 12. Cf. J. Janik. *Terms of the Semantic Sphere of Dike and Themis in the Early Greek Epic*. Krakow, 2003, p. 57.

到 dike 的漫长发展历程中，dike 最初的"审判"含义，乃是 dike 与 themis 共同的领域，也是 dike 能够逐渐取代 themis 的最初因由，或者说，"审判"乃是 themis 通向 dike 的第一座桥梁。

如果说 themis 表示"神法"，也仅仅说明有法可依，社会生活要得以维系，还必须使用这些法律，否则形同虚设——亚里士多德有云"不使用法律就跟没有制定法律没有什么不同"（《修辞学》1375b20），而 dike 就是对法律的"使用"。也就是说，在古风时期，dike 并不具有"正义"的含义，它的主要意思是"审判"（其词源学上的含意，详下）。

荷马史诗《伊利亚特》第十八卷中阿喀琉斯盾牌上那个司法图景最能说明 dike 的含义。这里两次出现了 dike，"他们依次作决断（δίκαζον），场子中央摆着整整两塔兰同黄金，他们谁解释法律（δίκην …εἴποι）最公正，黄金就奖给他"（18.506－508）。学者们对 dike 的理解各不相同，甚至由此发展为古希腊（尤其早期）有没有法律这一"元问题"的争论。我们在前面的讨论中已对 Gagarin、Thuer、Hommel、Wolff 等人的观点作了详细介绍，此不赘述。动词 δίκαζον 就等于词组 δίκην …εἴποι（说出 dike），都表示对上述杀人命案的赔偿纠纷的处理。后来墨涅拉奥斯与安提洛科斯在赛马时发生了纠纷，墨涅拉奥斯先是提议把这个小"案子"交给阿尔戈斯的首领和君王们来"作出不偏不倚的公正评判"（ἐς μέσον ἀμφοτέροισι δικάσσατε，23.574），但不知道出于什么原因（或许这个案子太小，完全可以私了；或许他自己就是首领和君王，可以不避嫌），马上就改口说，"还是让我自己来评判吧"（εἰ δ᾽ ἄγ᾽ ἐγὼν αὐτὸς δικάσω，23.579）。

在《伊利亚特》第十八卷和二十三卷这两处纠纷中，不管 dike 是宗教仪式还是司法程序，不管它是仲裁还是审判，也不管它是不是终审，不管 dike 的"法律效力"有多大，也不管 dike 的具体方式是组织誓言抑或仅仅是法官提出自己的个人看法，dike 都表示对纠纷的审理，都是为了解决纠纷而付诸的行动，在这个意义上说，dike 就是审判（仲裁与审判在那时还没有分野）。大致可以说，在荷马史诗中出现的 dike 还没有多少伦理含义（尽管有学者认为 dike 与"公正"相联系时，已然具有了伦理思想的萌芽），而大多指"判断"、"审判"、"解纷"（另参《伊利亚特》1.542,8.431；《奥德赛》11.547 等），它即便还不是一种现代意义上的判决，但离问题的解决已经很近了。[①]

甚至在古希腊有没有法律这一问题上持极端强硬立场的 M. Gagarin 也把 dike 视为一种"司法程序"（judical process），并认为荷马通过阿喀琉斯盾牌上两个针锋相对的场景，即婚礼和诉讼，告诉我们，司法程序就像婚姻一样，对共同体的生存和繁荣来说，乃是根本性的。[②] 我们对古希腊法律中很多东西都不太清楚，比如 histor 的身份，长老的作用，合议还是海选后的独审，如此等等，而且对 dike 的具体方式与内涵都不是很明了，但 dike 归根结底等同于今天的 judgement（判），却毋庸置疑，也不存在多大争议。

在整个古希腊时代，即便 dike 后来已逐渐演变为一种抽象的"正义"原则，但它同时也表示着"审判"的意思。[③] 与荷马史诗《奥德赛》冥府审判观念相似，埃斯库罗斯也说，"据说那另一个宙斯在那里惩处我们/所犯的一切罪孽，对恶人作最后的审判"（κἀκεῖ δικάζει τἀμπλακήμαϑ᾽, ὡς λόγος, Ζεὺς ἄλλος ἐν καμοῦσιν ὑστάτας δίκας，《乞援人》230—231）。[④] 那另一个宙斯即是冥王哈得斯，他在阴间负责审判前来报到的鬼魂。这里的"惩处"即 dike 的动词形式，既然是对"恶"或"罪孽"（kaka）的裁决，当然就是一种惩罚性的处理了。最让我们惊异的便是"最后的审判"（ὑστάτας δίκας）这种提法，埃斯库罗斯大概是西方最早提及这一观念的人，尽管"最后的审判"并不等于

---

① Rapheal Sealey. *The Justice of the Greeks*, p. 93.

② M. Gagarin. *Writing Greek Law*, p. 19.

③ 关于 dike 作为"审判"（"审判员"）及其与法律（nomos）的关系，另参《政治学》1267b39—1268a11，全书随处可见。

④ 王焕生译文，见《古希腊悲剧喜剧全集》，同前，卷一，页 18。

"末日审判",但他根据前人的传统而明确表达的这种思想,对后世产生了难以估量的影响。

在柏拉图、亚里士多德时代,dike 也多指审判和"官司"。在柏拉图笔下,游叙弗伦一见到苏格拉底就问他,到王者执政官(basileus)这里来,是跟什么人打官司(dike)吧,苏格拉底赶紧以严肃的口吻纠正他,"啊呀,游叙弗伦,实际上,雅典人把这叫公共诉讼(γϱαφήν),不叫私人诉讼(δίκην)哩"(《游叙弗伦》2a5—6)。① 这个时候的 dike 指"私人官司",也就是与公诉相对的"私诉"(似乎不是学者们认为的"民事诉讼"与"刑事诉讼"的区别)。②

这种审判技术在政治中占有十分重要的地位,就好比"立法"在政治中的地位一样,"而在政治术中,健身术的对应者是立法术,治病术的对应者是正义[审判术]。一方面,治病术之于健身术和正义[审判术]之于立法术,这两者处理相同的东西,因而分享某些彼此共同的东西;尽管如此,它们彼此仍有点儿差别"(《高尔吉亚》464b7—c3,李致远译文)。③ 由此,"审判"(dike)和"法律"(nomos)都统一到"政治术"的麾下,而 themis 恰恰同时具有审判、法律和统治的含义,themis 统摄着 dike 和 nomos,因而是最高的政治术。

一般说来,dike 表示"审判",但"审判"也需要有依据,也就是需要"法律",所以,dike 在很少的场合中甚至还可以表示"法律"。扬布里可(Iamblicus)在其《毕达哥拉斯传》中如是写道,"忒弥斯在宙斯主宰的王国里的地位和狄刻在普路同主宰的王国里的地位、法律在城市里占据的地位是一样的;因此,假如一个人不按规定行事,那就会

① 柏拉图:《游叙弗伦》,顾丽玲编译,上海:华东师大出版社 2010 年,页 28—29。另参刘易斯对《游叙弗伦》此处的义疏,见该书,页 86—87。

② 同上,页 29。另参 W. A. Heidel 的注疏(Plato. *Euthyphro*. New York: American Book Company, 1902, p. 30)。

③ 另参 E. R. Dodds. *Plato*: Gorgias. Oxford University Press, 1959, pp. 227—228。

被认为对整个宇宙做了不公正的行为"。① 古希腊历代表示法律的三个词 themis、dike 和 nomos，在这里找到了各自的位置：themis 表示神法、nomos 表示人法，而 dike 则表示阴曹地府的法律。总之，dike 与 themis 在"审判"和"法律"的意义上相通，正是在这一点上具备了以 dike 取代 themis 的基础。当然，如果 dike 仅仅表示"审判"，就还未曾继承到 themis 最为核心的内涵，还远远无法取 themis 而代之。

当然，"审判"不是独立自足的，它也需要原则和目标，荷马史诗《奥德赛》和柏拉图笔下的冥府"审判"就体现着这种原则。《王制》末尾的"最后的审判"之说，而且这种"审判"就等于"正义"，换言之，"审判"（包括"法官"）与"正义"这两种含义都融汇在"末日审判"中了。"法官们（δικαστὰς）就坐在这些裂口之间，他们审判（διαδικάσειαν）完后，便吩咐正义的（δικαίους）经由天上，从右边往上继续旅程，胸前挂着审判（δεδικασμένων）后的标记，而那些不义的（ἀδίκους），则从左边往下继续走，背后也有他们干过的所有事情的标记"（《王制》614c3 — d1，张文涛译文）。

在古希腊语种，"法官"也与"审判"和"正义"同根，"法官"这个词本身就是从"审判"而来的，而"审判"当然是对"正义"的遴选（diakrino 或 krino，另参《神谱》85—86），是对"善"的弘扬和培扶，同时也是对"不义"的批判，是对"恶"的禁止和打击。也就是说，审判有两个功能，为善去恶，②而在纠纷中，"去恶"既是"为善"的手段（"纠纷"就意味着"恶"的出现和参与），根本目标在于"为善"。因此，"审判"就是一种"选择"，也就是对"正义"的"选择"，于是，"审判"就慢慢过渡到"正义"上去了。κρίνωσι θέμιστας（《伊利亚特》16.387，《劳作与时令》

---

① 赫丽生：《古希腊宗教的社会起源》，同前，页 515。赫丽生把 themis、dike 和 nomos 的关系视为一种区别，而我们更看重它们之间的联系。Cf. F. M. Cornford. *From Religion to Philosophy*. New York：Harper Torchbooks, 1957, p. 54。

② 王阳明"四句教"曰：无善无恶心之体，有善有恶意之动，知善知恶为良知，为善去恶是格物。

221)这个词组表示"审判",与阿喀琉斯盾牌图景中的 dikazein（18.506）同义,在那个词组中,第一个单词本意为"选择",后一个既是themis,也就是说,"审判"就是"选择 themis",即 dike 是对 themis 的选择和归附。

尽管"正—义"（dike）既表示对"正之义"的选择和弘扬,也表示对不义的审判和惩罚,但在古希腊语中,"正义"作动词时往往表示后一种意思,也就是对"义"（themis）之"正"（ἰθύνω,参《劳作与时令》9）,多与"不义"相连:"对所有曾经干过的不义之事、对所有被其行过不义的人,他们都得反过来付出全部的偿罚（δίκην）,做一罚十。"（《王制》615a6—7,张文涛译文）人如果做了正义的事情,变得神圣,当然会受到好报,干干净净地升到天上,去到极乐的至福岛;相反,如果人做了不义的事情,在"审判"时,就会受到"惩罚"。这样一来,dike 这种审判,虽是对正义的捍卫,却总是表现为对不义的惩罚。这样的话语在古代众多圣经中似乎屡见不鲜（比如可参埃斯库罗斯《报仇神》273—275）。人的行为在末日审判时,便与超验的宇宙正义达成了一致,或者更准确地说,所有行为（包括所有的审判）都必须符合天地大法（themis）所体现的至高正义,这也是赫西俄德把"正义女神"判为"忒弥斯"女儿的根本原因之所在。

三、公正和正道

同一个词在作名词和动词时,分别表示不同的意思,这不能不让人感到奇怪,其中必然包含着某种隐秘而深刻的思想转变过程。即以 dike 为例,当它作名词时,表示积极而具有正面价值的"正义",而作动词时,则表示对不义的"审判"——同样,themis 本身只表示"制定",后来表示制定得天经地义的"神法"。从词义发生的顺序来看,dike 最先表示"审判",后来逐渐演变为"正义",我们需要弄清楚,这种转变是如何实现的,它背后或许就隐藏着西方法律观念在思想领域中的起源。

我们先来分析 dike 或 themis 在表示审判时的语境,从具体的发生环境中,我们也许能够发现从"审判"到"正义"的内在机制或秘密。即以阿喀琉斯盾牌上的司法图景为例,长老们依次审判(δικαζον),场子中央摆着整整两塔兰同黄金,他们谁说出的 dike 最公正(ἰθύντατα),黄金就奖给他(18.506—508)。这里的"审判"便与"公正"相连,同样地,墨涅拉奥斯提出要亲自审理他与安提洛科斯的纠纷时,也把"公正"(ἰθεῖα)当成了"审判"的目标,以免同胞们指责(《伊利亚特》23.579—580),可见在法律初兴时,社会舆论起到了很大的调节、监督甚至间接执行的作用(但不可否认的是,争执双方支持者的大声叫喊多少也会影响到司法审判,参《伊利亚特》18.502)。

在《伊利亚特》中两个典型的"审判"案例中,都有"公正"一词,可见"审判"与"公正"本身已有内在的关联。那么,什么是"公正"呢?在古希腊语中,"公正"本意为"直",而后引申为"正直"、"公正"和"正义"。该词表示动作时,意为"变直"、"照直走",再引申为"领导着直行",最后表示"纠正"、"惩治"和"治理"、"指挥"和"领导"。比如,荷马史诗《伊利亚特》中大量出现的 ithu-及其复合词表示战斗中"直冲"、"直扑"、"直飞",而奥德修斯在卡吕普索岛上"获释"可以离开时,急急忙忙赶造船只时,对砍伐下来的木头进行加工,"把它们修平,按照墨线"(《奥德赛》5.245;另参 17.341,21.44,21.121,23.197"用线锤取直瞄平")。"墨线"就是标准,这就表明以"纠正"和"惩治"为手段的"审判"也有标准,那就是"法律",而"法律"就是"正—义",或依据某种规则对"义"之"正":孟子曰:"义,人之正路也。"(《孟子·离娄上》)而所谓"正",正是这里所说的"直",《周礼·夏官·大司马》:"贼杀其亲则正之。"郑玄注:"正之者,执而治其罪。"于是,"正—义"就是"审判",而"审判"也必须以"正义"为标准。

在"使事物变得平直"并由此而进行纠正甚至惩治这个意义上来看,"直"即"正",ithyno(变直)就等于 dikazo(审判),因为"审判"也是一种纠正,其目的也是要让事物回到正直和正确的轨道上来。比如，当战车中的一匹马倒地死亡后，另外的马匹就会随之跑偏，这时必须立即有所作为来"解救急难"，把缰绳砍断让活着的马匹回到正常的轨道上来（《伊利亚特》16.475），①就显得生死攸关了。在希腊语中，表示"正"的 ithus 这个词相当于英语中的 straight，它作动词时，则等于 straighten（使……正）。舵手在海上航行，必须保持正确和正直的航向（因"正直"而引申为"正确"，正如 orthos 从"直立"引申为"正确"），而要保持正确的航向，又必须跟狂风恶浪作斗争——这才是 ithus 和 dike 作动词时的隐秘内涵。所以，对于《伊利亚特》23.317的理解来说，陈中梅的译文"舵手引导迅捷的海船，也须依靠技术，任凭风吹浪打，在酒蓝色的洋面上穿渡"，他把ἰθύνει译为"引导"，当然没有错，不过却未能体现出披风搏浪的"正"的意味来。王焕生的译文"舵手在酒色的海上保持正确的航向，校正被风暴刮偏的船只也是靠技能"，虽然稍有过度之嫌——其中"正确的航向"和"偏"之间的对比乃是作者的意译和理解，但却体现出了 straight 的含义，尤其表达了"正"的目标：on its（right）course（在［正］道上），②而 dike 的一个基本含义便是"正道"。无论 ithus（校正）还是 dike（审判），正如这里所揭示的道理，都需要"技能"或"技术"（另参《奥德赛》5.270：熟练地掌舵调整航向），更确切地说，需要智慧。③

所谓"正直"、"正义"和"公平"，也就是"中间"，对任何一方都不过不及，正如墨涅拉奥斯所说，君王和首领们要ἐς μέσον ἀμφοτέροισι

---

① 王焕生译文"那两匹神马重新回到原位照常驾辕"，没有直接反应出ἰθύντατα的含义，陈中梅译作"另两匹驭马绷紧皮缰，将位置调正"，以及 Lattimore 的译文 and the other horses were straightened out，and pulled in the guide reins，则多少表达了"正"或"校正"的含义。

② Lattimore 译作 It is by skill that the sea captain holds his rapid ship on its course，though torn by winds，over the wine-blue water。Fitzgerald 译作 and by astuteness on the open sea/a helmsman holds a ship on the right coursef/though roughed by winds。

③ 王译"技能"或陈译"技术"都不确切，23.316 中的原文为 metis，本意为"智慧"，而它作为女神时，正是宙斯的第一任妻子，智慧女神雅典娜的母亲"墨提斯"。

δικάσσατε（作出不偏不倚的评判,《伊利亚特》23.574）。所谓"不偏不倚"就是"中道"（μέσον）,亚里士多德后来把它发展成为一种极高品质的概念,把它视为德性的核心（《尼各马可伦理学》1106b27 以下）和幸福的来源,因而这种"中间"、"公平"、"不偏不倚"的"正义"或"直道"同时也必然就是一种最优秀的生活（τὸν μέσον ἀναγκαῖον εἶναι βίον βέλτιστον,《政治学》1295a37—38）。

到了赫西俄德那里,ithus 与 dike 的联系更加紧密了,而且动词 ithuno 与 dike 和 themis 的合流更加明显。赫西俄德在《神谱》85—86 行中写道,君王们的职责就是διακρίνοντα θέμιστας ἰθείῃσι δίκῃσιν（另参《劳作与时令》第 36 行διακρινώμεθα νεῖκος ἰθείῃσι δίκης）,如前所述,这里的意思颇为复杂,与《劳作与时令》9 行中的δίκη δ' ἴθυνε θέμιστας（另参 221 行的σκολιῆς δὲ δίκης κρίνωσι θέμιστας）一样,dike 表示手段,其目的在于 themis。由此看来,διακρίνοντα θέμιστας 等于ἴθυνε θέμιστας,"选择 themis"就是"使得 themis 变得正直",或者说,"正直"或"正一义"的目标就是 themis。

而最为抢眼的,便是两处出现的ἰθείῃσι δίκῃσιν,字面意思为"正直的 dike",这里的 dike 当然指审判,意为"正直的审判",但这种审判已经具有伦理的指向,于是我们不妨把它理解为重言式的"正直的正义",本不具有"正义"的 dike 在"正直"的帮助下,或者更准确地说,dike 吸收甚至吞噬了修饰它的 ithus,逐渐变成了后者才表示的"正义",因为"审判"的本质就是"正一曲"（ἰθύνει σκολιόν,《劳作与时令》9 行）,让弯曲的东西变得（正）直起来,否则"弯曲地选择 themis",即"不公正地裁断",排斥 dike,当然要遭到天谴（《伊利亚特》16.387）。[1]

"正直"与"审判"在赫西俄德那里还合成了一个词ἰθυδίκῃσι（正直的审判,《劳作与时令》230）,而在后来公元前 6—5 世纪的（托名）俄

---

[1] "直"（ithus）与"曲"（skolia）针锋相对,在赫西俄德的著作中尤为显著。关于 skolia,参《劳作与时令》194,219,221,250,258,262,264 等。

耳甫斯《阿尔戈斯英雄船》(*Argonautica Orphica*)中,"正直"(的最高级)则弱化成了"正义女神"的别号(ἰθύντειρα Δίκη,352 行)!

在后来的作家那里,ithys 变成了 euthys(如品达《奥林匹亚颂》6.103,7.33,10.64,13.28,13.93 等)。在柏拉图那里却是"审查者"(Pangle 译为 auditor,意为监察官;该词另有"惩罚者"之意,参《法义》945a—947e)。在亚里士多德《政治学》中,euthynos 意为"监督"与"审理",在法律语境中,多作"审理"解,实际上就等于 dike 的动词形式了(如 dikaios dia to ton euthynon,《政治学》1318b37—38,另参1300b19)。

大体而言,dike 从"审判"到"正义"过度的中间桥梁就是 ithys(正直),或者说 dike 吸收了 ithys 的伦理因素而变成了一个表示个人品质和社会规范的词汇。也就是说,dike 本来没有任何伦理含义,它仅仅表示"审判"。但"审判"因人的参与而附着了审判者的品质因素,即"直"或"曲"。于是,当赫西俄德说 ἰθείησι δίκης(正直的审判)时,"正直"就为 dike(审判)赋予了伦理的意义,更何况"正"或"直"本身在作动词的时候,就与 dike 极为接近,都表示对错误的行为的规范和校正。后来,dike 作动词表示"审判",而作名词时表示"正义",便是来自 ithys,吸收并取代了后者而成为古希腊思想中一个极为重要的概念。

当然,dike 能够取代 ithys,亦非偶然,因为 dike 在荷马史诗中已经逐渐发展出了一种不同于"审判"反而极为接近后世所谓"正义"的意思。在《伊利亚特》中,dike 主要指"审判",而在《奥德赛》中,dike 的意义已经发生了很大的变化,朝着"正义"迈出了巨大的步伐。具体说来,dike 在《奥德赛》中更多地表示"正道"(尽管偶尔也表示"审判",如 11.547,570;12.440;尤其是 19.111 中的 eudikias,"执法公允"具有了神义论的色彩),也就是一种"应然的状态"。

涅斯托尔的儿子之所以叫做 dike 的人,是因为他根据"正道"而先把酒浆递给客人去祭奠(3.52),这样做不是因为"正义",而是符合惯例。君王喜好偏私，这似乎也是他的 dike（权利，4.691）。库克洛普斯人不懂得待客之道（dike, 6.120＝8.575＝9.175＝13.201, 21.312），他们也不懂得 themis（9.215），就好比求婚人"既不理智，也不尊正道"（οὔ τι νοήμονες οὐδὲ δίκαιοι, 2.282＝3.133＝13.209），因为以往的求婚正道是求婚一方花费资财宴请女方，而不是像现在这样蹲守在奥德修斯家里无谓地耗费女方的钱财（18.275－280）——这不是不正义，而是不合正道。奴隶听命于主人，这乃是天经地义的 dike（正道）。而神明赞赏的，当然是 dike 的和 aisimos（合情合理）的行为（14.84），这里的 dike 就与 aisimos 相近了，表示合适的方式。神有神的 dike（19.43），人有人的 dike，而人的 dike 最终就是死后必然变成一个空虚的幻影（11.218），人间正道岂是"沧桑"可言。背井离乡心悲伤，这乃是再正常不过的 dike——这里的 dike 就与"正义"毫无瓜葛了，而更多地表示"人之常情"（19.168），就好比享受沐浴、饮食和睡眠之乐，乃是老年人的 dike（24.255）。

正如赫丽生所总结的那样，"狄刻是每一个自然之物、每一植物、每一动物、每个人的生命之道。同时，它也是宇宙这个巨大动物的方式、习惯、正常轨迹，这种方式体现在季节更替之中，体现在植物的生命和死亡之中；当人们认识到这一切取决于天体的运行，狄刻显然就体现在星云出现与消失的交替之中，体现在月亮的盈亏和太阳每日每年的轨迹之中"。① 这就是为什么赫西俄德把"正义女神"归到"时序三女神"之列的原因。介于"审判"和"正义"之间的 dike 就是正常的"方式"和"习惯"，而且它还与权利（如君王的偏好和老人的享受）和义务（如奴隶听命于主人）有关，它即表示一种习性，也表示一种理想化的本分或应然状态。于是，吸收了"正直"在内并且本身就表示"正道"的 dike，最终变成了正义。

词源学上的分析也完全能够支持上述结论。据说，赫西俄德《劳

---

① 赫丽生：《古希腊宗教的社会起源》，同前，页514。

作与时令》第 36 中的 ἰθείῃσι δίκῃς（正直的审判）这个词组就能够证实古典语文学上的一个说法，即，dike（正义）来自于动词 δείκνυμι（指出）。[1] 在西方古典语文学界，人们对 dike 的辞源来历还存在一些争议，[2] 但大多认可 dike 来自于 deiknymi，意思是"通过'说'而为人指路"，拉丁语的 dico 和 dictio 以及英语的 indication 还保留着这层含义。既然是"指路"，当然就要给别人指"正路"，而不是"绕路"（绕路心不直）。对于懂得"正道"的人来说，正确地给别人指出正道，这本身就是一种品质的表现。最高的"正道"乃是神圣的习俗和规范，也就是 themis，因此，dike 最原始的含义就是"指出"神法（themis）的要求。[3] 在"指"和"直"的联系中，dike 成了 themis 的执行者，最终上升为"正义"。

正如学者已达成的共识：dike 在荷马史诗（乃至赫西俄德）中并不具有今天所谓"正义"的含义，dike 表示的是"审判"。而 themis 作动词的时候，也有"审判"的含义（此外 themis 还有"发布神谕"或"预言"以及"统治"的含义）。也就是说，仅仅在 themis 表示"审判"的时

---

① W. J. Verdenius. *A Commentary on Heisod* Works and Days. *Vv*. 1—382. Leiden: Brill, 1985, pp. 36—37.

② 对于 dike 的辞源，有人认为来自于 deik-，有人认为来自于 dik-。如果是前者，基本意思为"指出"、"指明"，那么，它与"正义"似乎就没有直接的联系。而且，即便 dike 来自于 deik-，表示"指"，那么，究竟是用手指来指，还是用言辞来指（后者似乎更为可能）？ 这种"指"又是什么样的"指"？ 因此，正义这种"指"的在逻辑上应该是"指出应该做的事情，也就是指出既成规范"。而 V. Ehrenberg 又认为 dike 来自于 dikein，意为"抛"。参 J. Janik. *Terms of the Semantic Sphere of Dike and Themis in the Early Greek Epic*, p. 13n. 2. 也许 dike 还有更早的来源。L. R. Palmer 虽然也认同 dike 来自于 deiknymi，但他把 deiknymi 最原始的含义理解为"标记"或"标志"，比如田地之间的界碑。而界碑一般是直的，如果有人为了多占一点土地，移动了界碑，那么边界就会是弯曲的，而这就意味着"不公正"。参 L. R. Palmer. *Transactions of the Philosophical Society*. 1950, pp. 149ff. ；另参 M. L. West. *Hesiod: Theogony*, p. 184；Hugh Lloyd-Jones. *The Justice of Zeus*, p. 167。

③ Hugh Lloyd-Jones. *The Justice of Zeus*, p. 166.

候,它与 dike 这个在荷马史诗中基本上只表示审判的词相近。当然,即便仅仅在"审判"的意义上,它们的区别也是很明显的:themis 表示根据某种既成而固定的因而也是正确——其正确性来自于神明——的规范而作出的抉择,它更多地表示按照某种标准所做的取舍;而 dike 则更多地具有根据事实来进行评判的意思。两者都是为了生活共同体的福祉和安康,为了这种目标,当然需要公平公正,两者在这方面倒是没有分歧。

四、正义取代神法

尽管 dike 在《奥德赛》中已经有了内涵上的变化,在"审判"之外,更多地表示正确的方式和程序,有了"正道"的含义,已和"正义"相当接近,但 dike 的地位仍然不够高,其意蕴也还有些模糊。最为重要的是,尽管 dike 与 themis 有了一些交叉和融合的趋势,但它们之间的关系仍不明朗:dike 与 themis 究竟互相意味着什么,这个问题对于思想发展的脉络当然十分关键,即便对于我们更好地理解 themis 来说,亦颇为重要,dike 毕竟是 themis 众多维度中最为重要的方面。

荷马知道 themis 是神,但他没有把 dike 也视为重要的神明。赫西俄德则明确地把 dike 看做神明,并把这位新神归在大神宙斯的名下,而且还为狄刻找到了跟她在内涵和功能上都十分接近并且还十分古老也相当重要的忒弥斯作母亲:Dike(正义)虽然不在奥林波斯十二主神之列,但她的重要性却得到了极大的提升,甚至奥林波斯十二主神的光彩和存在的价值都需要由 dike 来界定——于是便有了后世著名的"神义论"。反过来说,政治权力(宙斯)只有与神法相结合,才会产生正义,因而,dike 就是 themis 的属性之一。

"正义"地位的上升,首先体现在它成为了一个城邦神,其次还在于她继承忒弥斯并联合命运女神而成为监督社会生活的力量,最后干脆取代了忒弥斯,成为新的抽象规范。

赫西俄德的《神谱》是一部"宇宙秩序"的总纲,它为此前各种模糊的观念以及观念之间的模糊关系带来了清晰的图景。在这部纲领性的著作中,dike 成为了神明(尽管看起来有些不起眼)。而赫西俄德的《劳作与时令》这部"正义训导诗"乃是《神谱》的评注,其中,狄刻成了最重要的神明之一,她接替了命运女神的工作,坐上了忒弥斯原来所坐的位置——"命运女神"和"忒弥斯"都从《劳作与时令》中消失了,取而代之的是融合了她们的命运女神。一个正义的时代,或者一个明确具有正义观念的时代,或者说一个追求正义的时代,来临了。

既然"正义"是忒弥斯的女儿,也就承袭了 themis 的性质和工作:防止"肆心"的扩张——当"正义"还是"审判"的意思时,她其实就已经在做同样的工作了,因为"审判"便是为了消灭肆无忌惮之心。如前所述,Eunomia、Dike 和 Eirene 都是 Themis 黄金般的孩子,她们的共同使命就在于抵御"肆心"(品达《奥林匹亚颂》13.6—10)。在荷马史诗中,作者说"神明们常常化成各种外乡来客,装扮成各种模样,巡游许多城市,探查那些人狂妄,哪些人遵守法度"(15.485—487)。但作者并没有说是有多少什么样的"神明"幻化成凡人来探查肆心之人,而赫西俄德却明确地说有三万个神灵,而"正义女神"似乎是他们中最重要的一位。赫西俄德把荷马的说法进一步推向了清晰与明确,他说,天地之间有很多神灵,他们随时随地监视着凡人的一举一动,他们是宙斯派来保护有死的凡人,具体地说,就是保护 dike(审判? 正义?),"其中有正义女神——宙斯的女儿,她和奥林波斯诸神一起受到人们的敬畏。无论什么时候,只要有谁用狡诈的辱骂伤害她,她即坐到克洛诺斯之子、其父宙斯的身旁,数说这些人的邪恶灵魂,直至人们为其王爷存心不善、歪曲正义作出了愚蠢错误的判决遭到报应为止"(《劳作与时令》256—264,张竹民、蒋平译文)。此前,坐在宙斯身旁的是忒弥斯,而现在则变成了"正义女神"。

在《劳作与时令》中,"正义"上升为女神后,首先就需要对付人性中的"肆心",由此,"正义"也变成了一个伦理的范畴。人类从"白银种族"就开始有了 hybris(134),而到了"青铜时代",凡人身上的肆心更为强烈了(146),人们崇尚暴力,心如铁石。更可怕的是黑铁时代也就是当前这个时代的人,他们动辄诉诸武力,而根本不敬重发真誓的人、正义的人,也不敬重良善者,反而最美和崇拜作恶者以及肆心之徒,靠力量来进行审判($δίκη\ δ'\ ἐν\ χεροί$),①坏人消灭好人,无耻地说谎,极尽丑陋之能事,终于导致"羞耻"和"敬畏"两女神的离弃(189—201)。

但赫西俄德对人世间的这种无尽的肆心之恶并不绝望,就在于我们还有"正义",而且这位正义女神的地位非常高,足以帮助宙斯保护凡夫俗子(253,另参 123)。赫西俄德劝诫自己肆心而狂暴的兄弟说:"你要倾听正义,不要希求 hybris,因为 hybris 对地位低下的人有害,甚至高贵的人也不能容忍它,它会让人堕入灭顶之灾;最好是走另外一条路通向 dike 的路:因为 dike 最终要战胜 hybris。"(213—218)所谓"倾听正义"也可以理解为"走正道。"

"正义"所要对付的 hybris 不是外在的"恶",不是潘多拉撒播到人间的那些罪恶,而是根源于人的品质,即人内在的 thymos(血气)。在赫西俄德的世界中,通向 hybris 的路和通向 dike 的路,都向人们敞开着,因此,正义的基础在于:祸福由人,因为人是"意志自由的"。②恶不来在于神明,而是来自于人自身,尤其是人的 hybris,这种狂妄就是没有做到"认识你自己",在僭越中走进灾难、走向深渊。《奥德赛》开头处,宙斯辩解说:"可悲啊,凡人总是归咎于我们天神,说什么灾祸由我们遣送,其实是他们因自己丧失理智,超越命限遭不幸。"

---

① 这句话直译应为"靠武力来审判",其中的 dike 应该指"审判",也就是说,人们在审判中完全不顾公理公义和成法,而是全凭武力来解决纠纷(W. J. Verdenius. *A Commentary on Heisod Works and Days. Vv. 1—382*, p. 114; cf. M. L. West. *Hesiod: Works and Days*, p. 202)。但《奥德赛》中的 dike 已经含有"正确的方式"的意思,那么,赫西俄德这句话就可以直译为 Might is right,这就是后来鼎鼎大名的"强权即真理"。赫西俄德大概是第一个提出这个说法,并对此提出严厉批评的人。

② Friedrich Solmsen. *Hesiod and Aeschylus*, pp. 85—87.

(1.32—34)所谓"超越命限",就是越过了命运的界限($\dot{\upsilon}\pi\dot{\varepsilon}\rho\ \mu\acute{o}\rho o\nu$),这当然要遭到命运女神的惩罚。对于这种正义的惩罚,宙斯也爱莫能助,神明不仅与"恶"无干,甚至他们自己也奈何不了"命运"——宙斯也只能眼巴巴看着自己的儿子死去(《伊利亚特》16.433—447)。① 如果 dike 因伦理上的"恶"而存在,那么它自身当然也就是伦理性的,它于是完成了从司法到伦理的转换。

但 dike 从 themis 那里继承过来的司法功能依然强大,也只有强大的司法功能才能够保证道德的效力——利乐教化独自承担起社会调适功能的情况,或许只存在于上古时代,对于"黑铁时代"的人们来说,强大的司法正义乃是伦理正义和政治正义的根本保证。赫西俄德说正义女神坐在天父宙斯的身旁,负责人间的善恶,当然她的主要任务不是"扬善",而是惩恶,纠正不公的审判,让王爷们"正其言"($\dot{\iota}\vartheta\acute{\upsilon}\nu\varepsilon\tau\varepsilon\ \mu\acute{\upsilon}\vartheta o\upsilon\varsigma$,即指说出公正的判词,《劳作与时令》263),制止贪婪和不义的灵魂($\dot{\alpha}\delta\acute{\iota}\varkappa\omega\nu\ \nu\acute{o}o\nu$,260),否则,如果在审判中不公正地选择了判决结果($\sigma\varkappa o\lambda\iota\tilde{\eta}\varsigma\ \delta\grave{\varepsilon}\ \delta\acute{\iota}\varkappa\eta\varsigma\ \varkappa\rho\acute{\iota}\nu\omega\sigma\iota\ \vartheta\acute{\varepsilon}\mu\iota\sigma\tau\alpha\varsigma$,221),就要遭到正义女神的惩罚,饥荒、瘟疫乃至断子绝孙等灾祸就接踵而至。

正义之所以有如此强大的力量,首先便在于她是宙斯最重要的女儿,或者说她来自于宙斯,其次,她还是命运女神的姐妹,也就是能够得到命运女神的帮助。赫西俄德在《神谱》中把正义女神安排到宙斯名下,变成神法忒弥斯的女儿,而在《劳作与时令》中则进一步阐述了这种"神义论"的观念,赫西俄德告诫兄弟——实际上也是在劝诫所有人:

$$\varkappa\alpha\acute{\iota}\ \nu\upsilon\ \delta\acute{\iota}\varkappa\eta\varsigma\ \dot{\varepsilon}\pi\acute{\alpha}\varkappa o\upsilon\varepsilon\ ,\ \underline{\beta\acute{\iota}\eta\varsigma}\ \delta\text{'}\ \dot{\varepsilon}\pi\iota\lambda\acute{\eta}\vartheta\varepsilon o\ \pi\acute{\alpha}\mu\pi\alpha\nu.$$
$$\tau\acute{o}\nu\delta\varepsilon\ \gamma\grave{\alpha}\rho\ \dot{\alpha}\nu\vartheta\rho\acute{\omega}\pi o\iota\sigma\iota\ \underline{\nu\acute{o}\mu o\nu}\ \delta\iota\acute{\varepsilon}\tau\alpha\xi\varepsilon\ K\rho o\nu\acute{\iota}\omega\nu,$$
$$\dot{\iota}\chi\vartheta\acute{\upsilon}\sigma\iota\ \mu\grave{\varepsilon}\nu\ \varkappa\alpha\grave{\iota}\ \vartheta\eta\rho\sigma\grave{\iota}\ \varkappa\alpha\grave{\iota}\ o\iota\omega\nuo\tilde{\iota}\varsigma\ \pi\varepsilon\tau\varepsilon\eta\nuo\tilde{\iota}\varsigma$$

---

① 参拙著《荷马史诗导读》,同前,第171—180页。

ἔσθειν ἀλλήλους, ἐπεὶ *οὐ δίκη ἐστὶ* μετ' αὐτοῖς·
ἀνθρώποισι δ' ἔδωκε *δίκην*, ἣ πολλὸν *ἀρίστη*
γίνεται· εἰ γάρ τίς κ' ἐθέλῃ τὰ *δίκαι'* ἀγορεῦσαι
γινώσκων, τῷ μέν τ' *ὄλβον* διδοῖ εὐρύοπα Ζεύς.

你要倾听正义，彻底忘掉暴力。
克洛诺斯之子已为人类安排下了法律，
而鱼、兽和胁生双翼的鸟儿
互相吞食，因为它们之间没有正义；
但他把正义赐给了人类，那可是所有东西中
最好的；如果人们愿意在认识中讲
正义，鸣雷的宙斯就会赐他幸福。（《劳作与时令》275—281）

　　如果梭伦的诗歌是"秩序（Eunomia）颂"，那么，赫西俄德的《劳作与时令》便是"正义（Dike）颂"。"正义"上升而变为宙斯的女儿，跻身于奥林波斯众神之列，而且是宙斯王朝最为重要的神明，这对传统的宗教、伦理和司法观念来说，的确是一次巨大的变革。"正义"不是十二主神，但却胜过他们，而她在人世间社会生活中的作用更是远远超过了阿波罗、阿尔忒弥斯、波塞冬之类的神明，从今天这个后神学时代来看，我们可以不相信波塞冬或哈得斯，但却不能没有"正义"，因为，"正义"的确是人兽揖别的分水岭，是宙斯赐给凡人最好的礼物。
　　除了宙斯能够保证"正义"的合法性而外，忒弥斯（与宙斯）的另一组女儿"命运"也能够给"正义"以极大的支持和保障。本来，"命运女神"是极为古老的神明（似乎比该娅、忒弥斯还要古老），她们只是给予人们好的或坏的命运（《神谱》217），与社会伦理规范似乎没有关系。但赫西俄德却把"命运"重新纳入到宙斯的家族中来，放到忒弥斯的名下，与秩序、正义与和平为伍，从而赋予了"命运"新的政治法律方面的含义：命运不是外在的盲目力量，不是天地间自在无依的冷漠存在，而是与政治（宙斯）和法律（忒弥斯）有着密切的关系，更是社会伦理（狄刻）的坚强盟友。

命运女神给予人们的，不是无法改变的冷冰冰的宿命，而是 ἀγαϑόν τε κακόν（《神谱》906），看起来还是"好的或坏的东西（命运）"，但它已经具有了伦理的含义：好坏本来是人们自己选择的，[①]因而"命运"在宙斯家族中成了由人由己灵活可变的未来，它的灵活可变就保证了"正义"的存在与价值：命运会奖赏正义的人，当然也会惩罚不义的行为，"正义女神跟从朱庇特这位神圣法律的复仇者，她对那些行为端正，按理智生活的人是仁慈的，而对那些将自己的生命沉溺于傲慢、无知中的人则是毁灭性的，直到最终完全消灭他们，毁掉他们的房屋和城邑"。[②] 这就是《劳作与时令》的根本教诲（参 239 以下）。如此一来，正义女神不仅代表着 themis，甚至还替代了命运：正义就是命运。

赫西俄德的"正义"观念影响了后世的神话、伦理、法律和哲学概念，在俄耳甫斯教义中，正义变成了法律和虔诚的女儿："在神主那里，正义女神由诺摩斯与厄塞庇所生，"[③]而且正义的地位几乎相当于赫西俄德神话谱系中的"混沌"或"虚空"："正义女神先于世界而来，紧随着宙斯[法则女神则是宙斯的守护者，如俄耳甫斯所言]。"[④]而与"混沌"不同的是，"正义"是清晰明白的法则，它们的共同点在于：混沌是世界来源，而正义也是人间世得以可能的条件。在赫西俄德这里，"正义"变成了一个女神，那么，违背它并走向"不义"就不仅是法律上的犯罪，也是宗教上的"罪孽"。正义女神狄克作为"执法者"，与宙斯联系十分紧密：就在宙斯为战败的提坦神指定在宇宙的住所时，

---

① Friedrich Solmsen. *Hesiod and Aeschylus*, pp. 85—87.
② 普洛克罗：《柏拉图的神学》，石敏敏译，北京：中国社会科学出版社 2007 年，第524 页。
③ 《俄耳甫斯教辑语》，吴雅凌译，北京：华夏出版社 2006 年，第 314 页。
④ 《俄耳甫斯教辑语》，同前，第 315 页。

狄克就紧紧跟随在宙斯后面，准备惩罚所有的罪，不仅如此，正义女神还"与创世主共掌万物的舵；她还治理着众神，并与精灵们一起监督，她公正地决定灵魂的命运"。①

埃斯库罗斯接过并发展了这种观念，他阐述完 dike（正义）、Zeus（宙斯）和 themis（神法）后，继续让歌队唱到"正义之根基稳固屹立，命运已与预先铸就利剑，……命定的时限终会到来，埃里倪斯全记忆清楚"（《奠酒人》646－651）。② "命运"（Aisa，也就是 Moira）的利剑，是对正义的保证，同时当然也是对 themis 的保证。在赫西俄德那里，与"命运"一样，"正义"更多地是对"恶"的惩罚，是对凡人行为的价值判决——它依然还保留了浓厚的"审判"色彩，但我们已经发现，它开始朝伦理规范方面转化了，为以后柏拉图—亚里士多德的"伦理教化"打开了一扇大门。

本来 dike 只是表现一种自然秩序，是"整个自然界、一切生物的生命之道"，它与作为社会秩序的 themis 并不是一回事，"她们甚至不是母女关系；她们分别处于遥远而且是互相排斥的两极。自然法则从一开始就存在了；从生命出现的那一刻开始，甚至在那种被我们称为生命的专门化运动出现之前，自然法则就已经主宰着我们所说的无机界了。社会秩序——道德、美德——并不是从一开始就存在于自然界中，它是在'人被最终造出来时'才出现的"。③ 但赫西俄德继承并改造了这种古老的观念，他让 dike 成为 themis 的女儿，从而让自然秩序与社会秩序融为一体，社会秩序也就有了超越性的根基，用中国古代的术语来说，就是实现了"天人合一"。在这种融合过程中，dike 被改造为更多具有伦理内涵的社会规范，也就是从荷马史诗中的自然之道，变成了衡量人品和国品的标准。

---

① 《俄耳甫斯教辑语》，同前，第 313 页。
② 另参 Aeschylus. *Choephori*. Commented by A. F. Garvie. Oxford：Clarendon Press，1986，p. 221。
③ 赫丽生：《古希腊宗教的社会起源》，同前，第 531 页。

忒弥斯本身是社会秩序,而 dike 也被改造为社会秩序的"女儿",也就是从属于社会秩序的规范,dike 的自然属性被社会政治化了,忒弥斯是狄刻的母亲,这意味着"社会意识、社会结构所催生的当然不是大自然的秩序,而是人关于自然秩序的观念以及他对这种观念的再现"。① 也就是说,dike 已不再是 physis(自然生长的属性),而成了社会规范 nomos。我们在 themis 与 dike 的分别中,已经看到了后世关于 physis 与 nomos 的争辩,当然,那场争辩正如几乎所有的学术讨论一样,从来都有着复杂的社会背景和政治诉求。

总之,themis 来自于"制定",而 dike 本意为"审判",那么,用现代的术语来说,themis 是"立法",dike 则是"司法"和"执法"。所以,在后来的拉丁语中,themis(法律)和 dike(正义)集成在一个单词 ius 中,ius dare 既可表示"立法"(to establish the law),又可表示"司法"(to administer justice)。但在赫西俄德笔下,dike 进而转义成了伦理的含义,它即便不完全等同于 arete(德性),也为德性伦理学和德性政治学开辟了道路。赫西俄德由此改革了以荷马史诗为代表的旧伦理、旧政法思想,甚至改造了传统的宗教。② 赫西俄德不是激进的革命者,他把自己的思想奠基在传统之上,但他对古老传统的改革真切地表达了对这种传统的尊敬,由此开创了后世新思想的新局面。

就我们这里所讨论的主题来说,正义女神狄刻是忒弥斯的女儿,"在我们看来,她似乎更像被抽象化了的忒弥斯。她还以正义女神的形象出现,也就是说,她是惯例、共同遵守的习俗、社会意识的化身,是被当做抽象概念的忒弥斯"。③ 而宙斯只有在与一种具有永恒性的强大力量的结合中,只有在充分尊重习俗、成法、神法的前提下,只有做到"自然正确",才能够产生新秩序,并在新秩序中注入"正义",也

① 赫丽生:《古希腊宗教的社会起源》,同前,第 530 页。
② Friedrich Solmsen. *Hesiod and Aeschylus*, pp. 90—96.
③ 赫丽生:《古希腊宗教的社会起源》,同前,第 512 页。

才能达到和平（柏拉图笔下的雅典异方人说，立法是为了和平，而不是相反，见《法义》628d7－e1），如此等等。

后来，"正义"再由伦理概念变为政治的概念，最终找到了自己的家园：从根本上说，正义乃是人类安身立命的基本要素。人天性就有合群共生的倾向，因此，如果远离 nomos（法律）和 dike（正义），就连禽兽不如了（《政治学》1253a33）——这时的"正义"还处在伦理阶段。亚里士多德紧接着又说，"正义是政治性的：也就是说，判断是非曲直的那种正义，乃是政治共同体的秩序之所系"（1253a37－39）。"正义"乃是"属于城邦的"（politikon），而它的功用，也与法律以及法律所带来的 eunomia 一样（另参 1326a29－35），是"秩序"（taxis）的保证，它甚至本身就是内化为社会秩序的自然秩序——当它实现了这种转换并吸收了"正直"和"法律"的概念后，也就取代了 themis，或者准确地说，成了新的 themis。反过来说，themis 把权杖交给了 dike，是因为 dike 是 themis 内在的属性——神法当然是正义的，而且它的社会功用恰恰在于规范那些不规范的行为，有如"正—义"中的"正"，而其目的当然是"义"。

第六节　惯例与不成文法

themis 在各个历史阶段以及在早期阶段的不同场合分别表示"神法"、"统治"、"预言"，而这些东西都会沉淀为"惯例"和"共同遵守的习俗"——这些社会意识就是 dike 最核心的内涵，[1]这也是希腊思想的"关键词"从 themis 发展到 dike 的内在机制。来自于宙斯的 themis 一旦到达人间，利用在某个特定的案例中，让人们知晓了神明的旨意，也就是知道了什么是正确的、即受神明青睐和愉悦的行为方式，那么，这些方式就会成为固定的、共同遵守的惯例。但什么样的

---

① 　参赫丽生：《古希腊宗教的社会起源》，同前，第512页。

惯例才需要共同遵守,或者所谓的"惯例"为什么要共同遵守,一言之,如何理解"惯例"?

尽管赫丽生认为从惯例(themistes)诞生出忒弥斯这一形象之说法太过现代,但她看到了 themis 在神话时代后的特质,那就是惯例,"这些固定的惯例代表着一切他认为是文明的东西。它们同时还是他的王权和民主的基础。这些惯例是人们必须遵守的法令,是社会强迫人们遵守的规范;它们也是关于未来的预言,因为必须做的一定要做;它们还是国王的权利、仪式、特权,不管他或者任何官员生活在什么样的风俗当中"。① 在赫丽生看来,先有一个习惯,然后在沿用惯例的过程中,形成 themis,即法律,由此而形成惯例法。

但我们要充分看到,赫丽生对 themis 具有开创性的不无洞见的研究结果却充满着现代的偏见,或者用梅因的话来说,就是"先天地"(a priori)充斥着"我们的现代联想"(with our modern associations)。在这方面的理解上,比赫丽生早出生二十八年的梅因却要高明得多(尽管前者的《古希腊宗教的社会起源》比后者的《古代法》的问世晚了半个多世纪)。梅因看到了这样一种惯常的理解,即人们总是认为古代社会由于机构简单,事务也不太多,因而很多事情都大体相似,这种相似性至少比我们现在更为普通,于是在一系列相似的案件中,就很可能采用彼此近似的审判,由此而形成一种"习惯"的胚胎或者雏形。这种"习惯"就是一种"判决"的习惯,也就是说,themis 先指判决,后指这种判决的结果得以宴席的情形,即惯例。

梅因对于这种似乎因近于常识而显得正确却实在错误的看法提出了深刻的批评,他说:"由于我们的现代联想,我们就**先天地**倾向于以为一个'习惯'观念必然是先于一个司法判决的概念,以为一个判决必然是肯定一个'习惯',获释对于违犯'习惯'的人加以处罚。"②在

---

①　赫丽生:《古希腊宗教的社会起源》,同前,第 479 页。
②　梅因:《古代法》,同前,第 3 页。

梅因看来,纵使我们的思想倾向就是如此,但这种倾向无疑是错误的,或者更准确地说,这种看法本末倒置了。而且梅因还认识到,"要想理解这些在时间上和在联想上(association)同我们距离这样遥远的种种见解,当然是极端困难的"。而他自己对此提出的看法,即,themis 先于法律,我们现代人要理解起来,也的确有些困难。

梅因在考证了神明的观念对早期思想的决定性影响后,又批判了当时流行的边沁和奥斯丁的相关法学观念,并认为"可奇怪的是,我们对于古代思想史如果研究得越深入,我们发现自己同边沁所主张的所谓法律是几个要素的混合物的这种这种概念距离越远",然后,梅因提出了自己的看法,"可以断言,在人类初生时代,不可能想象会有任何种类的立法机关,甚至一个明确的立法者。法律还没有达到习惯的高度,它只是一种惯行。用一句法国成语,它还只是一种'气氛'(in the air)。对于是或非唯一有权威性的说明是根据事实作出的司法判决,并不是由于违犯了预先假定的一条法律,而是在审判时由一个较高的权力(higher power)第一次灌输入(breathed)法官脑中"。①

从法律思想的角度来说,我们可以把整个历史分为"神法时代"、"习惯法时代"和"法典时代",大致说来,themis 就是神法时代的"法",thesmos 和 nomos 是习惯法时代和法典时代的"法"。因此,不能用后两个时代的观念作为标准来看待前面那个最为古老的时代,而荷马(以及赫西俄德)时代就属于以 themis 为标志的神法时代。不过,我们在这个神法一统天下的时代,已经隐约能够看到习惯法时代的身影了,即便如梅因所说,"惯例"这种气氛还十分渺茫(in the air),但它已经在来的路上了(on the way)。神法一旦固定下来,成为正确的方式,即所谓 dike,当然就是惯例了——只不过我们时刻要记住,这种惯例不是无神论或后神学时代完全由人制定和因袭的东西,而

---

① 梅因:《古代法》,同前,第 5 页。

是神明给予的正确指示。

　　既然要理解如此遥远的观念如此困难,那么,我们最合理的做法便是回到那个时代的文本中去,这样才可能克服这种困难,冲破时间的隔阂,消除包括赫丽生极为崇奉的达尔文主义(包括以人类学方法来研究宗教等)在内的现代观念的影响,真实地了解古人的想法。

　　在荷马史诗中,themis 有三种用法,一是(大写的时候)表示"忒弥斯"女神,召集会议、主持神明的酒宴等,二是更为抽象的含义,表示"神法",而这种含义又与第三种用法"(正确的)惯例"颇为相关,因为源于宙斯的神法当然是正确的,而且也会成为习俗。第三种用法主要表现在短语ἡ θέμις ἐστί中,其中的 themis 含义很微妙,难以一概而论,勉强可以视为"正确的方式"和"习惯"。

　　学者们对最早出现的这个短语 he themis esti(《伊利亚特》2.73)的理解所出现的分歧,恰好体现了 themis 意义的多样性。宙斯托梦给阿伽门农要希腊联军进攻,但阿伽门农自作聪明要先试探军心,然后让手下唱双簧,阿伽门农认为这是 he themis esti。对于这个短语,罗念生译为"像往常一样",陈中梅译作"此举妥当"(据 Loeb 本 Murray 的译法 as it is right),Lattimore 译作 it is the right way(此乃正道,英语直译应为 as themis is),Fitzgerald 译作 custom calls for(习俗的要求)。

　　陈中梅和 Lattimore 都把 themis 理解为"正道",如果单独看 themis,这种理解当然没有问题,史诗中很多地方的 themis 都表示神明颁布的"应然"命令,也是凡夫俗子必须尊奉的正道。但在 he themis esti 这个具有独立内涵的固定表达法中,themis 已经有了新的含义,或者说,它已经在单纯的 themis 中引申或演变出了一种特定的意思。就这里的语境来看,阿伽门农试探军心,似乎不在于它是不是"正确的做法",而在于这是一位最高统帅权限范围之内按照惯例所做的事情,无所谓正确与否——从事后的结果来看,要不是足智多谋的奥德修斯临机果敢化解了阿伽门农再次引起的危机,他试探军心的做法弄巧成拙,根本就算不上"正确"。所以,罗念生和(尤其是)Fitzgerald 的理解,更为合理:首领试探军心本身已经成为一种惯常的做法。这与西方最近的注疏家的看法相一致,Kirk 认为,阿伽门农话语中所加的这个表达法就是指 custom(习俗),他加上这个话语,就是为了表明他自己的作法乃是有根有据有先例,以平息议事会中那些可能表示惊讶和反对的首领们。Kirk 还由此推断,themis esti 那时已是程式化的表达,以掩饰意料之外的或奇怪的言行之结果。①

这种看法也在后面出现的 he themis esti 中得到充分的支持,也就是说,he themis esti 中的 themis 不能理解为"正确",而只能理解为"惯例"。比如,阿伽门农强行抢走阿喀琉斯的女俘,导致后者退出战斗,结果希腊联军一败涂地,阿伽门农只好遣使前去赔礼道歉,除了巨额的礼品外,还把那位美丽的女俘原封不动地送了回去,并赌咒发誓说从来没有碰那个女人,尽管"那是凡人的习惯,男女之间常有的事"(ἡ θέμις ἀνθρώπων πέλει ἀνδρῶν ἠδὲ γυναικῶν, 另参 9. 276, 19. 177)。阿伽门农在这里表白没有与那位女俘同床共欢,还说这种男女之事总是(πέλει)"人的 themis",显然,这里的 themis 不是"正确",而应该理解为正常的习俗(陈中梅译为"人之常情")。② 阿伽门农利用职务之便强抢阿喀琉斯的床伴,当然是为了自己取乐,而这种凡夫俗子的男女之事,再正常和自然不过了,尤其对于一位君王来说,这种事情不过是一种自然而然的事情,完全属于"自然法则"(natural law)的范畴,③更是司空见惯的"习俗"或"惯例"而已。

当然,司空见惯的习俗有其自身的合理性,甚至它本身就是(来

---

① G. S. Kirk. *The Ilad: A Commentary, Volume I: books 1—4*. Cambridge University Press, 1985, p. 122.

② Lattimore 译为 as is natural for human people(对凡人来说很自然不过的事情),不妥;Fitzgerald 译为 as custom is with men and women。

③ J. Janik. *Terms of the Semantic Sphere of Dike and Themis in the Early Greek Epic*, p. 67.

自于神明的)正确要求。反过来说,如果不正确,也不能成为习俗或惯例,只不过 he themis esti 这个短语大多数情况下都强调"习俗"和"惯例"这个维度,而"正确"的含意只是它不言自明的背景和支撑,而这种根基性的内涵有时显得更为抢眼,而这种情况在更为"成熟"的《奥德赛》中颇为常见。涅斯托尔对前来打探消息的故人之子特勒马科斯说,他自己回到故园后也听到过奥德修斯的一些消息,而他认为自己把这点消息告诉前来寻父的孩子,丝毫不加隐瞒,乃是 themis 的要求(he themis esti, 3. 187),此举合宜(陈中梅),因为"理应如此"(王焕生)。在古希腊,招待客人,赠送礼物,并把客人送回故乡,这本身就是 themis(24. 287)——既是习俗,也是正道。但如果不敬重客人,也就不符合 themis(14. 56),因为旅人受宙斯的保护。而贸然接待为神明所憎恶的人,同样也不合于 themis(10. 73),也要遭到天谴。

牧猪奴对化了妆的奥德修斯说,他"无权"(ou themis,即不符合 themis)拒绝客人,即便客人再卑贱不过,但既然所有客人都在宙斯的保护之下,他这位"主人"哪怕仅仅是一名再卑贱不过的奴隶,也要礼敬客人。但他自己身为奴隶,也确实拿不出什么像样的东西来招待客人,因为这种状态就是奴隶的 dike,也就是奴隶的本来样子(而不是奴隶的正义)。奴隶招待客人的 themis 以及自己低下的社会地位所显示的 dike,其实都是"正道",themis 和 dike 在这里合流了。招待客人既是 themis,也是 dike。

同样,奥德修斯(有如神明一样)化妆回家,也是为了 themis:他想"知道哪些人守法,哪些人狂妄无羁"(17. 363),所谓"狂妄无羁"(ἀθέμιστοι),即,不守规矩,与"守法"(ἐναίσιμοι)相对,后者由介词ἐν和αἶσα(等于 Moira,即命运)构成,意为"命定的",引申为"合适的、适宜的、正直的",也就是符合规范的。奥德修斯也告诉那帮 athemistoi(狂妄无羁、不守规矩、不尊法令、不敬神法的人),说"任何人任何时候在任何事情上都不可以成为一个ἀνὴρ ἀθεμίστιος"(无法无天、没有 themis 的人,18. 141),其中,尤其点名说到了一个 athemistia 的土老财，仗着自己有几个臭钱，就到高贵的王宫中来骚扰近于寡居的王后，此人缺乏 themis，也就是 a-themistia，本意指"不尊惯例"，这里甚至可以引申为"狂傲无耻"（王焕生译文）或"a man of a lawless heart"（目无法纪的人）。① 所谓无法无天，不尊重 themis，实际上也就是不走正道，不尊重习俗。

　　库克洛普斯人的 athemis，在于因不惧怕宙斯而不善待宙斯保护下的旅人。求婚人之 athemis，也在于他们一方面"既不理智，也不尊正道"（2.282＝3.133＝13.209），因为正确的习俗是求婚人出钱，而不是求婚人跑到女方来坐吃山空（18.275－280；另参 17.378－379）；另一方面，在于他们不善待客人（17.445 以下）。要知道，客人也有客人的 themis，客人的 themis 就是受到应有的尊重、礼敬甚至馈赠。这种正确的习俗，也可能来自于"本性"：妇女们听到丈夫丧命他乡，必然会悲伤流泪，这乃是妇女们的 themis（ἥ θέμις ἐστί γυναικός，14.130）——既是他们的天性，也是一种正常的现象，这似乎已经超越于"习俗"之上，②具有了"应然"或"应该"（due）的含义。③ 同样，长老们在大会上发言，君王们在发言时也是他们的 themis，这里的 themis 既可以理解为"习俗"，而这里更突显"习俗"背后的道理：狄奥墨得斯坚持认为，属下在大会上反对首领，也是一种"在集会上的权利（ἥ θέμις ἐστίν ἄναξ ἀγορῇ），所以首领不应该对此发怒甚至打压（9.32－33）。由此，我们不难理解为什么"正确"（right）就是"权利"（right）：宙斯在发动"革命"以前，先进行了动员和许诺，凡是跟他打天下的，都会得到荣誉和特权，因为这是 he themis estin（赫西俄德

----

① S. H. Butcher 和 A. Lang 的译法。Lattimore 作 versed in villainy，意译；陈中梅译作"惯常作恶的无赖"，似从英语转译。

② Alfred Heubeck, Stephanie West and J. B. Hainsworth. *A Commentary of Homer's* Odyssey, vol. 1, pp. 135.

③ Alfred Heubeck and Arie Hoekstra. *A Commentary of Homer's* Odyssey. Oxford University Press, 1990, vol. 2, p. 196.

《神谱》396）。这些特权乃是革命者胜利后应得的红利，对于投身者来说，获得权力乃是正确的和恰当的（West 即把这个短语译作 as is right and proper）。

奥德修斯回应别人的话语，这既是正确的礼仪，也是一种"权利"（16.91）。① 但对于阿喀琉斯来说，在亡友未得到妥善安葬以前，自己"无权"（οὐ θέμις，《伊利亚特》23.44）洗澡，哪怕身上凝结了敌人的鲜血。阿喀琉斯知道，先去洗浴，不合于 themis，而既然不合于习俗，当然就是不正确的做法了，因为习俗就代表着正确。② 荷马史诗中还用否定性的句式从方面来强调和论证 themis 的意义：themis 既然表示一种正面的要求，那么，对它的否定更具有震撼的效果，因为 themis 本身也就是一道神圣的禁令，非 themis 不可行。③ 法律主要规定什么事不可做，而道德虽然从正面宣扬价值理念，其实也是一种"允行禁止"。与后世所谓的"法律"不同，尽管 themis 也被视为"法律"，当它更多地是正面的规范，是一种直接的引导，或者说，它像后来的 dike 一样，为人指明"正道"（法律和判决，都是为人指出正路），具体地说，就是向人们指明什么才是 themis。④

既然是"正道"，当然会成为"习俗"。反过来说，"习俗"在于正确，否则就不可能流传而成为"传统"。R. Fagles 就把《欧墨尼德斯》

---

① Lattimore 译作 in truth，不妥。

② 王焕生此处的译文没有体现出 themis 的含义，陈中梅译作"此举不妥"，较妥，Lattimore 译作 there is no right，贴切。

③ themis 在柏拉图《王制》中，只出现了四次，而且全部都在否定的语境中（398a6，417a3，422d3，480a10）；themis 在《高尔吉亚》中表示"合乎天理"（497c4）。

④ 就 themis 表示权利来说，《报仇神》中的一段话颇具代表性："事情太严重，任何凡人对它/都难作判决（dikazein），我也无权（oude themis）判决（dikas）/在强烈愤怒中发生的人命案。"（埃斯库罗斯《报仇神》470—472，王焕生译文，参《古希腊悲剧喜剧全集》，同前，卷一，页 479）H. W. Smyth（Leob 丛书 Aeschylus 剧作的译者）译作：The affair is too grave, if any mortal thinks to pass judgment thereon; nay, it is not lawful even for me to decide on cases of murder which involves swift wrath.

开篇那位神明 Themis 译作"传统"(Tradition),①也许在他看来,既然 themis 的领域就是建立或制定(establish)法律与习俗,而法律和习俗就是制定并流传下来给予后人的现成规范,恰恰就与 tradition(传统)在拉丁语中最原始的含义相合。在荷马史诗中,阿喀琉斯为了保护前来赎取赫克托尔尸体的老人普里阿摩斯,让这位可怜的父亲暂时睡在自己帐篷厅堂外面,怕其他阿开奥斯首领来开会时发现这位敌酋,而军师或首领前来大帐议事这件事情,也是 he themis esti(24.652),已经成为习以为常的"惯例"。

希腊人在吃饭以前要先祭司祈祷神明,这乃是 themis 的要求(he themis esti,《奥德赛》3.45),这种做法既是一种礼仪(王焕生)或礼规(陈中梅),当然也是一种习俗(Lattimore),礼仪本事合于道理的规范,久而久之成为习俗,而习俗也就表示合情合理也合法的规矩了。在阿伽门农的话语中,父子久别重逢,相互拥抱,乃是很正常的 themis,这既是惯例、习俗,也是规矩,当然,阿伽门农的话语更多地传达了他自己久别归来时,还没有来得及完成最正常不过的 themis,即,拥抱儿子,就已经被妻子杀死了——再简单不过的 themis(习俗)已经成了一种奢望,甚至永远无法实现的梦想(《奥德赛》11.451—453)!

即便不能把 themis 直接理解为规则或习俗,但 themis 与这两个概念已经有很大的相同之点了,②甚至如果不那么严格的话,themis 就是指规则和习俗。最能说明 themis 作为"审判"、"正确的习俗"以及"神圣的规制"之意的,便是墨涅拉奥斯与安提洛科斯发生争执时,自己提议按照 themis,即希腊文短语 he themis esti,让安提洛科斯发誓他没有施行诡计而获利这一案例。墨涅拉奥斯先提出让在场的首

---

① Aeschylus. *The Oresteia*. Tr. By R. Fagles. Penguin Books,1977,p. 231, cf. p. 317.

② V. Ehrenberg. *Die Rechtsidee im fruehen Griechentum*, S. 10.

领或君王们来"公平"审理这个案子,因为他自己虽然也是首领,但作为当事人一方,应该避嫌,以免别人说他以势压人(《伊利亚特》23.578)。紧接着,墨涅拉奥斯马上就转而亲自来审理此案,他要求(命令?)安提洛科斯站过来,手执马鞭向波塞冬起誓,墨涅拉奥斯认为,这是 he themis esti。

为什么墨涅拉奥斯要这么说? 他说的 themis 或这个短语究竟是什么意思? 学者们对这个短语在当下语境中的意义提出了各自的看法。哈维洛克更看重 themis 与誓言的关联,认为 themis 指的是发誓的"定式"(the formulary)。① Sealey 把它理解为"合法的"(as is lawful),而 Thuer 则更为贴切地把它视为"合于习俗"或"惯例"(as is customary)。② 这些理解都对,都是从不同的侧面来解读 themis 的内涵。从法律的角度来说,themis 在这里更多地指"惯例",墨涅拉奥斯敢于不避嫌而亲自审理自己与他人所发生的纠纷,就在于他知道自己的做法是"正确的"(这是 themis 的基本含义),因为他援引的是"惯例法",也就是说,他在依法办事,当然理直气壮。

墨涅拉奥斯的提议乃是源于"习俗"或"仪式化"(ritualized),它既是"正确的",也是"惯例",假如让当场的其他首领组成一个因与双方都无牵连(除了安提洛科斯的父亲涅斯托尔外)因而更为"客观"和"公正"的法庭或评审团来裁决这场纠纷,那么,他们也同样会采用墨涅拉奥斯的方法,或者说,至少会提出同样内容的誓言(即向波塞冬发誓)。③ 尽管此前没有任何类似案例的文字记载,但从墨涅拉奥斯的话语中,我们不难推断,此前的人们遇到这样的纠纷(或者几乎遇

---

① Eric A. Havelock. *The Greek Concept of Justice*, p. 134.
② Rapheal Sealey. *The Justice of the Greeks*, p. 93; Gerhard Thuer. Oaths and Dispute Settlement in Ancient Greek Law. See L. Foxhall and A. D. E. Lewis (eds.). *Greek Law in its Political Setting*, p. 65.
③ 参 Gerhard Thuer. Oaths and Dispute Settlement in Ancient Greek Law. See L. Foxhall and A. D. E. Lewis (eds.). *Greek Law in its Political Setting*, p. 66。

到任何纠纷)都会诉诸"神法",也就是"誓言"。墨涅拉奥斯这样做,不过是遵循传统而已。

在 themis 的众多含义中,最基本的维度当然与神圣习惯,其他各种含义莫不以此为出发点。墨涅拉奥斯的"判决"合于 themis (he themis esti),因为其内容乃是"明白无误的神罚"(specifically divine sanction)。[1] 而这种神明制定甚至亲自参与其间的审判方式,已经固化成一种习俗或传统,由此,themis 就变成了习俗,再由习俗而成为了"不成文法"。

而赫西俄德《劳作与时令》中的一个词组,则直接把 themis 与"习俗"联系了起来,充分说明 themis 已经从"神法"成为"习俗"。赫西俄德谈到白银种族时,谈到了这样一个道理,白银种族之所以遭到抛弃,是因为他们

ὕβριν γὰρ ἀτάσθαλον οὐκ ἐδύναντο ἀλλήλων ἀπέχειν, οὐδ᾽ ἀθανάτους θεραπεύειν ἤθελον οὐδ᾽ ἔρδειν μακάρων ἱεροῖς ἐπὶ βωμοῖς, ἧ θέμις ἀνθρώποις κατὰ ἤθεα.

这些狂妄者因为肆心而不能停止相互伤害,他们既不愿意侍奉不死的(神明),也不愿意在神圣的祭坛上向有福的(神明)献祭,而就习俗来说,这是凡人的本分啊。(《劳作与时令》134—137)

人就是人,不是神,不能超越界限(即"肆心"的本意)。那么,人侍奉神明以及相应地献祭,既是正道和本分(themis),也是风俗习惯的要求,正如赫西俄德在另一个地方说的,敬拜神明是根据 nomos 而来的(κατὰ νόμον,《神谱》417),这里的 nomos 与 themis 和 ethos 一样,

---

[1] N. Richardson. *The Iliad: A Commentary Vol. VI: Books 21 — 24.* Cambridge University Press, 1993, p. 170.

主要指一种"习俗";而具有强制性的习俗,自然就成了法律法规,如此,nomos 也与 themis 接榫了。①

在 ἦ θέμις ἀνθρώποις κατὰ ἤθεα 这个短语中,themis 与 ethea 相遇了,themis 之为"习俗"也就愈加明了起来。在古希腊语中,ethea 或其常见的形式 ethos,本指动物常去的地方(《伊利亚特》6.511=15.268,《奥德赛》14.411),而人的居处从根本上说就是人的性情,因为"性格决定命运"(ἦθος ἀνθρώπωι δαίμων,赫拉克利特辑语 119),而所谓"伦理学"(ethics)本来就是研究人的心性之学。近似的性情慢慢地成了风俗习惯,ethos 成了习惯,而礼敬神明,这是"根据 ethos"而来的人的 themis,因此,themis 这种正道就是 ethos,即习俗。每一个共同体因而都有什么是正确的观念(themis),这些观念成为既定的(tithemi)规矩后,这个共同体就有了固定的 ethos 和由此而提炼出的 nomos(另参《神谱》66)。

由此,我们便可以看到,人类已进入了不成文法时代。正如古典语文学家所总结的,"在成文法典制定出来以前(或重新制定以前,假如迈锡尼人像他们的邻国一样,曾经有过法典的话),没有确切的'法律'可资利用或严格地遵守。……但每一个共同体都有自己固定的习俗(nomos),也有何谓正确(themis)的观念。如果对案件事实不确定,或者无法确定对某个不同寻常的情况应该采取什么样的态度,那么,就需要 basileus(君王)或别的某个杰出的权威来宣布 themistes,这种 themistes 因来自于宙斯而获得了特别的力量"。② 宙斯保证了这种习俗或惯例的权威性,因而也能够保证它的执行力,根本不需要

---

① M. L. West 把这个短语译为 as is laid down for men in their various homelands,他把 themis 按照最古朴的含义译为"制定",不能充分反映这种制定下来的东西已经成为 themis 的结果;而他把 ethea 译为"各种各样的家乡",同样古朴,也同样不恰当,这时的 ethos 已不再表示人的居所,而是表示居住的地方所奉行的规矩或习俗。参 W. J. Verdenius 对此的详注(*A Commentary on Heisod* Works and Days. *Vv. 1—382*, p. 91, cf. p. 53)。

② M. L. West. Hesiod: *Works and Days*, p. 141.

另外再画蛇添足地给神明配以"宝剑"（这正是后世"法律女神"——实为"正义女神"的形象）。①

从英雄时代到贵族时代，希腊社会结构发生了很大的变化，政治、宗教和法律的含义也随着产生了巨变。对于贵族时代的掌权者来说，"他们并不对每一个判决都装作出于直接的神示。主张全部法律或是部分法律来自神授的思想联系，仍旧到处表现出来，这使族长所作的判决被委诸于超人类的口授，但是思想的进步（the progress of thought）已不复允许把个别争议的解决，用假定一种超人的仲裁来解释"。② 梅因这种假定说还是显得不彻底，他最终还是把宗教视为了一种假定的手段，而"说古代宗教是一种假装，或说它是一出笑剧，都错看了人类的本性特征。孟德斯鸠（Montesquieu）以为，罗马人所以信奉神，只为统制民众的目的。然而，若宗教是这样产生出来的，若它的存在只为公益的理由，那它必不能维持长久"。③ 梅因最终还是滑向了现代色彩极浓的"进步论"，于是得出了这样的结论："我们在事实上已到了'习惯法'的时代。"（the epoch of Customary Law）④ 在他看来，习惯法或惯例（Customs or Observances）现在已成为一个有实质内容的集合体，而贵族精英们对这样的惯例都十分熟悉，他们就成了这种惯例的继承者、实施者和捍卫者。

在文字发明以前，人类的法律规制还显得较为初级，那么，要保护社会共同体所来自以维系的规范，一个权宜的办法就是把宗教、政治和法律都委托给一个受到尊敬（受神眷顾）的特权阶层，以此正确地保存民族的习惯、价值标准和生活方式，而"记忆"（即宙斯的妻子、缪斯女神的母亲）就显得十分重要的了。如是，"这种专门为有特权

---

① 霍贝尔认为，超自然的东西仅仅是"实施法律规则的源泉，而不是作为判决和执行的工具"（《原始人的法》，同前，第 240 页），谬。

② 梅因：《古代法》，同前，第 7 页。

③ 库郎热：《古代城邦》，同前，第 155 页。

④ 梅因：《古代法》，同前，第 7 页。

的少数人所知道的法律,不论这少数人是一个等级,一个贵族团体,一个祭司团体,或者一个僧侣学院,是一种真正的不成文法"。① 习惯就成了不成文法,后来的立法者把这些不成文法收集整理并行诸文字,成为法典,人类便进入了法典时代(梅因所谓 era of Codes)。

但即便进入了所谓的"法典时代",并不意味着人类就"超越"了不成文法,更不意味着就不需要惯例、风俗乃至神法之类不成文法,恰恰相反,人类在不断涌现的新现象面前,总是只有回到成文法之所以能够成立的"法的精神"上,才能找到应付的方法,而古代的 themis 更多地就是表示一种神圣的法律的精神。赫拉克利特清楚,"实证法来自于宇宙秩序的神法",themis 来自于"制定"(tithemi),但制定者不是人,而是神,因此,人的智慧和意志在天地大法面前既渺小而无能,人类的所谓"立法"只能最大限度地接近和模仿神明的法律,而神明离弃之后,神明的法律就体现在宇宙秩序之上。② 所谓"不成文法"(ungeschriebene Gezetze),就是 themis,就是神圣的法律(θεοῦ νόμον,欧里庇得斯《伊昂》230)。③

不成文法在古希腊拥有很高的地位,即便在后来大面积制定成文法并因而进入"法典"的时代,不成文法都还起着至关重要的作用。我们甚至可以如此断言:在古希腊,几乎就只有不成文法自始至终对社会生活才起着根本的规范作用。成文法不过是仅仅将不成文法写下来了:从公元前七世纪 Zaleukos(大约在公元前 662 年左右)、卡隆达斯(Charondas)、德拉科到梭伦的立法史,不过是把法律刻写在了石头上:在这部"法律石头记"中,我们过分夸大了这些立法者(尤其

---

① 梅因:《古代法》,同前,第 8 页。

② Apostolos L. Pierris. The Oder of Existence: φύσις, μοῖρα, ἀνάγχη, θεσμός, νόμοσ, in Apostolos L. Pierris (ed.). Φύσις and Νόμος: Power, Justice and the Agonistical Ideal of Life in High Classicism. Patras: Institute for Philosophical Research, 2004, pp. 197—198.

③ 参 R. Hirzel. Themis, Dike und Verwandtes, S. 43。

是梭伦)的功劳。① 古希腊人普遍认为法律来自于神明(柏拉图《法义》624a－625a),而人类从来就不曾立过什么法(709a1－2),凡夫俗子没有能力也没有资格制定法律。法律即便成文了,也不能说明成文法究竟有多重要,还有比它更重要的也是更根本的东西,那才是真正值得我们崇奉和遵守的。当然,遵守神明指定的法律,成文的也好、不成文的也罢,习俗也好、法规也罢,就是对神明最基本的礼敬,也才是人间的正道。

第七节　小结

自赫丽生对 themis 的开创性研究以来,迄今的成果虽说不算丰富,亦不算很贫瘠,但近一个世纪的研究依然不能说就达到了让人满意的程度,更不敢说穷尽了 themis 的方方面面。或许再有几个世纪的潜心研究,都还不见得能窥其堂奥,哪怕是研究方法与视角的转换都如此艰难,贴近而悉心的理解便显得更为遥远。哪怕 themis 等古典思想的含义真的如现代学者认为的那么简单,但如果我们总是找不到方向甚至总在错误的方向上高速地行驶着,那么,南辕北辙的进路总会离真正的道理更远。

更何况,themis 的含义的确太过丰富(想一想其丰富性更让人望而却步的《周易》),它集成了人类极为漫长的生活经验,形成 themis 这一观念的过程,远远比后人开始理解它的过程要辽远得多。且不说初民对自然、生命、神明等等方面的理解,比我们淳朴而直接得多,仅仅是那些原初观念的形成历程就足以让我们肃然起敬。任何简单而粗暴的对待,当然都无法让那些原初观念带领着进入那个神秘而神圣的世界——而那个世界作为后来的母体,可能是我们永远需要不断回溯的地方,尤其在遭遇了虚无主义的狂风恶浪而至于山穷水

---

①　库郎热:《古代城邦》,同前,第175页。

尽之时。人类社会与其说在不断地"前进"或"进步",不如说在不断地"回头",并在回溯之中吸取让生活得以继续的力量和营养。

就我们所探讨的 themis 来说,很难用一个或几个现成的词语来翻译它,因为无论翻译成"神法"、"正道"、"制定下来的成法"、"口传法律"(oral law)还是习俗、惯例等等,都无法概其全貌。因此,它需要的与其说是翻译,不如说是不断的解释。① 而任何解释,都只是全豹之一斑。

从辞源上说,themis 从"制定"而来,制定而后得以遵守者即为"法",故有"法"的含义。后世所谓"立一法"之"立",即与 themis 同源,换句话说,"法"之为"忒弥斯",就在于"立"(tithemi),反之亦然,"立"即"法"。这不是法律实证主义的论调,而是"法"最古朴的含义。或曰:什么是法? 答:"法"即"立"。此"立"并非简单地是韩非所谓"法者,编著之图籍,设之于官府,而布之于百姓者也",②而是《系辞》"圣人立象"、孔子"己欲立而立人"尤其朱子所谓"继天立极"(《中庸章句序》)之"立"。

神话传说也能佐证 themis 这种极为高妙的内涵,准确地说,古人以神话的方式表达了他们从先人那里继承而来的伟大思想。忒弥斯(the-mis)是"神"(the-os)得以可能的前提,神之为神,就在于神是天地及其法则的制定者,也就是宇宙的 themis。忒弥斯既在神明之下,又在神明之上,③"在神明之下",是说她是众神得以可能的基础,"在神明之上",是说她是神明追求的目标:"立"。总之,"忒弥斯"是一种超越性的力量,她是宇宙神秘规则的化身,这种神秘的规则让人敬畏和敬仰,最后也就变成了人类生活的准则,正如赫丽生所说,"那种神秘的东西、比人强大的东西之所以具有巨大的影响,

---

① M. Schofield. *Saving the City*, p. 170n. 15.

② 《韩非子集解》,北京:中华书局 1998 年,第 380 页。

③ 赫丽生:《古希腊宗教的社会起源》,同前,第 384 页,另参 481,477 页。

不仅是因为（或者说主要不是因为）它难以理解而要对它进行解释，也不是因为它激发人们对它做出令人困惑的解释，而是因为人们感到它赋予人一种义务。这种比人强大的东西，这种'不是他本人的、导致正义的力量'基本上不是他还没有意识到的神秘的宇宙，而是那种未知的必须服从的力量所带来的压力，那种群体本能，那种社会意识。那个神秘的占据支配地位的形象不是大自然菲西斯，而是忒弥斯"。①

忒弥斯是古老的，甚至比最古老的神明该娅还要古老。这种古老的东西需要记忆才能得以保存和流传，因而具有强大的宗教色彩，所以忒弥斯和记忆女神谟涅摩绪涅都在宙斯的家族中，成为宙斯最为重要的伴侣。用现代学者的话说，我们可以把古人的这种观念理解为，"在古人的心目中，凡古老的东西都是可尊重的和神圣的。……由于宗教的理由与信条源自古代，所以各城邦都以古代是瞻。城邦需要记忆，因为他们的宗教信仰建立在记忆与传统之上"。②传统需要记忆，这不是为了虚荣和炫耀，而是为了让后人知道如何生活，记忆以及相应的作为结果的"历史"因此超越于真假的分野之上，甚至有可能出现夸张之类的"不科学"的错误，毕竟他们"对神的热心超过了对真理的爱"。③在这个意义上说，themis 就是流传下来关于正确（right）、恰当（proper）和应当（due）的记忆，themis 就是传统。Themis 是天地大法，因此，themis 既是关于正道的"道统"，也是关于法律的"法统"。

因此，从根本上说，法律就是来自于宗教。梅因认为，themis 和 themistes 本身就同宗教信仰紧密联系在一起，直接从宗教而来，"这种信念认为在生活的每一个关系中，在每一个社会制度中，都有一种

---

① 赫丽生：《古希腊宗教的社会起源》，同前，第 485 页。
② 库郎热：《古代城邦》，同前，第 158 页。
③ 同上，第 161 页。

神的影响作为它的基础,并支持着它。在每一古代法律中,在每一政治思想的雏形中,到处都可以遇到这种信念的征象。那时候所有的根本制度如'国家'、'种族'和'家族'都是假定为贡献给一个超自然的主宰,并由这个主宰把它们结合在一起的"。① 对于梅因这种其实并不新鲜的观点,现代人也开始变得不理解起来。在古代,法律来自于宗教,这似乎是不需要讨论的话题,我们只需要读一读柏拉图《法义》开篇几行字就清楚了。但法律的宗教渊源这个最为核心和基本的理论,在后神学或新宗教时代,却变成了一个问题。

尽管梅因并没有直接而明确地说出"法律来自于宗教"这样的命题,但他的上述看法却明显可以让我们得出这样的结论,更何况他的这种看法已经为学界所公认(虽然不是全部都接受)。最早对梅因这种宗教—法律观提出批评的是他曾经的狂热信徒和爱挑剔的批评家戴蒙德(A. S. Diamond),后者在其《原始法律:往昔与现今》中,②分析了几部古代法典,如巴比伦的《汉谟拉比法典》、苏美尔人和亚述人的法典残片,赫梯人的法典,希伯来法典(即"摩西五经",《旧约》前五卷)、罗马人的《十二铜表法》和印度的《摩奴法典》,认为除了后来经过传教士或僧侣修改过的以外,绝大多数古代法律的原件几乎没有宗教色彩。戴蒙德由此认为自己已经摧毁了梅因的理论基础,并建立起了自己的基本观点。③

戴蒙德对梅因的批评得到了一些人赞同,也得到了一些人的反对,但反对戴蒙德的人,也并没有由此认识到梅因思想的价值。在宗教与法律问题上极富见识的帕克尔(R. Parker)与霍贝尔(E. A. Hoebel)都引用过梅因一段十分重要的话,但都缺乏"同情性的理解"。不同的是,帕克尔完全接受了戴蒙德的观点,而霍贝尔反对戴

---

① 梅因:《古代法》,同前,第 4 页。
② A. S. Diamond. *Primitive Law: Past and Present*. London: Longmans, Green and Co., 1935.
③ 参霍贝尔:《原始人的法》,同前,第 238 页。

蒙德的批评而基本同意梅因的前提,但也指出了"梅因的主要错误只在于他对原始社会的本质上不正确"。而他们两人都是在引用了梅因那段极为重要的话之后,对梅因展开批评的。

换言之,尽管他们知道梅因的立场和所指,但仍然误解了,这的确不能不让人感到遗憾和奇怪。对梅因来说,人类早期的思想经验表明,法律来自于宗教,而所谓宗教与法律平等乃至可以互换甚至并没有任何关系的看法,都是后起的错误判断,也就是根据后来的一些历史事实做出的"半天云"式的结论。帕克尔和霍贝尔都引用过的梅因那段话,其实已经说得清清楚楚的了,包括罗马"十二铜表法"和梭伦的"阿提卡法典"以及东方的摩奴法典等等,"这些东方的和西方的法典的遗迹,也都明显地证明不管它们的主要性质是如何的不同,它们中间都混杂着宗教的、民事的以及仅仅是道德的各种命令;而这是和我们从其他来源所知道的古代思想完全一致的,至于把法律从道德中分离出来,把宗教从法律分离出来,则非常明显属于智力发展的**较后**阶段的事"。① 而用后来的现象来批评早期的或原初的思想,简直成了现代人极为顺手也极为无知的手段。

帕克尔引用了梅因上述话语后,紧接着就说,我们所研究的某些现象与梅因用以支持其论证的上述重要看法有冲突。比如说,梅因认为最早的法律人(lawyer)就是祭司,而"我们却看到,在希腊,大多数'神法'(sacred laws),包括那些与神职(priesthood)习惯的神法,实

---

① 梅因:《古代法》,同前,第9—10页。所谓"民事"(civil),即是说宗教乃是每一个民族"内部的"和"秘密的",库郎热有很精妙的看法:"古代法权的宗教由来,还告诉我们另一种关于它的性质。宗教为各城邦所私有,城邦的法律也是这样。再次我们有必要对这一词语在古人心目中的意义作一分辨。当他们说法律是公民的 jus civile 或 nomoi politikoi 时,它的意思不只是说每邦各有它的法典,如现在人们说各国(各洲)各有自己的法典一样,而且是说,法律的价值与效力仅仅存在于城邦公民之间"(《古代城邦》,同前,第179页)。

际上都是由公民大会(citizen assembly)批准的"。① 帕克尔只承认梅因的观点在看待古代葬礼立法方面真正具有启迪性(enlightening)，但终于陷入了摩尔根类似地陷入过的现代性的窠臼中了：神法需要人来批准，这种观点在任何时代，哪怕是在我们这个无神论时代，恐怕都是惊世骇俗的。就算法律需要公民大会批评，但那已经是很后来的事情了，正如帕克尔刚引用到的梅因的话"非常明显属于智力发展的较后阶段的事"。

霍贝尔知道戴蒙德"曲解"并"歪曲"了梅因的观点，并认为"法律起源于宗教的观点在亨利·梅因以后已为公众所接受"，②而且他自己也意识到，不能把工业社会中十分复杂的法律与宗教联系，乃是很困难的，但就法的历史而言，那却是另一回事。霍贝尔还完全同意雷德菲尔德的观点，即，梅因"把宗教作为法的起源并没有错"，③还引用了梅因那段为法律思想分期从而试图寻求法律最古老最真实源泉的话，但最终还是指出了梅因的主要错误，认为"梅因的这些基本假设实际上同**现代社会科学家**对原始社会的基本规律和准则的调查研究完全相反"。④

霍贝尔顺便也就批评了梅因对 themis 的理解，但却稀里糊涂地认可了由 themis 所导致的"法律起源于宗教的理论"，并认为梅因"后来对罗马和希腊法的详细分析时，放弃了这一观点，明确表示这一观点毫无意思"，⑤这就显然是误读了梅因的著作，梅因明确地说后来的故事乃是"智力发展的较后阶段的事"，与其说梅因放弃了法律起源宗教的观点，不如说是人类进入"智力发展的较后阶段"便放弃了那

---

① R. Parker. Law and Religion. In *The Cambridge Companion to Ancient Greek Law*, p. 80.
② 霍贝尔：《原始人的法》，同前，第 237 页。
③ Robert Redfield. Maine's Ancient Law in the Light of Primitive Societies. In *The Western Political Quarterly*. Vol. 3, No. 4 (Dec., 1950), p. 585.
④ 霍贝尔：《原始人的法》，同前，第 239 页。
⑤ 同上。

样的理论：不是梅因放弃了，而是"我们"放弃了。霍贝尔的批评和认同之间显然存在着极大的矛盾，而"现代社会科学家的调查研究"在其间显然起到极为关键的作用——难怪戴蒙德的《原始的法律》后来在1971年收入"劳特利奇图书馆丛书"时，被正确地归入"人类学和人种志"（anthropology and ethnography）一类中，就犹如现代所谓的"圣经问题"、"荷马问题"和"苏格拉底问题"一样，让我们更清楚地看到了赫丽生和帕里（Milman Parry）等人失足之处。

正如很多同情古典思想的研究者一样，霍贝尔尽管认识到了一些原初的事实，但没有给予这样一些重要而根本的事实以应有地位。他看到，"每一个原始社会的公理中都毫无例外地存在着神和超自然的权利，它们都把人的智慧归因于神灵的存在，并相信神灵会对人们的特殊行为以赞成或不赞成作为回报。他们认为人的生命必须与神灵的意愿、命令相一致。这种推论是很普遍的，在法律领域中普遍地留下其影响。因此，……这种超自然的公理也像法律的规则一样，在所有典型的社会制度中都出现过"。[①] 但霍贝尔没有就此进一步把研究引向更为深入的一般法则，而只是从纯粹学术的角度，准确地说，从现代的人类学和民俗学的角度来看待这一切，结果也就有失深刻和准确。一般而言，很多人都站在现代的立场上，远远地观看，丝毫不在意横亘在古今之间的隔阂，甚至明明懂得很多道理，却也在放肆地人为制造着并加深着这类隔阂。

伯尔曼也属于这样一类高明的学者。他不是在解决法律与宗教根本关系问题，他只是力图让法律与宗教相互依赖，从而调节两者的紧张关系，这种做法注定两面受敌，而且这种理论的不彻底让它的主张显得有些一厢情愿。伯尔曼对宗教与法律的看法虽然深入，但站在现代人的立场上分割两者的关系，难免不能触及到问题的核心和基础。在他眼中，"法律不只是一整套规则，它是人们进行立法、裁

---

① 霍贝尔：《原始人的法》，同前，第241页。

判、执法和谈判的活动。它是分配权利与义务、并据以解决纷争、创造合作关系的活生生的程序。宗教也不只是一套信条和仪式；它是人们表明对终极意义和生活目的的一种集体关切——它是一致对于超验价值的共同直觉与献身。"①伯尔曼的法律观是现代人的法律观，而在古代，法律不仅仅只是规则、活动与程序，它还是神明的指示，是是非对错的标准，还是礼乐教化的重要手段。而伯尔曼的宗教观虽然比无神论时代流行的看法更有见识，但也未能从根本上理解宗教的本质——我们借用伯尔曼的句式进一步说，宗教也不仅仅是一种集体关切，它在集体的关切之上，它不（仅仅）是直觉和献身：伯尔曼说的是宗教意识和宗教信仰，而不是宗教本身。

宗教与法律本来就是一体的，不能也无法分割开来。宗教与法律的对立是理性时代的产物。既然宗教与法律是一回事，并且法律的创立与宗教同时，②那么，宗教与法律就没有对立，用不着调节，"本来无一物、何处惹尘埃"。因此，如果我们撇开法律与宗教相互对立这个隐含的前提，就会发现，"法律与宗教一荣俱荣，一损俱损；如果希望法律不衰，我们就不能不重新使法律具有仪式、传统、权威和普遍性的本质上是宗教的献身激情，正好比我们必须赋予宗教信仰中社会的、因此也是法律的因素以新的生命"，③这种说法虽有道理，却很不彻底。而所谓"在某种意义上，一切都是宗教；在某种意义上，一切又都是法律——恰如一切皆为时间和一切都是空间一样"，④深刻而没有切中肯綮，高明而缺乏根基。宗教和法律的关系并不是时间和空间的关系，也不是平等的关系，而是源流关系。

人类社会需要的制定出来调节人们各自本性或自然（physis）的东西，这种可称 themis 的东西，可以克制和激发人类赤裸的 physis。

---

① 伯尔曼：《法律与宗教》，梁治平译，北京：中国政法大学出版社 2003 年，第 11 页。
② 库郎热：《古代城邦》，同前，第 175 页。
③ 伯尔曼：《法律与宗教》，同前，第 27－28 页。
④ 同上，第 38 页。

反过来说，如果没有 themis（在智术师时代则是 nomos），人类自然生长而出的 physis 就有可能泛滥成灾。而在最初的时候，这种 themis 与神明息息相关。正如赫丽生所说："人的肉体服从自然规律，人的精神却受到社会规则的约束。他必须服从的道德约束与忒弥斯有关，而不是与大自然菲西斯有关；而且，由于有了这种约束，人类才成为一种有宗教信仰的动物。在群体文明的早期，人类完全是一种宗教动物，完全受忒弥斯的控制、受集体意识的支配。他的宗教就是与图腾动物或植物有关的宗教，这种宗教仅仅反映出他必须和自己的部落及外在世界融为一体的意识。这种宗教完全成了人的一种义务，而且具有如此重要的支配地位，以至于他几乎没有意识到这一点。"①人类在最初的时候并不是亚里士多德所说的那种"政治的动物"或"城邦的动物"。亚里士多德忽略了一个颇为原初和根本的问题：人类天生虽是政治动物，但政治毕竟后起——如果没有宗教，没有忒弥斯，没有"制定者"，政治就无从谈起。因此，人首先是一种宗教的动物，一种需要忒弥斯并且永远只能生活在忒弥斯之内的动物。

在赫丽生笔下，甚至"野蛮"（落后）得来甚而至于没有 themis（即 athemistes）的库克洛普斯人也在宗教之中。这帮各自为生的巨人尽管没有习俗，没有惯例，没有议事会，也没有共同的法律，但这些"没有"正是他们共同的生活方式，而正是一些共同的看法把他们维系在一起。他们不尊重宙斯，不怕神明，因为他们自认为比宙斯和神明更为强大（《奥德赛》9.275—276），这并不能说明他们没有宗教信仰，他们不怕的"神明"不是所有的"神明"，而只不过是奥林波斯山上的新贵们——库克洛普斯人崇拜的是大地，在这方面他们还非常虔诚，完全相信地母该娅的慈悲，因而大地也给他们带来丰产。②他们"信任

---

① 赫丽生：《古希腊宗教的社会起源》，同前，第 482 页。
② 同上，第 479 页。

不死的天神们"(9.107),①这里的"天神们"当然不(仅仅)指宙斯及其部属。就连"无法无天"的库克洛普斯人也崇拜神明,否则,没有丰产,就无法生存。库克洛普斯人也许不懂得这个道理,但他们却因这个道理而活着——这个道理比奥林波斯山的存在更为真实!

神明不仅仅指某个教派所笃信的超越性的存在,同样,宗教也不等于现代意义上的某种规范性甚至制度性的存在物。正如库郎热所说,"今人所谓宗教,指的是教义以及关于上帝的理论,指的是进入我们内并围浸着我们之奥秘的信仰形式。古人的宗教则指礼节、仪式、外在的庆典形式。在古人那里,教义无足轻重,重要的是仪式,它是人人必须遵守的东西。宗教对人来说是一种可见的物质关系,是控制人的链条。人类出现后,就被统治在宗教之下"。② 而不是相反。但不幸的是,宗教总在人的统治之下,这也许就是人类屡屡不断自我毁灭的原因吧。而宗教之间的纷争,也是因为"道术为天下裂"的结果。这些你死我活势不两立的所谓"宗教",当然没有能力为这个世界带来秩序、正义与和平,就像忒弥斯生育 Eunomia、Dike 与 Eirene 一样。

古希腊的宗教谈不上多么高明,但也绝不是"原始宗教"这个简单的标签就能概括的,更不是把它放到人类学、民俗学、社会学或者任何学科中就算完事了——诸如"惧怕神明,归根结底就是惧怕社会力量,这种力量一天天地都会获得新的力量"③之类的高论,误导的性

---

① 王焕生译作"受到不死的天神们的庇护",过了;陈中梅译作"他们一切仰仗长生者的恩赐",没有体现出"神明"和"信任"的味道。Lattimore 译作"putting all their trust in the immoral gods",极是;Murray 在 Loeb 本中译作"trusting in the immortal gods"。注疏家们认为,这并不表示他们信仰神明,而只表示"交给神明",有些"听天由命"的宿命论色彩(W. B. Stanford. *Homer: The Odyssey, Books I-XII*, p. 352;cf. Alfred Heubeck and A. Hoekstra. *A Commentary on Homer's Odyssey*, p. 20),这种看法,似乎不如赫丽生的见解更深刻。

② 库郎热:《古代城邦》,同前,第 156 页。

③ G. Glotz. *The Greek City and its Institutions*, pp. 8—9.

质远远胜过它的指引功能。经历了现代进步观念洗脑的我们一定要清醒地扭转一些要命的自负观念,至少,"原始"或"原初"绝非"落后"的代名词。至于亚历山大的克莱门站在一神教的立场上对古希腊宗教所做的犀利批评,我们当在 themis 的视野下审慎对待。诸如亚里士多德所说,回到源头处去观察,也许是最好的方法(《政治学》1252a24—26)。

从 themis 的来源和内涵来看,我们知道,法律与政治和宗教一样,从根本上说不是某个人或某些人制定或建立的,它(们)与人同在,与城邦共同体同时产生,它们潜存于每个人的信仰和宗教之内,是"宗教信仰直接而必然的结果"。[①] 所以,在古希腊罗马和印度,法律都是宗教的一部分。城邦的法律既是礼仪和祷辞的总集,实际上也是宗教的主要内容。尽管法律与公正有着深刻的关联,比如 themis 与 dike 之间就存在着千丝万缕的联系,但"法律的根源不是公正的观念,而是宗教,法律不应该放在宗教之外来理解"。[②] 人类的"公正意识"或者"理性精神",不是法律与和平的来源,相反,正义、公平、秩序来自于具有宗教性质的法律,而从根本上说,则来自于宗教本身,就好像 Themis 才是 Eunomia、Dike 与 Eirene 的母亲一样。

如果要给法律思想的起源和流变找出一条线索,那么,宗教显然就是这条道路的起点(而且本来还应该成为它的目标或终点)。从themis 的内涵流变历程来看,法律最早就是神明的指示或"预言",而这些神谕固定下来,成为"神法"。当神法为人们普遍理解和接受之后,便成为了习俗或惯例,而这些惯例就是最早的不成文法,后来的成文法不过是对那些作为普遍的正道而普遍为人认同的观念所作的抄写工作而已,正如"文章本天成,妙手偶得之"。当我们把 themis 理解"宗法"的时候,一方面考虑到它与宗族的关联——它是宗族得以

---

① 库郎热:《古代城邦》,同前,第 176 页,另参第 162 页。
② 同上,第 179 页。

维系的纽带,另一方面也表明它与宗教的关系——它是天地大法。就算人们把 themis 换成了 nomos,但我们任何时候都需要记住,

> 我们是奴隶,或许是弱者;
> 但诸神是强者,并且还有比神更强的
> 法律;因为我们凭这法律相信有神,
> 并且在生活中判断正义和不正义。①

---

① 欧里庇得斯:《赫卡柏》798-801,张竹民译,见《古希腊悲剧喜剧全集》,同前,第3卷,第283-284页。

后　记

　　西方法律思想的源头在古希腊,但这个源头却一直没有受到应有的重视。出于完全可以理解的原因,学术界一直关注罗马法,因为它是西方法制史上第一个具有很强实践操作性的法律体系,并且对西方也产生过深远影响。相比而言,古希腊法律则不具备体系规模,甚至没有严格法律条款,以至于有些学者持极端的观点,甚至不认为古希腊早期会有什么"法律"。在这样的情况下,西方法学界(以及政治学界)对希腊法律并不看重,也很少撰写和出版这方面的著作。在任何一部关于西方法律史的著作中,古希腊法律都不占什么篇幅,有的甚至一笔带过。

　　但近半个世纪以来,随着人们对古希腊思想进一步全面研究之后,尤其是人们把对政治学和政治哲学领域关于"正义"、"政制"、"民主"等问题的探讨追溯到希腊思想中,并在全球范围内掀起了古典学热潮后,人们逐渐意识到古希腊法律的重要性,在观念上开始有了一些转变,并出现了少量的研究著作,其中特别值得一提的是剑桥大学2005年出版的《古希腊法律指南》。本书尽管偏向于用英美法系的观点来理解古希腊法律,因而受到了一些质疑,但该书的出版无疑是一个信号,标志着人们对古希腊法律的关注。

　　古希腊文明是整个西方思想的源头,直接奠定了后来的罗马、中世纪和近现代文明的基本样态,对古罗马引以为荣的军事和法律也产生了直接的影响。深入研究古希腊法律思想,不仅仅有助于我们更深刻地认识罗马法,而且也能让我们从法律这个独特的角度全面了解西方思想的"源头"和"母体",从而帮助我们更清楚地认识我们自己以及周遭的现代世界,更好地面对日新月异的各种新现象,让现代化的路子更稳更坚实。从理论上说,古希腊法律也许是罗马法的重要源头和参照系。与现代法律相比,古希腊早期法律更注重信仰支撑下的调解与和谐,更看重神义语境中的公平、正义与良善,这对于我们今天建立法制社会大有可借鉴之处,我们从西方法律思想的源头处,会获得很多教益。

尽管本书从现今所谓"法学"入手,但仅仅从法哲学或法理学的角度来说,笔者无意亦无能于从早期史诗、悲剧、诗歌、散文和理论论著中抽绎出一套法学原始理论的形而上体系。我在这里想做的一件事就是尽可能真实地展现西方早期文明的"规范"意识,挖掘这个久已杳然无闻时代的一些鲜为人知的有趣思想,企望这些古老的"新"东西能够给我们带来一些启迪,至少也能给读书人淘一些好玩的东西回来,以博一乐。如果读者能够从中读出什么名堂来,那必定是由于我们所考察的这段思想史的确太多宝藏了,兴许随随便便一锄头下去,就会挖出个比金娃娃还值钱的宝贝来。如果有心人还愿意顺着藏宝图直接去聆听古人的教诲,那就算本书的额外收获了。

本书所讨论的几个主要概念:"themis"(天理、神律、正义、习惯法、神谕、特权、判决、法令),"dike"(习惯、风尚、判决、审判、惩罚、正义)和"nomos"(牧场、歌曲、曲调、习惯、习俗、法律、法令、礼法),horkos(誓言——宗教、政治、法律、习俗中的誓言),恐怕不是任何一门学科所能圈得住的,甚至文史哲政法经济等学科加起来,都未必能穷尽它们的涵义(说不定还会适得其反),因此,笔者在研究过程中的窘境可想而知。于是,笔者主要选取了一两个主要经典作家,即荷马史诗和赫西俄德,探讨一两个主要问题,即古代法律的本来面貌及西方

法律思想的起源等等。为了避免大而空的弊端,我把这些问题主要
落实到了 themis 的研究之上,从中,我们似乎就会找到问题可能的答
案,至少为答案的唤起准备了有益的基础。我尽可能收集了国外的
研究成果,进行了较为详尽的探讨。但这项研究对于我们来说,的确
还很初级,必然存在很多问题,如果能够得到专家的指正,得到朋友
们的帮助,则大业可期。

　　本书的研究和出版得到了教育部的资助(09YJA820064),也得
到了西南政法大学有关部门的大力支持,特别要感谢六点的倪为国
先生和万骏先生的辛勤劳动。

　　　2012 年 3 月 18 日于西南政法大学古典学研究中心

图书在版编目(CIP)数据

　　古典法律论:从赫西俄德到荷马史诗/程志敏著.
--上海:华东师范大学出版社,2013.1
　(政治哲学文库)
　ISBN 978-7-5617-9912-3

　I. ①古… II. ①程… III. ①法律-研究-西方国家
-古代　IV.①D90

　中国版本图书馆 CIP 数据核字(2012)第 218712 号

华东师范大学出版社六点分社

企划人　倪为国

政治哲学文库
古典法律论——从赫西俄德到荷马史诗

著　　者	程志敏
责任编辑	古　冈
封面设计	吴正亚
出版发行	华东师范大学出版社
社　　址	上海市中山北路 3663 号　　邮编　200062
网　　址	www.ecnupress.com.cn
电　　话	021-60821666　　行政传真　021-62572105
客服电话	021-62865537
门市(邮购)电话　021-62869887	
地　　址	上海市中山北路 3663 号华东师范大学校内先锋路口
网　　店	http://hdsdcbs.tmall.com
印刷者	上海市印刷十厂有限公司
开　　本	890×1240　1/32
插　　页	2
印　　张	10
字　　数	233 千字
版　　次	2013 年 1 月第 1 版
印　　次	2013 年 1 月第 1 次
书　　号	ISBN 978-7-5617-9912-3/B·732
定　　价	38.00 元
出 版 人	朱杰人

　　(如发现本版图书有印订质量问题,请寄回本社客服中心调换或者电话 021-62865537 联系)